와인견문록 보르도에서 토스카나까지
세계 최고의 와인에 담긴 문화와 역사

초판 1쇄 인쇄일 • 2008년 12월 30일

초판 1쇄 발행일 • 2009년 1월 5일

지은이 • 고형욱

펴낸이 • 김미숙

주 간 • 김용태

기 획 • 이선민

편 집 • 이기홍

디자인 • 박선옥

마케팅 • 김은석

관 리 • 이생글

펴낸곳 • 이마고

121- 840 서울시 마포구 서교동 408-18 5층

전화 (02)337- 5660 | 팩스 (02)337- 5501

E-mail : imagopub@chol.com

www.imagobook.co.kr

출판등록 2001년 8월 31일 제10-2206호

ISBN 978-89-90429-74-2   03900

● 값은 뒤표지에 있습니다.

● 잘못된 책은 바꿔드립니다.

* 자료사진 제공: 바론 필립 드 로칠드, DBR, 메종 루이 라뚜르, DRC, 모엣 샹동,
  루이 로드레, 안티노리, 안젤로 가야, 라 스피네타

978-89-90429-74-2

와인견문록

보 르 도 에 서   토 스 카 나 까 지
세계 최고의 와인에 담긴 문화와 역사

MOUTON ROTHSCHILD_LAFITE ROTHSCHILD

와인견문록

보르도에서   토스카나까지
세계 최고의 와인에 담긴 문화와 역사

고형욱 지음

DOMAINE DE LA ROMANÉE CONTI_MAISON LOUIS LATOUR
MOET & CHANDON_LOUIS ROEDERER
ANTINORI_GAJA & LA SPINETTA

이마고

머리말 _ 와인에 담긴 서구의 문화와 역사

　서울에 앉아서 와인을 이해하기란 힘든 일이다. 아무
리 마신다고 해도 와인에 담긴 의미를 제대로 파악하
는 것이 어렵기 때문이다. 회화를 예로 들면, 실제로
미술관에 가서 진품을 감상하는 것과 화집에 실린 복
제화를 볼 때의 차이와 비슷하다는 생각이 든다. 진품
을 볼 때 붓 터치 하나까지도 생생하게 느낄 수 있듯이
와인도 포도밭에 갔을 때 그 의미가 더욱 풍부하게 다
가온다.

　와인을 단순하게 술로만 받아들인다면 와인에 담긴
다양한 의미들을 파악하는 데 걸림돌이 될 것이다. 와
인에는 서구의 역사가 담겨 있고, 문화가 살아 있고, 그
들이 살아온 대지의 생명력이 담겨 있기 때문이다. 페
르시아에서 이집트, 그리스, 로마제국 시대를 거치면서

전 유럽에 퍼지게 된 와인은 유럽 문명의 역사이기도 하다. 와인은 호메로스의 서사시에 등장하며, 성서에도 나온다. 오디세우스는 와인으로 폴리페모스를 취하게 만들어서 잡혀 있던 동굴에서 빠져나왔으며, 노아는 처음으로 포도나무를 심었던 인물이다. 그리스도는 자신의 피를 와인에 비유했으며, 처음으로 행한 기적도 가나의 결혼식에서 물을 와인으로 바꾼 일이었다.

—

서구에서 빵과 와인, 올리브의 역사는 사람들과 뗄래야 뗄 수 없는 관계 속에서 발전해왔다. 이 책에 소개된 와이너리들은 유럽의 와인 문화를 대표하는 곳들이라고 해도 과언이 아닐 것이다. 와인으로 유명한 지방을 다루다 보니 우리에게는 낯선 유럽 지방사(史)를 약간씩 다룰 수밖에 없었다.

로마 시대부터 와인을 생산해온 전통적인 와인 명산지 보르도에서는 샤또 무똥 로칠드와 샤또 라피뜨 로칠드를 살펴보았다. 국제적인 금융 제국을 건설했던 로칠드 가문은 19세기에 보르도로 건너와 와인 발전에 큰 영향을 끼쳤다. 그러나 그것만이 전부는 아니다. 프랑스를 대표하는 포도원으로 성장하기까지 보이지 않는 곳에서 노력하고 행동한 이들이 많았다.

이 책에서 나는 그들의 삶의 일부분이라도 정확하게 바라보고자 했으며 대표적인 와이너리들을 살펴봄으로써 유럽의 역사와 문화, 와인에 대해 포괄적으로 접근하고자 했다.

부르고뉴에서는 전 세계에서 가장 비싼 와인으로 알려진 로마네 꽁띠와 루이 라뚜르를 통해서 바둑판처럼 잘게 쪼개진 대지와 복잡한 와인의 세계에 접근해나갔다. 샹파뉴에서는 러시아 황제들이 즐겨 마셨던 크리스탈과 수도승 동 뻬리뇽이 발명했다는 샴페인 동 뻬리뇽을 통해서 거침없이 솟아오르는 기포의 아름다움을 전하고자 했다. 토스카나에서는 메디치 가문의 오랜 친구이기도 했던 안티노리를 통해 르네상스와 와인이 만나게 되고, 동계 올림픽이 열렸던 피에몬테의 산골에서는 그 지역의 역동적인 발전상을 느끼게 된다.

어디서나 다 개성이 다르고, 스타일이 다른 와인이 만들어지고 있다. 와인은 인간이 뿌리를 내리고 살고 있는 대지를 반영하기 때문이다.

―

포도밭에 가보지 않고 와인에 대해서 논하지 말라는

이야기가 있다. 단순히 병에 담긴 술이라고 치부해버리기에는 와인에는 너무나 많은 이야기들이 담겨 있기 때문이다.

처음 포도밭에 방문했을 때는 솔직히 포도열매밖에 보이지 않았다. 숲은 보지 못하고 나무밖에 보지 못하던 시절이었다. 그러던 시야의 한계에 서서히 변화가 찾아왔다. 한걸음 뒤로 물러서니 포도나무 전체가 보였고, 한걸음 더 물러서니 대지가 눈에 들어왔다. 지금은 해가 뜨고 지는 방향을 느끼게 되고, 땅 아래 세상들도 약간씩 들여다보인다.

그러면서 수많은 이들을 만났다. 그중에는 수백 년 동안 조상들의 영지에서 와인을 만들어온 전통적인 귀족 가문 사람들도 있었고, 농군이자 경영인으로서 자수성가한 사람도 있었다. 와인을 마시다 보면 만났던 이들의 면면이 고스란히 떠오른다. 와인은 자신을 만들어준 대지뿐만 아니라 와인을 만든 사람과도 닮아 있기 때문이다.

—

그 흔한 운전면허증 하나 없이 벽촌에 자리 잡은 포도원들을 찾아다니기는 쉽지 않았다. 부르고뉴에 위치한 어느 작은 포도원에 방문했을 때의 일이다. 테이스팅을 마치고 나니 바깥에는 어느새 어둠이 깔려 있었다. 다들 차에 시동을 거는데 혼자 하릴없이 서 있었다. 주인장이 물어보았다. "차는?" 나는 "없는데……." 하며 말끝을 흐렸다. 사람들은 황당한 표정으로 나를 쳐다보았다. '도대체 이 사람이 여기까지 어떻게 왔지?' 하는 기색이 역력했다.

부르고뉴의 와인 명산지는 남북의 길이가 50킬로미터 정도 된다. 하루에 그 길을 다 걸을 수는 없지만, 중간 중간에 있는 기차역을 이용하고 남들보다 일찍 일어나 움직인 탓에 나는 그 길을 차 없이 갈 수 있었다. 그렇게 걸으면서 포도밭을 둘러싼 자연을 생생하게 느낄 수 있었다. 문명의 혜택을 덜 누린 것이 오히려 포도밭과 나무들을 더 가까이서 들여다볼 수 있는 기회가 아니었나 싶다.

—

아무리 여행을 많이 다녀도 포도원에 갈 때마다 걱정이 앞서곤 했다. 시골이다 보니 기차는커녕 버스조차 다니지 않는 곳도 많다. 그럴 때면 무작정 걷는다. 그러다 아름다운 풍경을 만나면 길에 앉아서 잠시 땀을

식힌다. 길에서는 많은 일들이 벌어진다. 차를 타고 달릴 때는 들리지 않던 새소리, 벌레소리도 걸을 때는 가까이서 다가온다. 자연은 종종 음악이 된다. 처음부터 최악의 경우 15킬로미터만 걸으면 된다고 마음을 굳게 먹으면 비교적 발걸음이 가벼워진다. 피에몬테에서는 굽이굽이 고갯길을 끝없이 걸었다. 평지가 아닌 게 아쉽지만 걷다 보면 어느새 이력이 난다. 오히려 난처한 순간은 주인장이 선심 쓴다고 와인을 두 병 선사할 때다. 갈 길은 멀지만 버리고 갈 수도 없다. 그래서 와이너리에 갈 때면 언제나 가방을 텅 비워둔다.

와인을 짊어지고 산길을 혼자 걷고 있으면 굳이 히치하이크를 하지 않아도 차들이 가끔씩 서고, 사람들이 고개를 내밀어 쳐다보기도 한다. 도대체 이 산골에서 왜 동양인이 혼자 걷고 있는 걸까. 그네들 상식으로는 도저히 상상할 수 없는 상황이다. 자기들끼리 피식피식 웃기도 한다. 입장을 바꿔보아도 이해가 되지 않기는 마찬가지다. 강원도 오지에서 막걸리 받아서 들고 가는 파란 눈의 외국인을 발견한 것과 다를 바가 없는 일이니까.

이 책에 쓰인 글들은 그렇게 다니며 찍었던 사진들과 수집했던 자료들을 정리한 기록들이다. 걸어서 여행을 다니는 것이 쉬운 일은 아니었지만 즐거운 경험들이었다. 발바닥이 대지에 닿아 있을 때, 찬찬히 포도밭을 바라보면서 와인에 대해, 땅에 대해, 사람에 대해 더 잘 알게 되었으니까.

—

우리나라 사람들의 유럽 여행은 주로 도시나 관광지에 집중되어 있다. 대도시에서는 우리나라 사람들을 쉽게 만날 수 있지만 와인 산지에서는 동양인들조차 만나기가 힘들다. 시골로 다니다 보니 화려함을 찾을 수도 없다. 교회는 오래되었으나 규모가 작고, 미술관 같은 문화 공간은 드물고, 식당들은 소박하다 못해 차라리 허름하다. 대신 문명과 멀어진 만큼 자연의 고마움을 절실히 느끼게 된다.

수백 년 동안 최상의 와인들이 생산되던 밭에서 여전히 최고의 와인들이 나오고 있다는 사실은 그 자체로 자연의 신비로움이 아닌가. 대지를 지키기 위한 인간의 노력도 끊이지 않았지만 그곳에 서면 자연에 대한 경외감을 느끼게 된다. 도시 생활은 급속도로 바뀌지만 시골 생활은 느릿느릿 큰 변화가 없다. 포도밭에 다니다 보면 급해지지가 않는다. 시골의 일상이란 먼 옛

날이나 지금이나 항상 자연에 기대어 사는 일이기 때문이다.

차들도 띄엄띄엄 지나가는 시골에서 지평선을 향해 끝없이 펼쳐진 포도밭을 바라본다. 하늘은 파랗고, 대지는 초록빛을 띤다. 자연 그대로의 순수한 색채들이 선명하게 눈에 와서 박힌다. 하루가 저물고 숙소에 자리를 잡고 누우면 자연의 숨결 외에는 아무런 소음도 들리지 않는다. 그 안에서 혼자 평화로움을 만끽하고 있다는 사실이 때로는 과분하게 느껴진다. 그러나 전 세계 어느 시골에서나 비슷하게 그런 기분이 들 것이다. 강원도 산골에 있으나 토스카나 산골에 있으나 자연은 언제나 사람을 푸근하게 보듬어 안아주기 때문이다.

—

와인은 자연과 함께 나누는 삶이며, 서구 문화를 바라보는 또 다른 창이기도 하다. 왕과 귀족, 신과 사제들을 위해 존재하던 와인이 이제는 누구나 쉽게 마실 수 있는 음료가 되었다. 이 책에서는 와인이 우리 곁에 가까이 다가오기까지 어떤 과정을 겪었는지 조금 더 문화적인 시각으로 바라보고 싶었다. 급하게 서두른다고 해서 갑자기 와인이 친숙하게 다가오는 것은 아니다. 그래서 여유를 갖고 천천히 바라보기를 권하고 싶다. 조금 더 느리게. 와인을 차분히 즐기는 것은 삶을 조금 더 여유롭게 하는 한 방법이 아닐까.

Contents

CHÂTEAU MOUTON ROTHSCHILD

I. Bordeaux 보르도

1.

와인과 예술의 만남,
샤또 무똥 로칠드

Château Mouton Rothschild . 샤또 무똥 로칠드 .

로 칠 드 . 가 문 의 . 등 장

전 세계 많은 와이너리들이 보르도 와인을 모범으로 삼고 와인을 만들고 있다. 로마제국 시대부터 장구한 역사를 통해서 맛을 발전시켜온 보르도 지방이 제시한, 일종의 규범에서 벗어나기가 어렵기 때문이다. 소더비나 크리스티 경매에서 보르도 와인은 가장 인기가 높으며, 그 가치에 있어서도 안정적인 평가를 받고 있다. 전 세계에서 보르도 지역에 심어진 것과 동일한 포도 품종들을 경작하고 있다. 처음에는 모방으로 시작했으나 지금은 보르도만큼 뛰어난 맛을 보여주는 와인들이 속속 등장하고 있다. 보르도에 한정되기를 거부한 모험가들은 와인 양조를 위해서 세계로 날개를 펼쳤다. 불과 2, 30년 전까지만 해도 고급 와인을 접하기가 힘들었던 미국, 칠레, 스페인 등지에서 보르도 출신 양조자들의 협력을 받아 양질의 와인을 생산하기에 이른 것이다. 거기서 선구자 역할을 한 가문이 바로 로칠드[01]다. 미국 와인 고급화의 기수였던 캘리포니아의 거물 로버트 몬다비와 함께 미국 최초의 프리미엄 와인 오퍼스 원(Opus One)을 만든 것도, 삼성 그룹 일가에서 선물로 많이 이용한다는 보도를 통해 더욱 유명세를 타게 된 칠레 최초의 명품 와인 중 하나인 알마비바(Almaviva)를 만든 것도 보르도에 뿌리를 내린 로칠드 집안이 있었기 때문이다.

보르도(Bordeaux)는 와인의 성지이자 와인을 이야기할 때면 누구나 첫손에 꼽는 고급 와인의 대명사나 다름없는 곳이다. 보르도 전역에 심어져 있는 까베르네 소비뇽이나 메를로 같은 품종들은 미주, 아프리카, 오세아니아 대륙 등 어디서나 주요 품종으로 경작되고 있다. 최상급 보르도 와인과 유사한 와인을 만든다는 것은 전 세계 와인 메이커들의 꿈이자 희망과도 같은 것이었다. 보르도를 중심에 놓고 생각한다면 거의 모

01__ **로칠드(Rothschild).** 일반적으로 로스차일드라는 영어식 발음을 쓰지만, 프랑스 와인이라서 그렇게 발음하는 경우가 드물다. 이 책에서는 로칠드라고 표기했다. 프랑스에서는 호뜨쉴에 가깝게 발음하지만, 샤또에서는 전부 로칠드라고 발음하기 때문이다.

든 와인 생산지에서 보르도 와인의 아류와도 같은 와인들이 생산되고 있는 것이다. 최근 몇 년 동안 가장 주목받는 와인을 꼽으라면 '슈퍼 토스카나'[02]라는 별명으로 불리는 이탈리아 와인들일 것이다. 한때 경제적인 위기에 처했던 토스카나를 다시 와인 생산의 메카로 변모시킬 수 있었던 것도 이 지방에 보르도 품종들을 심었기에 가능한 일이었다.

보르도라는 지명을 둘로 나누어서 읽으면 보르 도 (bord d'eau)가 된다. 발음은 똑같지만 뜻은 완전히 달라진다. '물 옆'이라는 의미가 되기 때문이다. 실제로 보르도에 가면 이런 상호를 내건 식당 간판이 종종 눈에 띈다. 포도밭 지대에 물이 있어야 포도나무가 자라는 데 좋은 조건을 만들어줄 수 있다. 로마 시대부터 와인 산지로 유명세를 쌓아온 보르도는 당시에는 아키타니아[03]라는 이름으로 불렸다. 서쪽 끝은 대서양과 만나고, 보르도 지방 한가운데를 관통하는 지롱드[04], 가론느, 도르도뉴 같은 큰 강들이 많아서 '물의 나라'라는

02__ **슈퍼 토스카나**(Super Toscana). 최근 2~30년 동안 토스카나 지방에서는 보르도 품종을 사용해서 와인을 생산하는 경우가 많다. 이런 와인들을 통칭해서 슈퍼 토스카나라고 부른다.

03__ **아키타니아**(Aquitania). 로마 시대에 보르도 지방 일대를 '물의 나라'라는 뜻의 아키타니아라고 불렀다. 아끼뗀이라는 중세 시대의 지명도 여기에서 비롯했다.

명칭으로 불렸던 것이다. 보르도 지방은 이처럼 물과 관계가 많다. 물이 감싸고 있는 땅은 밤과 낮이 바뀌고 계절이 지나도 온도가 급격하게 변하지 않아서 포도나무의 생장에 도움을 준다. 종종 대서양에서 차가운 바람이 불어오지만 방풍림 역할을 하는 울창한 랑드 숲이 보호해주고 있기 때문에 포도나무에 해를 끼치지는 못한다.

중세에 보르도는 아끼뗀(Aquitaine) 공작의 영지였다. 1137년 기욤 공작의 갑작스러운 죽음으로 이 땅을 상속받은 이는 겨우 열다섯 살의 소녀였다. 이 소녀가 바로 앞으로 유럽에서 가장 막강한 권력을 행사하게 될 아끼뗀의 왕녀 엘레오노르(Eléonore)였다. 그녀는 프랑스 왕 루이 7세와 결혼했다가 이혼한 후 훗날 영국 왕 헨리 2세로 즉위하게 되는 헨리 플랜태저넷과 재혼한다. 그녀의 아들들이 《로빈 후드》와 《아이반호》에 등장하기도 하는 사자심왕 리처드와 폭정을 휘두르려다 대헌장을 승인하게 된 존 왕이었다. 한때 엘레오노르의 봉토는 프랑스 왕이 소유한 영지보다도 넓었다. 루이 7세와 결

04__ **지롱드(Gironde) 강**은 보르도 시내를 관통해서 대서양으로 흘러들어가는 강이다. 강 양쪽으로 유명 샤또들이 인접해 있다. 프랑스 혁명 당시 지롱드라는 당명도 지롱드 출신 의원들이 많아서 지어진 것이라고 한다.

혼하면서도 엘레오노르는 땅에 대한 소유권을 내놓지 않았다. 결국 헨리 2세와의 결혼을 통해서 광활한 아끼뗀의 비옥한 토지들은 중세 관습에 따라 영국 왕실의 소유가 되고 만다. 도버 해협 너머 섬나라 영국에서 보유하고 있는 아끼뗀 땅은 프랑스 입장에서는 골칫덩어리였다. 1259년 협정을 통해 보르도 땅은 프랑스 영토가 되지만 관계는 복잡해진다. 영지를 소유한 공작이기도 한 영국 왕은 거꾸로 프랑스 왕에게 충성 서약을 해야 되는 입장이 되어버린 것이다. 이 같은 상황도 받아들이기 어려운 판에 1337년 프랑스는 아끼뗀을 몰수한다는 칙령을 발표한다. 왕과 귀족들 사이의 혼인으로 미묘하게 뒤얽힌 주종 관계와 정치적 상황들이 결국 백년전쟁의 원인을 제공한 것이다. 초기에는 영국군의 승승장구였다. 프랑스군은 여러 전투에서 패하면서 수세에 몰린다. 그러나 오를레앙의 처녀 잔 다르크가 등장하면서 전세는 극적으로 역전되기 시작한다. 아끼뗀은 다시 프랑스 영토가 되지만 이번에는 보르도의 귀족과 상인들이 프랑스 정부의 과중한 징세를 피하기 위해서 영국에 지원을 요청하는 사태가 벌어진다. 그래서 탈보트(Talbot) 장군이 군사를 이끌고 보르도에 상륙해서 마지막 결전을 벌인다. 1453년 7월 17일 탈보트 장군은 보르도 동부의 까스띠용(Castillon)에서 목숨을 잃고, 전투에서 패한 영국은 이후 아끼뗀에서의 영향력을 상실하고 만다. 그러나 기나긴 역사를 통해서 보르도 와인 상인들은 영국을 주요 시장으로 삼고 있었고, 무역 관계는 지속적으로 유지된다. 보르도 항구는 그 후로도 계속 영국 시장을 바탕으로 성장했으며 탈보트 장군은 샤또 딸보라는 이름으로 아직까지 남아 있다.

보르도에서 가장 전통적인 와인 생산지는 메독(Médoc)이다. 'Mediterranean(지중해)'이나 'medium(중간)'처럼 메독은 '중간에 위치한 땅'이라는 의미를 지니고 있다. 보르도 북쪽으로 툭 튀어나온 이 포도밭 지대가 대서양과 지롱드 강이라는 두 개의 큰 물 사이에 위치하고 있기 때문이다. 보르도 시내에서 북쪽으로 이어지는 1차선 지방도로인 D2를 따라 와인 애호가들이 이름만 들어도 가슴 설레는 마을들이 줄줄이 펼쳐진다. 마고, 생 줄리앙, 뽀이약, 그리고 생떼스떼프 같은 작은 마을들이 전부 메독 반도 안에 위치해 있으며,[05] 이곳을 중심으로 천혜의 자연 조건을 지닌 보르도에는 9000개에 가까운 샤또(Château)들이 있다.

05__ 마고(Margaux), 생줄리앙(Saint-Julien), 뽀이약(Pauillac), 생떼스떼프(Saint-Estèphe)는 메독에서 가장 유명하고 품질이 좋은 와인을 생산하는 마을들이다.

18세기 후반 한 가문의 역사가 시작되었다. 바로 유럽 경제를 주물렀던 로칠드 가문이 등장한 것이다. 마이어 암셀은 프랑크푸르트의 유대인 거주지역인 게토에서 환전과 대금업으로 돈을 모은 후 로칠드 은행을 설립한다. 그는 막내아들과 본점을 운영하면서 유럽 주요 도시에 지점들을 열기 시작한다. 나머지 네 아들은 런던, 빠리, 빈, 나폴리에서 자금을 주무르면서 강력한 영향력을 행사하기에 이른다. 메디치 가문 이후 사라졌던, 유럽을 통괄하는 국제적 금융 네트워크의 탄생이었다. 나폴레옹이 전쟁을 일으키자 로칠드 은행은 각국 정부에 돈을 빌려주면서 가문의 부를 결정적으로 늘리게 된다. 로칠드라는 이름은 빨간색(rot)과 방패(schild)라는 단어가 합쳐진 것이다. 마이어 암셀의 집에 빨간 방패가 걸려 있었기 때문이다. 막강한 자금력을 바탕으로 맺어진 정권과의 우호 관계를 통해서 로칠드 가문은 귀족 작위를 얻고자 했으나 전통적인 귀족들의 완강한 반대에 부딪치게 된다. 결국 이들의 염원을 해결해준 것은 오스트리아의 합스부르크 왕가였다. 메테르니히 재상이 프란츠 2세를 설득해서 남작이라는 세습 귀족 작위를 내려주었기 때문이다. 《구약성서》의 〈시편〉에는 "젊어서 낳은 자식은 용사의 손에 쥐어진 화살 같으니"라는 표현이 있다. 이름의 기원이 된 빨간 방패와 자식을 상징하는 화살들은 이후 로칠드 가문의 문장이 된다. 유대인 특유의 배타적인 경영과 폐쇄적인 혼인 관계를 통해서

무똥 로칠드의 문장.

로칠드 가문은 대부호로 성장하고 전 유럽을 아우르는 금융 제국을 건설하게 된다. 유럽 각지에 거주하던 로칠드 가문의 형제들은 이를 바탕으로 약간씩 문장을 다르게 만든다. 무똥 로칠드에서 사용하고 있는 문장 가운데 있는 왕관은 귀족 작위를 받았다는 사실을 의미하며, 다섯 개의 화살은 유럽 각국으로 뻗어나간 다섯 아들을 상징하고 있는 것이다.

마이어 암셀의 손자인 나다니엘 남작(Baron Nathaniel)은 로칠드 은행 런던 지점을 운영하다가 빠리로 건너와서 정착한다. 그는 저택에 손님들을 초대하면서 자기 소유의 와인을 대접하면 더 좋겠다는 생각을 갖게 되었다. 그가 선택한 포도원은 뽀이약에 위치한 브란 무똥(Brane Mouton)이라는 샤또였다. 브란 가문은 경제적인 위기에 처해 있어서 1853년에 나다니엘 남작은

거금을 투자해서 이 샤또를 인수한다. 원래 이 샤또의 이름은 모똥(Mothon)이었다. 16세기 가스꼬뉴 고어에서 모똥은 '작은 언덕'을 뜻했다. 무똥 포도밭은 대서양에서 불과 13미터밖에 되지 않는 고도에 위치해 있지만 포도나무가 햇빛을 잘 받을 수 있는 경사면을 지니고 있었다. 토양과 경사도의 미세한 차이가 포도나무가 자라는 데 있어서는 엄청난 차이를 만들기도 한다. 모똥이라는 이름은 브란 가문에서 소유하던 시절 무똥이라는 이름으로 바뀌었다가 로칠드 가문이 자신들의 성을 붙이면서 무똥 로칠드(Mouton Rothschild)로 바뀐다. 이렇게 해서 보르도의 상징 중 하나인 샤또 무똥 로칠드의 역사가 시작된다. 무똥이라는 단어는 양(羊)을 뜻하는 말이다. '작은 언덕'이 '양'으로 바뀌게 된 이유는 확실치 않지만 훗날 무똥 로칠드는 양을 연상시키는 다양한 디자인을 사용하게 된다.

20세기 와인업계의 혁명아

150년이라는 시간을 거슬러올라가보자. 1855년은 보르도 와인 역사에서 아주 중요한 해다. 빠리에서 개최되는 세계 박람회를 준비하면서 프랑스의 자랑인 보르도 와인에 대한 등급 분류가 이루어졌기 때문이다. 이는 와인 품질을 세분화시키고 체계적으로 알리기 위한 공식적인 단계라는 점에서 큰 의미를 지닌다. 당시에는 보르도 와인이라는 표현을 쓰지 않고, '지롱드 와인' 등급 분류[06]라는 표현을 썼다. 이때 최고급으로 분류된 그랑 크뤼(Grands Crus) 와인은 모두 61개였다. 지금도 이 숫자에는 변함이 없다. 메독에서 60개의 대표적인 와인이 선정되었고, 보르도 시내에서 가까운 그라브(Graves) 지역에서 예외적으로 오브리옹(Haut Brion)이 포함되었다. 최고 등급인 프르미에 크뤼(Premiers Crus, 이하 1등급)로는 네 개의 와인이 뽑혔다. 오브리옹을 비롯해서 강건한 와인의 대명사인 라뚜르(Latour), 우아한 와인의 전형이라 할 수 있는 샤또 마고(Château Margaux), 그리고 균형미가 아름다운 라피뜨(Lafite)가 그 주인공들이었다. 그러나 나다니엘 남작이 소유하고 있던 무똥은 그 아래 등급인 2등급에 머무르는 수모를 겪었다. 언제나 최고임을 자부해왔던 무똥으로서는 안타까운 일이었다. 게다가 사촌인 제임스 로칠드는 재력을 바탕으로

1등급인 라피뜨를 사들여 집안 내부의 관계는 미묘한 긴장감을 갖게 되었다.

와인을 만드는 데 있어서 누구나 가장 중요하게 꼽는 부분은 떼루아르[07], 곧 토양이다. 땅은 거짓말을 하지 않는다. 인간은 좋은 땅을 고를 수 있는 능력을 갖고 있을지는 모르지만 그런 땅을 창조할 수는 없다. 좋은 자연 환경이란 아무데나 존재하는 게 아니다. 그 범위에는 한계가 있는 법이다. 그래서 최고급 샤또들 중에는 서로 붙어 있는 곳이 많다. 무똥 로칠드 바로 북쪽에 나무 한 그루를 사이에 두고 라피뜨 밭이 있으며, 라피뜨 북쪽으로 붙어 있는 밭은 생떼스떼프 최고의 샤또인 꼬스 데스뚜르넬(Cos d'Estournel)이다. 워낙 좋은 위치에 자리 잡은 포도원을 구입한 탓에 무똥이라는 이름은 그 자체로 이미 유명했다. 하지만 2등급으로 분류된 상황은 로칠드 가문의 입장에서는 답답한 일이었다. 무똥은 이후의 와인 생산과 투자를 통해서 주어진 자연 조건 속에서 인간의 노력에 따라 얼마나 다른 결과가 나올 수 있는지를 보여준다. 이것이 바로 무똥

07__ **떼루아르(Terroir).** 토양이라고 번역할 수 있지만, 영어로는 번역이 되지 않는 단어라서 미국의 와인 생산자들도 떼루아르라는 불어식 표현을 그대로 사용한다. 포도밭의 세부적인 토양은 물론 포도밭을 둘러싸고 있는 미세 기후까지를 포함하는 말이다.

겨울, 황량한 느낌을 주는 광활한 무똥 로칠드 포도밭.

이 보여준 하나의 교훈일 것이다.

무똥 로칠드의 설립자인 나다니엘의 손자 필립 남작(Baron Philippe)을 빼고는 무똥의 역사를 설명할 수 없다. 아니 보르도 와인이 발전해온 20세기의 많은 사건들을 필립 남작이라는 이름을 제외하고는 설명할 수 없을 것이다. 보르도뿐만 아니라 20세기 와인 역사의 거대한 흐름이 그의 손과 머리, 행동과 정신을 통해서 이루어졌다고 해도 과언이 아니기 때문이다. 필립 남작은 전 세계 와인 양조에 영향을 끼쳤으며, 역사에 거대한 족적을 남겼다. 그는 한 세기의 와인 역사를 새로 쓰면서 와인 산업을 움직였던 가장 위대한 와인 메이커 중 한 명이었다.

1922년에 젊은 필립은 스무 살의 나이로 무똥의 지휘자가 된다. 젊은 엘리트는 언뜻 당돌해 보이는 모토를 내걸었다. "나는 1등이 되지 못함, 나는 2등에 만족 안 함, 나는 무똥이다(First I may not be, Second I will not be, Mouton I am. / Premier ne puis, Second ne daigne, Mouton suis)." 이는 브르타뉴 출신의 귀족 가문으로 막강한 권력을 쥐고 있었던 로안(Rohan) 가문이 "나는 왕이 되지 못함, 나는 왕자로 만족 안 함, 나는 로안이다."라고 한 말에서 따온 표현으로서, 자기 와인에 대한 자신감과 깊은 의중을 담고 있는 말이다. 필립 남작의 가슴 속에는 1등급이 되지 못한 무똥 로칠드 와인으로 언젠가는 다른 모습을 보여주고 말겠다는 의지가 숨겨져 있었을 것이다.

와인업계의 젊은 혁명아의 출발은 편안함을 버리고 모험을 하는 데서 시작되었다. 지금은 어느 와이너리에서나 직접 와인을 병에 담아서 완성품의 형태로 출시하지만 20세기 초 보르도에서는 그런 일이 드물었다. 샤또에서는 오크통에 담아 도매상에 판매를 하는 경우가 많았다. 그러면 도매상이나 식당에서 와인을 병에 담곤했다. 담는 곳이나 과정에 따라서 맛이 달라질 수 있었기 때문에 소비자들은 와인에 대해 완벽하게 신뢰할 수가 없었다. 특히 흉작인 해에는 더욱더 그러했다. 모르는 사이에 어디서 고급 와인이 저급 와인과 섞일지, 아니면 와인 자체를 바꿔치기하는지 믿을 수가 없는 상황이었다. 최종 소비자들은 병에 와인을 담는 판매업자의 양심을 믿는 수밖에 없었다. 필립 남작은 이처럼 불신이 팽배한 상황을 타개하기 위해서 1924년 최초로 모든 와인을 '샤또에서 병입(mis en bouteille au Château)' 하기 시작한다. 이것은 혁명이었다. 지금은 모든 와인을 와이너리에서 병입한 후 시장에 내놓는 것이 지극히 당연한 일이지만 당시까지만 해도 최고의 와이너리들조차 시도하지 못하던 일이었다. 고급 와인을 만들고, 그 품질을 지켜나간다는 자부심은 이처럼 직접 완제품을 시장에 내놓음으로써 지켜질 수 있었다. 무똥이라는 이름은 단순히 명성이 아니라 신뢰를 바탕으로 소비자들에게 다가간 것이다.

이때부터 라벨에는 디자인 개념이 부여된다. 여러 군데에서 와인을 담을 때는 상황에 따라 같은 와인에도 서로 디자인이 다른 라벨을 붙이는 경우가 빈번했다. 그러나 모든 와인이 완제품 상태로 시장에 나가게 되자 라벨 디자인을 통일할 필요가 있었다. 1924년 빈티지[08] 무똥 라벨에는 강한 인상을 드러내는 산양 한 마리, 로칠드 가문의 문장, 성(城)을 단순화한 디자인에 샤또 무똥 로칠드라는 이름과 '이 와인은 샤또에서 병입했습니다(Ce vin a été mis en bouteille au Château).'라는 문구가 들어가 있다. 이로써 프랑스 와인의 대표주자인 보르도의 모든 샤또에서 직접 와인을 병입하는 혁신적인 역사가 시작된 것이다.

1932년에 샤또 무똥 로칠드에서는 프랑스 최초의 브

08__ **빈티지(vintage).** 와인을 생산하기 위한 포도를 수확한 해를 말한다. 보다 광범하게 해마다의 작황을 뜻하기도 한다.

랜드 와인이라고 할 수 있는 무똥 까데(Mouton Cadet)를 출시한다. 1930년은 빈티지가 너무나 좋지 않은 해였다. 샤또 무똥 로칠드를 만들기에는 포도의 품질이 현저히 떨어졌다. 1932년 시장에 2년 동안 숙성시킨 1930년 빈티지 와인을 내놓으면서 질이 떨어지는 포도로 만든 와인이 무똥 까데였다. 품질로 따졌을 때 막내 격인 와인이기도 했지만, 자신들 고유의 이름에 '막내'를 뜻하는 귀여운 느낌의 까데라는 말을 붙여 만든 와인이다. 지금은 웬만한 샤또들이 대표 와인이라고 할 수 있는 그랑 뱅(Grand Vin) 아래 등급으로 세컨드 와인[09]을 만드는 것이 상례화되어 있다. 같은 포도원이라도 부분적으로 토양에 차이가 있기 때문에 포도 품질이 일정하지 않다. 그래서 그랑 뱅을 만들기에는 적합하지 않은 포도로 자신들 샤또의 특성을 담은 세컨드 와인을 만드는 것이다. 그러나 당시에는 세컨드 와인이라는 개념이 존재하지 않을 때였다. 이듬해인 1931년도 빈티지가 좋지 않아서 무똥은 하는 수 없이 2년 연속으로 무똥 까데를 만들어

09__ 세컨드 와인(second wine). 샤또에서 소유하고 있는 포도밭에서 나는 포도들 중에서 대표 와인인 그랑 뱅(Grand Vin)을 만들기에는 질이 떨어지는 포도로 아래 등급인 세컨드 와인을 만든다. 무똥의 쁘띠 무똥, 라피뜨 로칠드의 까뤼아드 드 라피뜨(Carruades de Lafite), 라뚜르의 레 포르 드 라뚜르(Les Forts de Latour), 샤또 마고의 빠비용 루즈 드 샤또 마고(Pavillon Rouge de Château Margaux) 등이 다 특급 샤또에서 생산하는 세컨드 와인들이다.

서 빠리의 소비자들에게 제공할 수밖에 없었다. 새옹지마라고 해야 할까. 저렴한 가격으로 판매한 탓에 샤또 입장에서는 경제적으로 손해를 보았지만 소비자들에게는 무척이나 깊은 인상을 남겼다. 일반 소비자들이 접근하기에 무똥 로칠드는 확실히 비싼 와인이었다. 이런 와중에 무똥에서 저렴한 와인을 만들어 내놓자 소비자들은 친근감을 느끼게 되었다. 무똥이라는 명성과 저렴한 가격이라는 장점이 절묘하게 맞아 떨어져서 무똥 까데는 처음부터 대성공을 거두게 된다. 그 이후 다른 지역에 위치한 포도밭에서 무똥 까데를 만들게 되지만, 보르도 고급 와인을 대중적으로 널리 알린 와인이 바로 무똥 까데였다. 이제 무똥 까데라는 브랜드 이미지는 완전히 자리를 잡았다. 1년에 무려 1500만 병이 소비되면서 현재 보르도 AOC[10] 등급 와인 중 가장 많이 팔리는 베스트셀러 와인이다. 해마다 깐느 영화제 만찬장에서도 무똥 까데를 만날 수 있다. 프랑스를 대표하는 국제영화제의 공식 와인으로 지정되어 있기 때문이다. 우리나라에서도 청룡영화제를 비롯한 여러 공식 행사에서 무똥 까데

10__ AOC는 원산지 명칭 통제(Appellation Origine Contrôlée)의 약자다. 프랑스에서는 와인이나 치즈 등을 생산하면서 품질 관리를 위해 마을 자체적으로 품질과 생산 방식을 통제하고 있다. 각 생산지마다 품질을 유지하기 위해 노력하고 있는 것이다.

를 쓴 적이 있다. 친밀한 이미지로 대중적인 면모를 잃지 않는 무똥 까데의 힘이라 할 수 있을 것이다.

당 대 . 최 고 의 . 화 가 가 . 그 리 는 . 라 벨

1939년 유럽 전역을, 그리고 40년대에 이르러서는 전 세계를 전쟁의 참화 속으로 몰아넣은 제2차 세계대전이 발발한다. 순식간에 수도 빠리를 비롯한 프랑스의 전 국토가 나치의 군홧발에 짓밟히고 말았다. 레지스탕스들이 저항했지만 나치 독일은 강했다. 보르도라고 해서 예외가 될 수는 없었다. 나치는 헐값에 와인을 구매하기도 했지만, 샤또와 고급 레스토랑들을 뒤져서 보관되어 있던 와인들을 본국으로 가져가버렸다. 독일군들도 고급 와인의 진가를 알고 있었던 것이다.

로칠드라는 이름은 명망이 높았지만 나치의 박해를 받던 유대인을 대표하는 이름이기도 했다. 필립은 비시 정부에 의해 체포되지만 가까스로 탈출해서 도버 해협 너머로 몸을 피한다. 드골 장군이 런던에서 프랑스의 해방을 위해 고군분투하고 있었다. 필립의 아내인 엘리자베뜨는 가톨릭 신자였고, 프랑스인이어서 신변에 대한 걱정을 하지 않았지만 게슈타포는 그녀를 유대인 수용소로 끌어가고 말았다. 필립은 영국에서 공군 조종사가 되었고, '은빛 날개'라는 이름을 붙인 자신의 애기(愛機)를 타고 하늘을 날면서 유럽 상공에서 전과를 올렸다. '은빛 날개'는 최고의 조종사들만을 부르는 호칭이기도 했다. 아내는 수용소에서 유대인들과 함께 죽음의 공포에 직면해 있었고, 딸 필리핀은 빠리 시내에 숨어 있었다. 필립은 가족과 조국을 구하기 위해 애타게 창공을 날았지만 결국 아내는 수용소에서 나치에게 처형되고 말았다. 제2차 세계대전 동안 로칠드 가문 사람들 중에서 유일하게 수용소에서 죽임을 당한 사람이 유대인이 아니라 프랑스인이었다는 사실은 참으로 아이러니하다.

필립은 상상력이 뛰어난 인물이었고 그 생각들을 실행에 옮길 줄도 알았다. 그는 딸 필리핀이 어렸을 때 직접 동화를 지어서 들려주곤 했다. 필리핀에게 들려주던 동화 속에 등장하는 하늘을 날아다니는 요술 주전자의 이름이 '은빛 날개'라는 뜻을 가진 '엘 다르장 (Aile d'Argent)'이었다. 필립은 자신의 비행기에 애정이 담긴 '엘 다르장'이라는 이름을 붙이고 자유를 되찾기 위해 프랑스 하늘을 날아다녔던 것이다. 무똥 포도밭에서 화이트 와인을 생산하면서 필리핀은 자상했던,

그리고 용감했던 아버지의 모습을 떠올렸을 것이다. 그래서 무똥 포도원에서 상큼한 맛이 나는 화이트 와인을 생산하며 붙인 이름이 바로 엘 다르장이었다.

1945년 프랑스는 고대하던 종전을 맞이한다. 일부 독일군은 최후의 순간까지 메독 반도의 끝에서 저항하다가 포로로 붙잡히게 된다. 필립 남작이 돌아와 보니 독일군이 샤또를 통신 본부로 사용해서 샤또는 처참하게 망가져 있었다. 벽에는 총탄 구멍들이 숭숭 뚫려 있었고, 밭에는 통신 선들이 깔려 있었다. 필립은 보르도에 수감되어 있던 독일군 포로들을 데려와 손상된 곳을 복구하고 꽃을 심고 도로를 만들었다. 독일군들은 자신들이 파괴했던 샤또를 자신들의 손으로 원상복구하게 된 셈이었다. 전쟁의 상처를 잊고 모든 것들이 제자리를 찾기 시작했다. 전쟁이 끝났다는 사실을 하늘이 알기라도 했는지 1945년은 20세기 최상의 빈티지 중 하나였다. 농부들은 전쟁과 포도 농사 사이에는 큰 관계가 있다고 생각한다. 그들은 오랫동안 전쟁이 시작될 때면 신은 흉작을 가져다주고, 전쟁이 끝나면 풍작을 안겨준다고 믿어 왔다. 제2차 세계대전이 끝나자 그동안의 고생을 벌충이라도 해주듯이 프랑스의 대지에 신의 은총이 내린 것이다. 특히 1945년 무똥은 최고였다. 와인 생산자라면 누구나 기다리던 전설적인 빈티지였다.

보르도로 돌아와 다시 와인을 만들기 시작하자마자 탁월한 해를 맞이한 필립 남작은 새로운 아이디어를 낸다. 이것은 다른 샤또들과 철저하게 차별되는 정책이기도 했다. 바로 평이한 라벨 디자인을 보다 예술적으로 바꾸는 것이었다. 필립은 젊은 화가인 필립 쥘리앙(Philippe Jullian)에게 전쟁이 끝나고 평화를 되찾은 느낌에 어울리는 1945년 무똥 로칠드 와인의 라벨 디자인을 의뢰한다. 쥘리앙은 포도나무 덩굴로 주변을 장식하고, 가운데에 월계관과 승리의 V 자를 그려 넣은 스케치를 선사한다. V 자는 제2차 세계대전을 거치면서 윈스턴 처칠을 통해 잘 알려진 승리의 표식이었다. 그 위에 '승리의 해(Année de la victoire)'라는 문구를 적어 넣었다. 라벨은 엄청난 인기를 끌었다. 자유를 찾은 모두의 염원을 담고 있었기 때문이다. 무똥의 입장에서는 획기적인 마케팅 감각을 발휘한 것이었고, 와인과 예술이 만나는 순간이기도 했다. 이때부터 매년 다른 화가에게 의뢰해서 라벨 디자인을 만드는 무똥의 전통이 시작되었다.

저명한 예술가들의 그림으로 장식된 무똥 라벨은 그

자체만으로도 수집가들의 인기를 끄는 품목이다. 와인을 좋아하는 사람이라면 누구나 자기가 태어난 해에는 어떤 화가가 디자인을 맡았을까 하고 궁금해한다. 20세기 화단을 수놓았던 거장들의 그림은 감각적인 디자인이 되어 친숙하게 다가온다. 나중에는 다른 나라 화가들도 라벨 디자인을 많이 맡게 되지만 40년대까지만 해도 프랑스 화가들이 주류를 이루었다. 40년대 말 무똥의 명성을 높인 화가는 장 꼭또와 마리 로랑생이었다. 시인이자 영화감독이며 화가이기도 했던 장 꼭또는 1947년 무똥에 고대 그리스의 전설을 연상시키는 신화적 이미지의 인물과 함께 포도송이를 그려 넣었다. 라벨 속에 그려진 인물은 장 꼭또가 연출한 〈미녀와 야수〉〈올페〉 등에서 주연으로 열연했던 장 마레였다. 그를 보고 있으면 디오니소스를 따라다니는 사티로스를 만나는 느낌이 든다. 이듬해인 1948년에는 시인 아뽈리네르와의 사랑으로도 유명했던 여류 화가 마리 로랑생이 그림을 그렸다. 청순한 이미지를 지닌 바쿠스의 시녀 두 사람이 포도 잎과 함께 있는 순결한 느낌의 그림이었다. 무똥 라벨을 그리는 데 있어서 특정한 주제는 없다. 그러나 주조를 이루는 이미지는 있다. 무똥의 문양에 주로 등장하는 것은 산양이나 포도나무

1953년 포도밭에 있는 필립 남작.

와 관련된 것들, 그리고 와인 등이다. 와인에 관한 시
각적 요소들은 안에 담긴 와인 맛을 더 궁금하게 한다.
필립 남작이 거장들의 작품들을 이용해서 라벨에 현대
적인 디자인 개념을 담은 것은 그 자체로 완벽한 성공
을 보장하는 것이었다.

　1955년은 조르주 브라끄의 해였다. 입체파의 거두였
던 브라끄는 포도송이와 와인이 든 잔을 단순화시킨
이미지로 라벨을 장식했다. 초현실주의의 거장 살바도
르 달리는 1958년의 주인공이었다. 스프링을 연상케

하는 곡선으로 얌전하고 귀여운 산양 한 마리를 그려 넣었다. 양의 눈동자가 순진한 어린아이처럼 반짝반짝 빛나고 있다. 1964년은 조각가로 더 유명한 헨리 무어가 황금 술잔을 만들고 있는 듯한 세 개의 손을 그렸다. 마주 잡은 두 손 사이로 술잔이 금가루가 되어 흘러내릴 것만 같다. 1967년 세자르는 병이나 술잔을 위에서 본 듯한 단순하고 독특한 추상적인 구성으로 라벨을 장식했으며, 1969년 호안 미로는 장난스러운 느낌이 드는 큼직한 빨간 포도알, 혹은 포도즙 이미지를 아로새겼다. 1970년 마르크 샤갈은 포도나무 아래서 엄마가 아들에게 포도송이를 건네주는 목가적인 분위기를 포착했고, 현재 뽕삐두 센터에서 소장하고 있는 바실리 칸딘스키의 추상화가 그 뒤를 이었다. 앤디 워홀은 마릴린 먼로를 연속적으로 그렸듯이 변형된 필립 남작을 세 가지 포즈로 그렸으며(1975년), 영화감독이기도 한 존 휴스턴은 태양이 작열하는 어느 날 포도나무 옆에서 열정적으로 춤을 추는 산양을 묘사했다(1982년). 키스 하링은 특유의 귀여운 느낌을 자아내는 산양 두 마리를 그렸으며(1988년), 프랜시스 베이컨은 일그러진 듯 기묘한 술잔의 이미지를 창조했다(1990년). 가장 큰 센세이션을 불러일으킨 화가는 1993년 빈티지를 맡았던 발뛰즈였다. 발뛰즈는 와인과는 무관하게 어린 소녀의 누드를 그려 넣었다. 미국에서 이 빈티지는 미성년에 대한 성적인 이미지를 연상케 한다는 이유로 수입이 금지되었다. 그래서 1993년 라벨은 두 가지가 있다. 다른 나라에서는 그대로 팔린 발뛰즈의 누드화 라벨과 아무것도 그려지지 않은 채 밝은 갈색조 배경만 남아 있는 텅 빈 라벨이. 처음에는 프랑스 화가들에게만 의뢰했던 라벨을 이제는 무똥의 국제적인 명성에 발맞추어 각국을 대표하는 거장들에게도 맡기고 있다.

아시아에서는 일본 화가 두 명이 무똥의 라벨을 위해 디자인했고, 1996년에는 무똥 라벨을 장식한 첫 중국 화가가 등장했다. 최근 들어 우리나라도 2010년이 지나기 전에 무똥 역사에 이름을 남길 것이라는 예측이 조심스럽게 나오고 있다. 최근 무똥의 경영을 총괄하는 CEO가 방한했던 것도 이와 무관하지는 않다. 와인 시장으로서 우리나라의 중요성이 서서히 부각되고 있기 때문이다.

최상의 빈티지 중 하나인 2000년 라벨은 특이하다. 20세기의 마지막이자, 21세기의 시작인 밀레니엄 와인에는 종이로 된 라벨을 붙이지 않았다. 까만 병에 금박으로 황금 산양 한 마리를 새겨 넣었을 뿐이다. 이 라벨을 보면 그리스 신화의 주인공인 이아손이 영웅들과 함께 구하러 떠났던 황금 양모가 연상된다. 무똥은 이처럼 다양한 변화를 보여줌으로써 수집가들과 애호가들의 시선을 떼지 못하게 만들고 있다.

두 개의 특별한 작품이 라벨에 그려진 해가 있다. 1973년 빈티지에는 20세기를 대표하는 거장 파블로 피카소의 그림이 그려져 있다. 이 라벨은 두 가지 측면에서 중요한 의미를 지닌다. 1973년은 피카소가 숨을 거둔 해다. 또한 무똥의 숙원이 이루어진 해이기도 하다. 1855년에 그랑 크뤼 등급 분류가 이루어진 이래 그 리스트에는 단 한 번의 변화도 없었다. 꾸준한 전통을 고수해왔던 것이다. 그러나 이 해 프랑스 농무장관은 무똥의 1등급 승격을 승인했다. 그동안 보여준 혁신과 발전, 그리고 무똥 로칠드와 필립 남작에 대한 경애의 표시였다. 1973년은 손에 꼽힐 정도로 작황이 안 좋은 빈티지였지만 피카소의 그림이 들어감으로써 수집가들의 표적이 되었다. 피카소의 사망을 애도하는 의미에서 라벨 상단에는 '피카소에게 바침(en hommage à Picasso)'이라는 문구가 쓰여 있고, 그 아래 와인을 마시고 취한 듯 열정적으로 춤을 추는 두 사람이 그려져 있다. 마치 고대 그리스의 디오니소스 축제를 연상케 한다. 하단에는

피카소가 그린 1973년 산 라벨.　　　　1973년 무똥이 1등급에 올랐음을 알려주는 문서.

무똥 스스로 등급 승격을 자축하는 듯 '1973년 1등급
이 됨(Premier Cru Classé en 1973)' 이라는 문구가 적혀 있
다. 단 한 장의 디자인으로 현대 미술을 대표하는 거장
피카소를 애도하는 의미와 1등급에 오르는 경사를 맞
이했음을 동시에 보여주고 있는 것이다. 필립 남작도
그 기쁨을 감출 수는 없었을 것이다. 이 해를 기점으로
무똥의 모토는 바뀐다. "나 1등, 2등이었음, 무똥은 변
하지 않는다(Premier je suis, Second je fus, Mouton ne
change. / First I am, Seond I was, Mouton doesn't change)."

1987년의 화가는 스위
스 출신인 한스 에르니
(Hans Erni)였다. 그가 그
린 그림은 약간 음울한
느낌의 색조로 그려진 포
도 잎과 포도송이에 둘러
싸인 필립 남작의 초상화
였다. 1988년은 무똥 로
칠드의 역사에서 슬픈 해
로 기록된다. 1922년부터
무똥을 이끌어온 필립 남

1987년 라벨. 그 해 타계한 필립 남작의 초
상화와 딸 필리핀 남작 부인의 추모 편지가
들어 있다.

작이 여든여섯 살의 나이로 타계했기 때문이다. 필립
은 무똥을 개혁했고, 그 명성을 세계에 널리 떨쳤다.
아버지의 뒤를 이어 무똥을 물려받은 필리핀 남작부인
(Baroness Philippine)은 라벨 위에 아버지에게 바치는 편
지를 쓴다. "내 아버지 필립 드 로칠드 남작께. 무똥을
혁신한, 올해는 그의 65번째이자 마지막 수확이었다."
그리고 아버지의 뜻을 잊지 않겠다는 듯이 빨간 글씨
로 "무똥은 변하지 않는다."라는 문구와 자신의 서명을
적어 넣었다. 이제 무똥의 주인이 바뀐 것이다.

포도원의 주인은 종종 바뀐다. 그러나 프랑스 하면

와인을 연상하게 되듯 특급 샤또들은 프랑스의 자랑이기도 하다. 한동안 보르도의 특급 샤또를 외국 자본이 구입하는 경우가 있었다. 그때마다 와인을 역사와 문화적 유산으로, 생활의 일부로 사랑해온 프랑스 사람들의 자존심은 큰 상처를 입곤 했다. 와인은 그들의 삶을 상징하는 것이기 때문이다. 그래서 지금은 외국인들이 특급 샤또를 자유롭게 구입하지 못하도록 법을 개정했다. 많은 샤또들은 가족들끼리 경영을 하고, 오랫동안 대를 이어 와인을 생산하는 것에 대해 자부심을 갖고 있다. 로칠드 가문 외에도 보르도에는 수백 년을 이어오는 전통의 명가들이 수두룩하다. 1853년 나다니엘 로칠드가 무똥을 인수한 지 어느새 150년이 넘는 세월이 흘렀고, 4대째 이어가며 포도원을 지키고 있다. 연극배우였다가 보르도로 돌아와 와인 생산을 진두지휘하고 있는 필리핀 여사, 1933년생인 그녀도 더는 젊지 않다. 언제가 될지는 모르지만 무똥도 다음 세대로 넘어갈 준비를 하고 있는 것이다.

1953년과 2003년 라벨에는 같은 인물의 초상화가 그려져 있다. 1953년은 로칠드 가문에서 무똥을 구입한 지 100년이 되는 해, 2003년은 150년이 되는 해다. 100주년과 150주년을 기념하면서 처음으로 샤또를 취득

했던 나다니엘 남작의 초상화를 실은 것이다. 나다니엘의 부인 샤를로뜨의 초상화는 그라브에서 생산하는 화이트 와인에 그려져 있다. 샤를로뜨는 예술 애호가였고, 자신이 수집했던 예술 작품들을 공공을 위해 정부에 기증하기도 했다. 그녀에게서 기품 넘치는 그라브 스타일의 화이트 와인을 연상하는 것은 어려운 일이 아닐 것이다. 이처럼 무똥은 오늘날 자신들을 있게 한 조상들에게 바치는 헌정 와인을 몇 군데 주요 마을에서 생산하고 있다. 조상들의 존재가 지금의 무똥을 만들어냈기 때문이다.

와인을 오크통에 넣어 숙성시키는 공간인 셰(Chai)에 가보면 네 사람의 흉상이 늘어서 있다. 나다니엘, 제임스, 앙리, 그리고 필립에 이르기까지 무똥을 이끌어온 조상들의 흉상이다. 직선거리가 100미터에 달하는 셰에는 무려 만 개의 오크통이 들어간다. 여기서는 이전 해에 수확한 와인을 오크통에 넣어서 숙성한다. 오크통을 따라 고개를 들면 두 마리 양이 마주보고 있는 문장이 보이고, 병과 라벨들도 지나간 역사를 다시 일깨워주고 있다. 계단을 따라 어두컴컴한 공간으로 내려가면 지하 셀라가 있다. 철문을 열면 어둠 속에 있는 셀라가 보인다. 와인들을 쌓아놓은 긴 복도를 따라 걷

무똥 로칠드의 셰. 길이가 100미터에 달한다.

는 것은 오래 묵은 와인들의 향기를 맡는 일이기도 하다. 와인을 꺼낼 때는 촛불을 켜고 들어가서 가급적 빛이 많이 비치지 않도록 한다. 오래된 와인일수록 빛에 민감하기 때문이다. 셀라는 언제나 자연적으로 14~18도 사이의 온도가 유지되며, 습도가 높아서 와인을 안정되게 보호해준다. 개인 셀라에는 약 10만 병가량의 와인들이 보관되어 있다. 와인을 오래 보관하다 보면 코르크에 한계가 온다. 와인과 마찬가지로 자연으로부터 온 코르크에도 수명이 있기 때문이다. 무똥에서는 30년마다 한 번씩 코르크를 새로 끼운다. 와인을 일일이 다시 테이스팅하면서 상한 와인은 버리고, 상태가 좋은 와인들로 다시 병을 채워서 새로운 코르크로 갈아 끼우는 것이다. 보르도의 명주들을 두 개의 긴 지하 복도에 보관하고, 무똥은 따로 공간을 만들어서 빈티지 별로 보관하고 있다. 이렇게 쌓아둔 와인은 무똥만 만 병에 달한다. 언제나 육중한 철문이 잠겨 있는 셀라 속에 보관된 와인 중 가장 오래된 와인은 오브리옹 1891년 산, 무똥은 1859년 산이다. 지하의 어둠 속에서 와인은 꽃향기를 발산하면서 오래도록 숨을 쉬고 있는 것이다.

딸 필리핀이 태어난 해인 1933년 필립 남작은 무똥과 붙어 있는 샤또 다르마이약(d'Armailhac)을, 1970년에는 샤또 끌레르 밀롱(Clerc Milon)을 인수한다.[11] 이로써 뽀이약 마을에 속한 주요 샤또들이 무똥의 수하로 들어간다. 무똥을 중심으로 뽀이약 북서부에서 로칠드 가문의 영역이 더욱 광대해진 것이다. 이렇게 세 군데의 그랑 크뤼 샤또가 밀집해 있는 너른 포도밭 지대는 무똥을 움직이는 심장부나 다름없다. 이곳에 근원을 둔 무똥의 영향력이 세계를 향해 퍼져나가고 있기 때문이다. 무똥 로칠드는 보르도 전역에 포도밭을 소유하고 있으면서 갖춘 노하우를 토대로 여러 나라에서 다양한 스타일의 와인을 생산하고 있다.

로칠드 가문은 와인 세계의 수도(首都)라 할 수 있는 보르도에 둥지를 틀었지만 필립 남작은 보르도라는 제한된 공간에 머무르는 것에 만족하지 않았다. 1970년대에 접어들면서 그는 신대륙으로 눈길을 돌렸다. 캘리포니아에는 미국 와인의 선두주자이자 와인의 고급화를 이끌고 있던 로버트 몬다비(Robert Mondavi)가 있

11__ 샤또 다르마이약(d'Armailhac)과 샤또 끌레르 밀롱(Clerc Milon)은 둘 다 무똥에서 소유하고 있다. 그랑 크뤼 5등급 와인들이다.

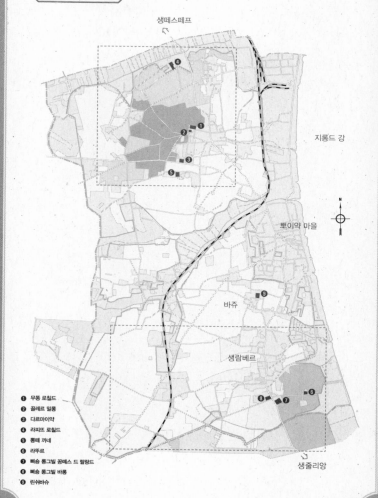

보르도 뽀이약 마을

생떼스떼프 ↖

지롱드 강

N

뽀이약 마을

바쥬

생람베르

생줄리앙 ↙

❶ 무똥 로칠드
❷ 끌레르 밀롱
❸ 다르마이약
❹ 라피뜨 로칠드
❺ 뽕떼 까네
❻ 라뚜르
❼ 삐숑 롱그빌 꽁메스 드 랄랑드
❽ 삐숑 롱그빌 바롱
❾ 린쉬바슈

었다. 좋은 토양에도 불구하고 캘리포니아 와인업계에서 고급 와인을 생산하기에는 아직 기술력이 모자랐다. 필립은 몬다비와 제휴해서 미국을 대표할 만한 합작 와인을 만들기로 결정한다. 이 프로젝트를 위해서 몬다비에서 소유하고 있던 밭 중에서 가장 좋은 포도밭을 고르고 개량한다. 이렇게 탄생한 와인이 '작품 1번', 즉 오퍼스 원이다. 하얀 라벨에는 파란 색상으로 두 사람의 프로필이 그려져 있다. 프랑스와 미국을 대표하는 와인업계의 양대 거물, 필립 남작과 온 생애를 캘리포니아 와인의 고급화에 주력한 거장 로버트 몬다비의 얼굴이다. 이후 프랑스와 캘리포니아 사이에는 다양한 교류가 이루어지지만 오퍼스 원은 그 첫 발자국을 남긴 최초의 프랑코 아메리칸(Franco-American) 명품 와인으로 역사에 남게 된다.

아버지의 유지를 이어받은 필리핀 여사도 국제화의 길을 걸었다. 그녀는 미국보다 남아메리카 대륙에 관심을 보였다. 그중에서도 칠레는 광활하다 싶을 정도로 넓은 대지에서 저렴하면서 품질이 좋은 와인들을 생산하고 있었다. 훌륭한 와인을 생산할 수 있는 가능성이 어느 곳보다도 높았다. 남북의 길이가 4000킬로미터가 넘는 긴 국토의 상당 부분은 포도나무를 재배하기에 좋

은 토양이었지만 미개척
상태의 황무지가 많았다.
미국 서부 개척사에 골드
러시가 있었다면, 와인에
서 유사한 양상을 보여주
고 있는 곳이 칠레일 것
이다. 지금도 칠레에서는
매년 수많은 새로운 와인
들이 등장하고 있다. 필
리핀 여사는 칠레 최대의
와인 회사인 콘차 이 토

오퍼스 원 라벨. 얼굴 그림의 왼쪽이 로버트
몬다비, 오른쪽이 필립 남작이다.

로(Concha y Toro)와 제휴하기로 결정을 내렸다. 아버지
의 경험을 바탕으로 콘차 이 토로에서 소유한 밭 중 가
장 좋은 곳을 골라서 1998년부터 칠레를 대표하는 명
품 와인 알마비바를 세상에 내놓기 시작했다. 알마비바
는 우리나라에서 아주 큰 인기를 끌고 있는 와인이기도
하다.

와인의 이름이 된 알마비바 백작은 모차르트의 오페
라 〈피가로의 결혼〉에 등장하는 인물이다. 스페인어권
인 칠레에서 생산되는 와인이라 세비야를 배경으로 펼
쳐진 오페라에서 다분히 스페인다운 느낌이 나는 이름

무똥과 콘차 이 토로가 합작으로 생산하는 알마
비바 라벨.

을 붙인 것이다. 알마
비바라는 이름을 붙인
데는 한 가지 이유가
더 있다. 오페라 〈피가
로의 결혼〉의 원작자는
프랑스 희곡작가 보마
르셰인데, 2005에 재혼
을 한 필리핀 여사의
남편이 바로 보마르셰의 후손이다. 라벨에 그려진 문양
은 잉카 문명의 유물에서 따온 것이며, 알마비바라고
쓴 글씨체는 보마르셰가 노트에 써두었던 것을 복사해
서 사용하고 있다. 라벨 한 장에서도 남미다운 분위기,
프랑스적인 전통, 스페인적인 이름이 미묘하게 교차하
고 있는 것이다. 또한 무똥이 칠레에 포도원을 설립해
서 생산하고 있는 와인은 에스쿠도 로호(Escudo Rojo)이
다. 스페인어로 '빨간 방패' 라는 뜻이다. 마이어 암셀
이 빨간 방패라는 성을 쓰기 시작한 뒤 오랜 세월이 흐
르고 나서, 칠레에서 그 이름은 다시 와인으로 부활했
다. 무똥은 이렇게 보르도에서 벗어나 그 나래를 펼치
고, 미국과 칠레의 와인 발전에도 큰 영향력을 행사해
오고 있다.

와 인 의 . 지 평 을 . 넓 힌 . 샤 또 . 무 똥 . 로 칠 드

다시 보르도로, 뽀이약으로 돌아가보자. 샤또 무똥 로칠드의 정문을 지키고 있는 두 마리 스핑크스를 지나 성 안으로 들어가면 무똥에서 운영하는 사설 박물관이 있다. 이 박물관은 와인과 관련된 유물로는 보르도에서 가장 훌륭한 예술품을 소장하고 있는 곳이기도 하다. 1950년대부터 본격적으로 수집해온 작품들이 내부를 화려하게 수놓고 있다. 수집품에 대해서는 외부인의 촬영을 원칙적으로 금하고 있기 때문에 성에 방문했을 때 짧은 시간 동안 둘러보는 것으로 만족해야 한다. 수집품 중에는 무똥 라벨의 원본 그림들도 진열되어 있다. 대량 복제된 라벨로 보던 그림을 직접 보는 것만으로도 미술 애호가들의 감탄을 자아낸다. 국내에서 접할 수 있는 어지간한 전시의 수준을 넘어서고 있기 때문이다. 작은 전시실에는 1959년 12월 12일에 피카소가 수채로 그린 〈디오니소스 축제〉가 걸려 있는데, 바로 1973년 무똥을 빛냈던 그림이다. 알브레히트 뒤러가 술잔을 들고 날아가는 여신을 그린 작품과 조르주 루오가 와인 글라스를 보면서 밝게 웃고 있는 신사를 그린 작품도 회화 수집품을 풍부하게 채우고 있다. 2000년 무똥을 장식했던 산양 조각도 한 켠에서 황금빛 자태를 뽐낸다. 머리를 뗐다 붙였다 할 수 있는 이 산양은 16세기 말에 독일 아우구스부르크에서 자콥 세나우어(Jacob Schenauer)라는 금세공 장인이 만든 것이다. 다르마이약 라벨에 있는 조각은 17세기에 제작된 〈가을의 춤〉이라는, 귀여운 인형처럼 작은 세공품이다. 유리 섬유와 세라믹으로 만든 동안의 미소년은 머리에 포도송이와 잎으로 장식된 관을 쓰고 있고, 한 손에는 와인 병, 다른 한 손에는 갓 수확한 듯한 풍성한 포도 송이를 들고 있다. 가을의 풍요로운 수확을 맞이하여 술을 한 잔 걸친 듯 볼은 발그레하고, 시선은 기쁨에 젖어 있다. 끌레르 밀롱을 장식하고 있는 조각은 18세기에 러시아 황실을 위해서 만들어진 은제품이다. 다이아몬드, 진주, 옥수(玉髓) 등으로 장식된 화려한 작품이다. 가슴은 큰 진주로 단단하게 둘렀으며, 눈에는 작은 다이아몬드가 박혀 있어서 불빛을 받으면 더욱 찬란하게 빛난다. 술잔을 든 두 남자가 도취 상태에서 마주 보며 춤을 추고 있다. 무똥에서 소유하고 있는 샤또들은 예술과의 만남을 통해 품격이 더 높아지는 듯하다.

다른 모든 수집품들도 모두 와인의 역사와 관련된 것들이다. 가장 화려한 작품은 〈바쿠스의 개선〉이라는 제목이 붙은 거대한 술잔이다. 코끼리 상아 하나를 통으로 써서 만든 이 잔은 18세기 초에 안토니오 레오니(Antonio Leoni)라는 장인이 제작했다. 흉측한 괴물과 짐승들이 가장 아랫단에서 세상을 받치고 있다. 중앙에서는 디오니소스의 추종자들과 사티로스, 님프들이 연회를 벌이고 있다. 그 위에는 뚜껑이 덮여 있다. 뚜껑은 손을 잡고 원무를 추고 있는 소년들이 장식하고 있으며,

무똥 로칠드를 상징하는 꼬마 바쿠스의 조각상.

가장 위에는 아이들의 몸에 발을 올려놓은 한 소년이 한 손으로는 술병을 들고, 다른 손으로는 공중을 향해 잔을 들어올리고 있다. 마치 주신에게 경배를 드리고 있는 듯하다. 박물관에서 소장하고 있는 가장 오래된 유물은 고대 메소포타미아의 술잔과 이집트의 탁자 같은 골동품들이다. 그리스와 로마에서 배에 와인을 싣고 수출할 때 사용되던 암포라, 와인을 마실 때 쓰는

클라테르 같은 와인 용기들, 바쿠스를 추종하던 실레노스 상을 비롯한 다양한 조각들, 수확 풍경을 담은 중세의 태피스트리 등 전 유럽에 걸쳐 발달해온 와인 역사를 한눈에 볼 수 있게 해준다. 비단 서양뿐만 아니라 동양의 술잔과 도자기들도 박물관을 장식하고 있다. 그중 가장 인상적인 것은 빨간색으로 채색된 백자였다. 도공이 누구인지는 확실치 않으나 조선의 영향을 받아 일본에서 만든 작품이라고 한다. 소박한 백자에는 꽃과 나뭇가지, 그 위에 새 한 마리가 고즈넉이 앉아 있다. 수수한 동양적 정서가 화려한 서구의 예술품들과 대비를 이룬다. 와인과 술에 대한 인류의 유산들을 보다 보면 우리의 삶은 예술을 통해 더욱 풍요로워진다는 생각이 든다. 와인은 왕들과 귀족들의 술이었다. 그러나 이제는 누구나 한 잔의 와인을 통해 즐거움을 만끽할 수 있다. 그저 한 잔의 술에 지나지 않을 수 있는 와인은 문화와 예술과 만남으로써 그 가치가 더욱 높아진다.

무똥이 걸어온 발자취 또한 마찬가지다. 무똥 포도원은 로칠드 가문이라는 거대 금융 자본과 만남으로써 기업화되었다. 이를 바탕으로 무똥 로칠드는 프랑스에서 가장 거대한 와인 회사로 성장했다. 그러나 이런 성

샤또 무똥 로칠드 로비에 걸려 있는 중세의 태피스트리.

과가 단순히 대규모의 자본이 투자되었다는 것만으로 이루어질 수 있는 것은 아닐 것이다. 만약 그랬다면 무 똥은 주목받지 못했을 것이다. 무똥은 와인 생산에 예 술적인 가치를 더했다. 무똥을 통해 와인과 예술은 보 다 직접적인 연관을 맺게 되었다. 와인을 단순한 소비재로서가 아니라 예술로서 확대 재생산할 수 있는 가능성이 열리게 된 것이다. 1973년 무똥이 1등급으로 승격되었듯이, 무똥은 자신들의 전통 속에서 문화를 보듬어 안음으로써 와인이 보여줄 수 있는 세계를 보다 넓게 확장시켜 왔다. 이렇게 해서 샤또 무똥 로칠드는 21세기 와인이 나아가야 할 길을 제시했으며, 현대 보르도 역사의 산증인이 된 것이다.

2005년 가을, 다시 보르도로 향했다. 9월 말, 보르도는 수확할 채비를 차리고 있었다. 매년 무똥 로칠드에서는 전 세계 각국의 와인 전문가 50명 정도를 초청해서 수확 행사를 열곤 한다. 포도를 수확하는 노동의 즐거움을 느낄 수 있는 행사다. 포도밭에 도착하니 어느새 9시, 모두에게 전지가위 하나와 포도를 담을 바구니가 주어졌다. 가을 아침의 차가운 공기가 몸속으로 스며들었지만 부산한 몸놀림 뒤에는 비 오듯 흐르는 땀에 옷이 젖어들었다. 와인의 역사는 8000년에 달한다. 그 오랜 세월 동안 모든 농부들은 자연 환경을 거스른 적이 없다. 언제나 가을이면 농부들은 하늘에 감사하는 마음으로 포도나무 앞에 서서 포도송이를 따왔다. 이날 수확 행사에 초대받은 사람들이 따야 할 양은 포도밭 100고랑 정도에 해당했다. 부지런히 손을 놀리면 오후에나 끝날 양이었다. 모두가 바삐 움직였지만 초보자들이 경험하는 수확은 노동이라기보다는 놀이였다. 10시가 조금 넘자 이른 새참이 나왔다. 포도밭 한

구석에서 잘 마른 포도나무 장작에 불을 붙이고, 그 위에 커다란 석쇠를 얹어서 두툼한 스테이크를 구웠다. 아침에 갓 구워낸 바삭바삭한 바게뜨를 주머니칼로 갈라서 그 안에 고기 한 덩어리씩을 넣고 소금과 후추로만 살짝 간을 한 게 전부였지만 맛은 살살 녹는다 싶을 정도로 입에 착 달라붙었다. 가볍게 요기를 한 후 다시 포도나무에 달라붙어 포도를 땄다. 어느새 작업에 익숙해져서 포도를 따는 게 처음보다는 훨씬 수월해졌다. 해는 중천으로 떠올라 가을 햇살의 남은 열기를 발산하고 있었다. 이따금씩 나무 그늘에 기대어 쉬다가 다시 포도 따기를 반복했다. 다른 밭에서도 500명가량의 일꾼들이 포도를 수확하고 있었다. 그들이 일하는 분위기는 우리와 사뭇 달랐다. 구내식당에서 500명이 넘는 인원이 한꺼번에 점심식사를 하는 것도 장관이었다. 모두가 식사에 곁들여 탁자 위에 놓인 와인을 몇 잔씩 마시면서 피로를 풀고 오후에 다시 일하러 나갈 준비를 했다. 모든 작업의 지휘자인 필리핀 여사도 직원들과 함께 같은 자리에서 식사를 했다. 우리에게만 색다른 와인이 주어졌다. 1982년 산 무똥 중에서 병에 담지 않은 침전물들로 다시 만든 와인이었다. 시장에 나오는 와인은 아니지만 최상의 빈티지답게 입 안에

깔끔한 아치 형태로 장식되어 있는 무똥 로칠드 샤또

샤또 무똥 로칠드 포도 수확 행사에 함께한 필자.

좋은 여운을 남겼다.

오후가 되자 사람들은 가을 오후의 태양처럼 늘어지기 시작했다. 관리를 맡은 직원들이 남은 몇 고랑을 빨리 끝내버리자면서 사람들을 다독거렸다. 그날의 최고 행사는 저녁 만찬이었다. 땀에 젖고 흙이 묻은 옷을 정장으로 갈아입고, 처음 해보는 수확으로 더욱 노곤해진 몸을 이끌고 성으로 갔다. 무똥의 모든 이들이 각국에서 온 손님들을 위해 만찬을 준비하고 있었다. 식전 술로 나온 샴페인을 마시면서 모두가 환한 얼굴로 인사를

겨울철 가지치기를 하고 있는 모습.

나누고 안부를 물었다. 이틀을 같이 지내는 동안 이제
는 서로 친숙해진 얼굴들도 많았다. 대연회장으로 옮겨
자리를 잡고 앉자 식사가 진행되었다. 첫 순서로 생선
요리와 함께 2002년 엘 다르장이 나왔다. 빛나는 옅은
황금빛이 감돌았고 차가운 돌에서 나는 듯한 광물성 냄
새와 달콤한 아카시아 향기, 군침이 돌게 만드는 살구
냄새가 어우러진 신선하고 상큼한 와인이었다.

　주 요리는 언제나 뽀이약이 자랑하는 음식과 와인의
조합이었다. 뽀이약은 프랑스에서도 유명한 양고기 산

지다. 묵직한 양고기의 맛은 강건한 뽀이약 와인과 가장 잘 어울린다는 평가를 받는다. 아니나 다를까 양고기 뒤를 1985년 산 무똥 로칠드가 받치고 있었다. 여기저기서 사람들의 탄성이 터져나왔다. 일반적인 크기의 병이 아니라 5리터짜리 무똥이기 때문이었다. 라벨에는 아리따운 두 소녀가 포도송이를 주고받는 모습이 그려져 있었다. 세월이 흘러 짙은 자줏빛으로 빛나던 와인은 어렴풋한 갈색조를 띠기 시작하고 있었다. 농익은 딸기 종류와 블랙커런트 향기, 바닐라, 오래된 와인에서 자주 배어나는 커피 향 등이 글라스 안에서 섞여 퍼져나왔다. 언제 다시 이 크기의 1985년 산 무똥 로칠드를 만날 수 있을까. 와인은 이렇게 하루하루를 기념한다. 세월에 따라 와인 맛도 변하기 때문이다. 이 자리에 모인 사람들은 어느 누구도 2005년 9월 그날 저녁을 잊지 못할 것이다. 종종 그 기억이 평생 동안 각인되도록 해주는 것이 와인의 힘인 것이다.

샤또 무똥 로칠드에서는 세 가지 와인이 나온다. 대표 와인인 무똥 로칠드를 연간 30만 병 정도 생산하고, 세컨드 와인인 쁘띠 무똥(Le Petit Mouton)은 4만 3000병, 그리고 화이트 와인 엘 다르장은 1만 3000병가량 생산한다. 무똥 로칠드에 대해 아쉬운 게 있다면 좋은 빈티지와 평범한 빈티지의 맛의 편차가 많이 느껴진다는 점이다. 나는 평범한 무똥에서는 그다지 큰 매력을 느끼지 못하는 편이다. 묵직하지만 단순하다는 인상이 강하기 때문이다. 하지만 최

존 휴스턴이 그린 1982년 산 라벨.

상의 해에 만나는 무똥은 다른 와인들을 압도하는 경우가 많다. 최고의 무똥은 라피뜨처럼 세련미를 지니고, 라뚜르처럼 강한 파워를 수반하곤 한다. 이런 해를 만날 때마다 사람들은 설레게 되는 것이다.

　최근 30년 동안 무똥 로칠드의 최상의 빈티지로 꼽히는 해는 1982년과 1986년이라는 것이 전반적인 의견이다. 보르도 와인으로서 보여줄 수 있는 최상의 미각을 느낄 수 있는 빈티지들이다. 1986년 산은 아직도 짙은 루비 빛이 난다. 좋은 빈티지인 만큼 늙어가는 속도도 그만큼 느린 것이다. 잔을 돌려보면 와인은 걸쭉하게 잘 숙성된 여운을 보여주면서 아래로 내려간다. 견과

류의 기름진 향, 말린 자두처럼 진한 달콤함이 먼저 다가온다. 이어서 바닐라의 부드러움, 초콜릿의 달콤함, 잼과 같은 진득함이 은은한 타닌과 더불어 입 안을 가득 채운다. 좋은 와인이 낼 수 있는 오묘하고 복합적인 조화가 어떤 것인가를 보여주는 와인이다.

1982년 산은 전설이라 해도 과언이 아니다. 20세기 후반 최고의 빈티지 중 하나인 1982년에 태어난 최상의 보르도 와인을 꼽으라면 무똥과 라뚜르 정도만 감히 비교할 수 있을 것이다. 20여 년이 지났지만 지금도 어린 티가 난다 싶을 정도로 빛깔은 빨갛다. 다른 어느 해와도 비교하기 힘들 정도로 파워가 좋고 묵직한 와인인 것이다. 시간이 흐른 만큼 과거에 보여주었던 과실향보다는 잘 숙성된 냄새들이 안정감을 주며, 걸쭉하고 기름진 느낌을 드러낸다. 블랙커런트와 같은 까만 과일들이 농익은 향기가 풍부하게 퍼지고, 바닐라와 초콜릿 향이 주는 부드러움과 달콤함 사이로 계피와 후추 같은 자극들이 슬며시 치고 올라온다. 풍부하면서도 잼 같은 향기가 전체를 감싼다. 부드럽게 맛이 펼쳐지다가 뒷맛에서는 솟구쳐오르는 파워를 보여주는 와인이다. 면세점에서 구입해도 1,500불이 넘는데, 지금부터 몇십 년 뒤에 마셔도 될 정도로 강한 파워를 지니고 있는 와인이기 때문이다. 라벨에 그려진 산양처럼 춤을 추고 싶을 정도로 무한한 즐거움을 선사하는 와인이다. 언젠가 1982년 산 무똥을 마신다면 시간이 흐르면서 그 진가를 더할 나위 없이 화려하게 발휘하는 보르도 와인의 빼어남을 느낄 수 있을 것이다.

CHÂTEAU LAFITE ROTHSCHILD

I. Bordeaux 보르도

2.

보르도 와인의 롤스로이스,
샤또 라피뜨 로칠드

Château Lafite Rothschild . 샤또 라피뜨 로칠드 .

1755년, 보르도 지방에서 지방장관 직무를 마친 리슐리외 공은 빠리로 돌아왔다. 그는 곧바로 베르사유 궁전으로 말을 달려 루이 15세를 알현했다. 왕은 리슐리외가 한층 젊어진 것을 발견하고는 깜짝 놀라서 물었다. "아니 어찌된 것이 공은 보르도[01]로 떠나기 전보다 25년은 더 젊어 보인단 말이요?" 리슐리외가 황송하다는 듯이 대답했다. "폐하, 제가 청춘의 샘[02]이라도 찾았겠습니까? 저는 기운을 돋우어주는 샤또 라피뜨라는 와인을 찾았습니다. 그 맛은 마치 올림푸스 신들의

01__ 이 글에 등장하는 리슐리외는 명 재상이었던 리슐리외의 조카다. 그는 기엔 (Guienne)의 지방장관으로 2년 동안 봉직하고 빠리로 돌아왔다. 루이 15세와의 대화 내용에 보르도라고 적힌 내용은 원문에는 기엔으로 나온다.

02__ **청춘의 샘**(fontaine de Jouvence). 신화 속에 등장하는 청춘을 되돌려준다는 전설의 샘.

넥타와 비견할 만했사옵니다." 리슐리외는 보르도에 머무를 당시 원기 회복을 위한 약을 먹듯이 의사의 처방을 받아 라피뜨 와인을 수시로 마셨던 것이다.

최고의 . 사치 , 라피뜨

옛날부터 보르도는 누구나 알고 있는 와인 명산지였다. 일찍이 해외 수출을 시작한 보르도 와인의 가장 큰 소비시장은 영국이었다. 화려하게 펼쳐지는 붉은 빛깔에 반한 영국인들은 보르도 와인을 클라레(Claret)라는 호칭으로 불렀다. 색깔만으로도 충분히 매력적이었기 때문이다. 런던에 비하면 오히려 빠리에서 보르도 와인에 대한 수요가 적은 편이었다. 해상 수송로는 빠리보다 런던이 더 가까웠다. 교통이 불편한 탓에 빠리에서는 주로 가까운 지방에서 생산된 와인들이 소비되었다. 이처럼 와인에 대한 인식이 낮은 시절이다 보니 각각의 와인들이 지닌 품질 차이까지는 구분되지 않았다. 일반적인 시장 가격에 따라 좋고 나쁜 와인을 분류했지만, 체계적이지는 않았다. 그러나 리슐리외 공이 최고급 와인 샤또 라피뜨를 궁정에 소개하면서 보르도 와인은 본격적인 관심을 끌기 시작한다. 왕의 정부였던 뽕빠두르

02 도로에서 멀리 보이는 샤또 라피뜨 로칠드.

후작부인은 만찬 때마다 라피뜨를 제공했고, 루이 15세의 총애를 받기 위해 막후 공작을 펼치던 뒤 바리(du Barry) 백작부인도 그에 뒤질세라 라피뜨를 찾았다. 왕이 좋아하는 와인이라는 소문이 퍼지자, 라피뜨를 구하기 위해 베르사유에서는 한바탕 와인 쟁탈전이 벌어졌다. 라피뜨는 특권을 누리는 자임을 보여주는 최고의 사치였으며, 궁중에 와인 유행을 몰고 왔다.

라피뜨라는 말은 중세 가스꼬뉴 방언으로 낮은 언덕을 뜻하는 '라 이뜨(la hite)'에서 유래했다. 성을 둘러싸고 있는 언덕들은 여성의 육체처럼 부드러운 곡선을 이루고 있다. 바람이 불 무렵 포도나무들이 물결치는 풍경은 한 폭의 풍경화를 연상케 한다. 뽀이약 북서쪽에 위치한 작은 언덕지대를 중심으로 최고의 포도밭들이 펼쳐져 있다. 라피뜨의 포도밭은 뽀이약에만 한정된 게 아니라 생떼스떼프 마을 남단까지 밭의 일부가 뻗어나가 있다. 이곳에 포도나무를 심기 시작한 것은 17세기에 이르러서였다. 라피뜨가 최고의 와인으로 발돋움하기까지는 세귀(Ségur) 가문의 공로를 빼놓을 수 없다. 라피뜨를 소유하고 있던 세귀 집안은 라뚜르를 소유하고 있던 집안과 혼인 관계를 맺게 된다. 뽀이약뿐만 아니라 메독 전체를 통틀어서 가장 주목받는 두 집안의 결혼이었다. 그 결혼을 통해서 태어난 아들이 니꼴라 알렉상드르 드 세귀(Nicolas Alexandre de Ségur) 후작이었다. 아버지와 어머니 집안의 피를 골고루 물려받은 탓일까. 어린 시절부터 포도밭에서 살다시피 한 니꼴라 후작은 와인 양조 기술을 발전시키면서 소유하고 있던 샤또에서 최상의 와인들을 생산해낸다. 라피뜨와 라뚜르를 상속받고 깔롱 세귀까지 소유하고 있던 그는 보르도 북부의 지배자나 다름없었다. 보르도 와인의 명성을 한단계 끌어올린 니꼴라 후작을 사람들은 '와인의 왕자'라는 별명으로 불렀다.

보르도 와인의 국제화에 공헌을 한 인물은 이례적으로 미국인이었다. 외국에서는 어떤 와인이 좋은지 나쁜지 평가할 기준이 없었다. 1800년 미국 3대 대통령에 당선되는 토머스 제퍼슨은 1785년 프랑스 주재 공사로 임명되어 빠리에 온다. 대사관에서 귀빈들을 접대해야 했던 제퍼슨은 자연스럽게 와인에 관심을 기울이게 되었다. 호기심이 많았고 진취적이었던 그는 빠리에서 마시기만 하는 데 그치지 않고, 직접 현지답사에 나섰다. 미국이 위스키와 맥주에 빠져 있던 시절에 제퍼슨이 와인에 깊은 관심을 가졌다는 것은 특별한 일이었다. 그는 위스키 제조용 보리를 재배하는 농장까지 소유하고 있었기 때문이다. 이처럼 술 생산에도 흥미를 가졌던 제퍼슨은 1787년 5월 닷새 동안 보르도 지방에 머무르면서 여러 샤또들을 방문하고 다양한 와인을 테이스팅해본다. 그는 학구적이었다. 프랑스에 있는 동안 문화적으로 뒤처진 미국을 발전시키기 위한 자료들을 끌어모았다. 와인에 대해서도 마찬가지였다. 와인을 마실 때마다 맛을 기록하고 그 차이를 구별하면서 개인적으로 등급을 매겼기 때문이다. 맛에 감탄한 그는 "좋은 보르도 와인을 구할 때 가격을 따지지 말라."는 말을 남기기도 했다. 제퍼슨이 보르도 와인에 얼마만한 애정을 가지고 있었는지를 확인할 수 있는 말이다. 당시 그가 첫손을 꼽았던 레드 와인은 라피뜨와 오브리옹, 디저트 와인은 샤또 디껨처럼 지금까지도 탁월한 명성을 유지하고 있는 와인들이었다. 그는 죽을 때까지 보르도 와인에 대한 애정을 버리지 않았다. 제퍼슨이 좋아했고, 상위 등급을 매겼던 와인들이 1855년 등급 분류에서도 좋은 평가를 받았다는 사실을 감안하면, 그는 단순한 정치인이 아니라 보르도 와인에 대해 체계적으로 접근했던 최초의 전문가였다고 해도 과언이 아닐 것이다. 라피뜨의 진가는 1855년 등급 분류에서 여실히 드러난다. 그랑 크뤼로 선정된 61개의 샤또 중에서 라피뜨는 맨 윗줄에 첫번째로 기재되어 있기 때문이다. 이는 1등급 중에서도 라피뜨가 가장 뛰어난 평가를 받았다는 사실을 보여준다. 리슐리외 공이 라피뜨의 진가를 알린 이래 라피뜨라는 이름은 보르도 와인의 최고봉을 일컫는 말이 되었다. 지금도 라피뜨는 전 세계에서 생산되는 와인들 중 가장 세련되고 우아하며 완성미가 뛰어난 와인이라고 할 만하다.

왜 로칠드 가문은 갑자기 보르도 와인에 관심을 가지게 된 것일까. 사촌이 땅을 사면 배가 아프듯이 나다니엘 남작이 무똥을 구입한 것이 자극제가 된 것일까. 아니 그보다는 제임스 드 로칠드 남작이 이끄는 빠리의 로칠드 분가가 사교계의 중심인물로 떠오르다 보니 연회를 주최해야 하는 일이 많았고, 자연스럽게 와이너리에도 관심을 갖게 되었다는 편이 더 타당할 것이다. 중세 이래로 좋은 포도밭이 포함된 영지를 소유한다는 것은 귀족들의 일반적인 관심사였으며 권력과 부의 상징이기도 했으니 말이다.

1860년대 프랑스 최고의 부자는 로칠드 은행 빠리 지점을 운영하고 있던 제임스 남작이었다. 당시 그의 개인 재산은 1억 5천만 프랑 정도로 추정된다. 어느 누구도 그의 재산이 얼마나 많은지 정확하게 알지 못했다. 그는 계산이 정확했다. 재산을 탕진한 귀족들은 그를 찾아와서 저택을 담보로 잡히고 돈을 빌리곤 했다. 제임스 남작은 왕보다도 부자였고, 서로 정파가 다른 귀족들을 부추기듯이 자금을 빌려주면서 재산을 늘려 나갔다. 나폴레옹 3세와 제임스 남작은 절친한 사이였다. 프랑스와 프로이센 사이에 전쟁이 벌어졌으나 프랑스는 참패하고 만다. 철혈재상 비스마르크는 프랑크푸르트 조약을 통해서 독일군이 프랑스 영토에서 철수하는 조건으로 30억 프랑을 보상할 것을 요구한다. 나폴레옹 3세의 부탁을 받은 제임스는 그 비용을 즉각 대출해준다. 보상금을 받은 비스마르크는 당황한 나머지 탁자를 내리치면서 "프랑스가 이처럼 부유한 줄 알았다면 나는 그 금액의 두 배를 요구했을 것이다."라고 하면서 대노했다고 한다.

막대한 부를 토대로 제임스 남작은 1868년 8월 8일 0.74제곱킬로미터에 달하는 샤또 라피뜨를 구입한다. 가격은 무려 414만 프랑에 달했다. 최고급 와인이라는 명성은 익히 알고 있었지만, 우연의 일치인지 빠리에서 제임스 부부가 보나파르트 가문으로부터 사들인 저택도 발음이 같은 라피뜨(Laffitte) 거리에 위치하고 있었다. 제임스 부부는 저택이 위치한 거리와 샤또의 발

앵그르가 그린 제임스 남작의 부인
베티의 초상화.

음이 같다는 데 대해서 친밀감을 느끼고 있었다. 샤또를 구입하기 전에도 지인들을 불러서 최고급 연회를 자주 열었던 탓에 저택 셀라에는 라피뜨 와인이 무려 2666병이나 보관되어 있었다고 한다. 로칠드 저택은 명사들이 자주 모임을 갖던 빠리 최고의 명소였다. 안주인인 베티의 초상화는 제임스 부부의 친구이기도 했던 앵그르가 그렸다. 당시 초상화를 그리는 데 있어서 앵그르보다 잘 나가는 화가는 없었다. 그는 계산적이었던 남편과 달리 우아했던 베티의 모습을 생생하게 화폭에 남겼다. 기품과 교양이 넘치는 베티가 사교적인 대화로 초대한 이들을 유쾌하게 만들었다면, 이 집에 고용되어 음식을 장만한 요리사는 손님들의 얼이 빠지게 만들었다. 현대 프랑스 음식의 전통을 확고히 했으며 유럽 전역의 황실에 초청되어 탁월한 요리 솜씨를 발휘했던 최고의 요리사 마리 앙뚜안 까렘

(Marie Antoine Carême)이 주방을 지키고 있었던 것이다. 당대 최고의 문호들이었던 빅또르 위고, 오노레 드 발자끄 등이 이 저택에 수시로 드나들었으며, 하인리히 하이네는 로칠드 가문과 요리사 까렘의 결합을 보면서 "16세기의 정신이 품을 수 있는 것과 돈으로 살 수 있는 19세기의 것이 모두 결합되었다."라고 표현했다. 로칠드 가문은 단순히 돈만으로는 얻을 수 없는 명성을 구가했던 것이다.

시 들 어 가 는 . 명 성

니꼴라 세귀 후작에게는 아들이 없었다. 네 딸에게 재산이 분할 상속되면서 라피뜨와 라뚜르는 서로 분리된다. 이렇게 분할되기 시작한 라피뜨는 결국 세귀 가문이 몰락한 후 여러 주인의 손을 거치게 된다. 로칠드 가문에서 구입하기 전까지 라피뜨가 뚜렷한 주인 없이 떠도는 듯한 인상을 주는 것은 그런 이유 때문이다. 1784년 라피뜨는 보르도 의회 의장이었던 니꼴라 삐에르 드 삐샤르(Nicolas Pierre de Pichard)의 소유가 된다. 그러나 5년 뒤 프랑스 대혁명이 일어나고 그는 1794년에 단두대에서 형장의 이슬로 사라지고 만다. 보르도의 지

방 권력자였던 삐샤르는 최고의 샤또를 얻었지만 10년
천하로 끝나고 만 것이다. 이후 라피뜨는 정부에 몰수
되었다가 1797년 9월 12일 공공 경매에 나오게 된다.
성 로비에는 라피뜨의 명성을 알리는 포스터가 붙어 있
었다. 거기에는 "보르도 전체에서 가장 뛰어난 와인을
만드는 탁월한 메독 와인"이라는 설명이 적혀 있었다.
이때 라피뜨는 여러 사람이 제휴한 네덜란드 연합 자본
에 팔렸다가, 새뮤얼 스코트라는 영국 은행가의 손에
들어가게 된다. 이런 운명 끝에 1855년 등급 분류를 할
당시에 프랑스 황실마저 흥분시켰던 이 와인은 외국인
의 수중에 있었던 것이다. 1등급을 인증하는 서류에는
샤또 이름과 샤또가 위치한 마을, 그리고 소유주의 이
름이 적혀 있다. 라피뜨, 마고, 라뚜르, 오브리옹의 순
서로 기재되어 있었다. 보르도를 대표하는 와인을 선정
하는 서류의 맨 위 칸에 기재된 주인의 이름이 영국인
이었다는 사실은 가뜩이나 견원지간이나 다름없던 프
랑스인들의 심기를 잔뜩 언짢게 했을 것이다.

이렇게 정부와 외국 자본 사이에서 방황하던 라피뜨
는 로칠드 가문이 매입하면서 프랑스로 되돌아오게 된
다. 제임스 남작은 라피뜨를 후대인 알퐁스, 귀스따브,
에드몽 세 아들에게 공동으로 물려준다. 남작이 죽은

깔끔하고 아담한 라피뜨 로칠드 성.

뒤에는 남작부인이 보르도로 내려와서 라피뜨 성에서 말년을 보냈다. 이런 과정을 거치면서 무똥이 무똥 로칠드가 된 것과 마찬가지로 명칭은 라피뜨 로칠드로 바뀌게 되었다. 뽀이약 북서부 지역의 주요 포도원들이 모두 로칠드 가문의 영토가 된 것이다. 안정을 되찾은 라피뜨를 축하하기 위해 행운이 찾아온 것일까. 포도원을 구입한 해에 날씨는 쾌청했고 1868년은 그 시대를 대표하는 전설적인 빈티지로 남게 된다. 그때부터 몇 년 동안 뽀이약 일대는 연이어 최상의 빈티지들을 맞이하게 된다. 보르도 최고 와인으로서 샤또 라피뜨의 명성은 이로써 보다 확고부동해진다.

잘 숙성된 라피뜨의 빼어난 맛에 대해서는 한 일화가 있다. 1878년 10월 31일 폭풍우가 몰아치던 날, 보르도에서 오크통에 담긴 라피뜨 와인이 배에 실리게 된다. 이 여행은 무더운 적도를 지나면서 와인이 어떻게 숙성될 수 있느냐에 대한 일종의 실험이기도 했다. 인도로 향하는 기선이었다. 긴 여행에 대비해서 와인은 최고급 오크통에 담겼다. 배에 실린 채 봄베이와 마드라스를 거친 와인은 1879년 4월 22일 '선구자(Précurseur)'라는 이름의 기선에 실려 다시 보르도로 돌아온다. 여행을 거치면서 신비롭다는 표현이 어울릴 정도로 와인의 맛이 발전해 있었다. 6개월 동안 인도양의 더위를 이겨내면서 숙성된 와인은 감정가들에 의해 마법 같은 완벽함을 지닌 와인이라는 평가를 받았다. 숙성을 통해서 불가사의할 정도로 맛이 개선된 것이었다. 여행에서 돌아온 와인 라벨에는 H.G.라는 이니셜이 적혀 있었다. 여행을 이끌었던 앙리 구쇼(Henri Goudchaux)의 이름을 딴 것이었다. 그리고 짤막한 문구가 기재되어 있다. "샤또 라피뜨, 1875년 산, 인도에서 귀환."

로칠드 가문의 사촌들이 구입한 무똥과 라피뜨는 고목이 심어진 흙길 하나를 사이에 두고 서로 맞닿아 있다. 성 안 테라스에서 서로의 성을 바라볼 수 있을 정도로 건물들 역시 지척에 있다. 두 샤또는 같은 집안에서 소유하고 있었음에도 불구하고 그다지 사이가 좋지

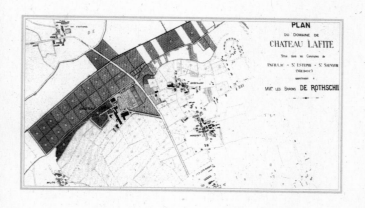

않았다고 알려져 있다. 서로 최고의 샤또를 소유하고 있다는 보이지 않는 자존심 싸움이 있었던 것일까. 둘 사이에는 묘한 경쟁 의식이 작용했고, 무똥이 1등급으로 승격되는 과정을 끝까지 거부했던 것도 라피뜨라고 알려져 있다.

라피뜨는 최고의 포도밭이었으나 와인을 만드는 과정이 언제나 순탄했던 것만은 아니었다. 19세기 말 필록세라[03]가 보르도를 덮쳤을 때 선두주자로서 겪었던 고충은 쉽게 벗어날 수 없는 것이었다. 모든 걸 처음부터 다시 시작해야 했기 때문이었다. 황폐해진 포도밭을 재건하는 데는 꽤 많은 시간이 걸렸다. 두 차례에 걸친 세계대전과 대공황은 유럽과 전 세계의 경제를 혼란에 빠뜨렸다. 소비층은 감소했고, 라피뜨도 다른 와인들과 마찬가지로 시장을 잃었다. 1940년 6월에 물밀듯이 밀려든 독일군은 오래된 무역 항구이자 임시 수도이던 보르도를 손쉽게 점령했다. 나치의 군홧발 앞에서 프랑스 정부는 무력했다. 점령 당시 라피뜨와 무똥은 현지 주둔군의 본부로 사용되었고, 오브리옹은 독일 공군의 휴양소가 되었다. 유대인이었던 로칠드

03__ 필록세라(Phylloxera). 포도뿌리진딧물. 뿌리의 수분을 빨아들여 포도나무를 고사하게 만드는 해충.

가문은 보르도 근처에 얼씬도 할 수 없었다. 나치의 주요 지휘자 중 한 명이었던 괴링 원수는 라피뜨 와인을 특히 좋아했다. 그는 직접 라피뜨의 코르크를 따는 것을 즐겼다고 한다. 점령군들은 샤또를 샅샅이 뒤져서 셀라 안에 오랫동안 보관되어 있던 올드 빈티지 와인들을 본국으로 가져가버리기도 했다. 하지만 라피뜨는 심각한 위기에서 가까스로 벗어난다. 프랑스 정부에서 라피뜨를 국유화해버렸기 때문이다. 독일군들도 협정상 정부 재산을 몰수할 수는 없었다. 그들은 셀라의 와인들을 보면서도 닭 쫓던 개 지붕 쳐다보듯 할 수밖에 없었다. 그래도 불안했던 라피뜨 측에서는 18세기 말 빈티지 와인들을 지인들의 도움을 받아 인근 샤또에 숨겼다. 현재 라피뜨 셀라에 보관되어 있는 2만 5000병의 와인들 중에서 가장 오래된 와인은 1797년 산이다. 세 병의 1797년 산 와인을 비롯해 오래된 와인들은 이렇게 해서 보르도 땅을 벗어나지 않을 수 있었다. 300년 넘게 보관된 라피뜨는 샤또의 역사를 상징하는 것 같다. 그러나 독일군이 성 주위에 판 참호로 건물은 심각한 피해를 입었다. 1945년 말 로칠드 가문은 빼앗겼던 것들을 되찾고, 성을 재건하기 시작한다. 여전히 라피뜨는 로칠드 가문의 여러 형제들이 나누어 소유하고 있었다. 그러다가 제2차 세계대전의 전화가 아물 무렵인 1946년 엘리(Elie) 로칠드 남작이 단독으로 샤또 전체의 위탁 경영을 맡게 된다.

개 혁 , 다 시 . 최 고 를 . 향 해

1970년대 석유 파동에 이르기까지 보르도 와인업계는 수많은 위기 상황에 직면하지만 라피뜨는 꾸준히 와인을 생산해왔다. 그러나 최고라는 허울은 좋았지만 라피뜨는 내부적으로 많은 문제점들을 안고 있었다. 가장 심각한 문제는 지속적인 관리의 측면에서 발생하는 일들이었다. 로칠드 가문 형제들이 포도원을 소유하고 있었지만 세부적인 관리까지는 그다지 신경을 쓰지 않았다. 샤또 라피뜨는 그들에게 단지 부의 상징이었을 뿐이었다. 로칠드 사람들은 빠리에 거주하고 있었고 보르도에는 이따금씩 들르기만 했다. 이런 여건 하에서는 와인 양조에 전력을 다할 사람도 없었다. 주인이 없는데 누가 자기 일처럼 모든 일을 떠맡아서 책임을 지겠는가. 누군가 책임을 지고 전적으로 관리를 맡을 사람이 필요했다. 상황이 이렇다 보니 포도를 수확하는 시기도 너무 빨랐다. 제대로 익지 않은 포도

1961년 산 라피뜨 로칠드 라벨.

는 깊은 맛을 내는 와인으로 발전하기 어려웠고, 산도
가 낮아서 와인 맛을 충분히 이끌어낼 수도 없었다. 지
금은 20개월에서 최장 30개월에 걸쳐 오크통에서 숙성
을 시키지만, 당시 라피뜨 와인은 방치된 것이나 마찬
가지였고 때로는 36개월 동안이나 오크통에 머물러 있
을 때도 있었다. 와인은 무게감을 잃었고, 과일향도 풍
부하지 않았다. 향이 사라져가듯 명성도 시들어갔다.

  1974년에 라피뜨는 전면적인 개혁에 착수한다. 엘리
남작의 조카인 에릭 드 로칠드(Eric de Rothschild)가 경영 전반에 나서기 시작한 것이다. 그는 보르도로 내려와 샤또에 머무르면서 구태의연하던 와인 생산 체제에 메스를 가한다. 라피뜨는 최고였지만 주인 없이 너무 오랫동안 방치되어 있었던 것이다. 에릭 남작은 보르도 대학 교수이자 보르도 와인 양조업계의 진정한 스승이라 할 수 있는 에밀 뻬이노(Emile Peynaud)에게 자문을 구하면서 샤또를 개선하는 노력을 아끼지 않았다. 질이 떨어지는 포도나무들은 뽑아내서 나무를 다시 심고, 제초제 사용을 자제하면서 토질을 회복시켰다. 오크통을 사용하면서 그와 동시에 스테인리스 스틸 탱크도 설치하는 등 현대적인 설비를 갖추었다. 이미 다른 1등급 와이너리들은 시설을 다 개선한 다음이기는 했지만 결코 늦은 것은 아니었다. 오히려 다른 샤또들이 이루어낸 성과를 보면서 타산지석으로 삼을 수 있었다. 19세기 후반 필록세라로 시작된 여러 어려움을 이겨내고 라피뜨는 서서히 최고의 자리로 돌아오기 시작했다. 그리고 로칠드 집안에서 5대째로 이어지는 가족 경영의 전통이 확립되었다.

"와인은 나눔을 위한 것이다. 나는 내가 좋은 와인을 제공할 때 친구들의 얼굴이 밝아지는 모습을 보는 것이 다른 어떤 일보다도 좋다." 에릭 남작의 선조인 에드몽

드 로칠드(Edmon de Rothschild)는 이런 말을 남겼다. 라피뜨라는 좋은 와인을 그 가치를 이해하는 사람들에게 선사할 수 있다는 사실은 얼마나 즐거운 일인가. 에릭 남작은 와인의 품질 개선뿐만 아니라 샤또의 부흥을 위해 다양한 시도들을 했다. 과거에도 여러 화가들이 성을 둘러싸고 있는 아름다운 포도밭 풍경을 화폭에 담곤 했다. 1985년부터는 샤또의 풍경을 찍은 연하장을 제작해서 가까운 지인들에게 보내기 시작했다. 어빙 펜(Irving Penn), 로베르 두아즈노(Robert Doisneau), 리처드 아베돈(Richard Avedon) 등 당대 최고의 사진작가들이 이 작업에 참여했다. 고성 라피뜨의 웅장함과 계절에 따라 색이 변하는 포도밭의 다채로운 풍광이 카메라에 담겼다. 연하장을 받아본 사람들은 예쁜 사진을 보는 것만으로도 즐거움을 느꼈다.

1987년에는 과감하게 성 내부 설계에 손을 댔다. 에릭 남작이 세계적인 건축가 리카르도 보필(Ricardo Bofill)을 초빙해서 새로운 세의 건축을 맡긴 것이다. 이로써 과거에 갖고 있던 샤또의 딱딱하고 엄숙한 분위기는 많이 누그러들었다. 넓은 지하 중앙에는 16개의 둥그런 대리석 기둥들이 받치고 있는 개방된 형태의 원형 홀을 만들었고, 그 주변을 둘러싸고 오크통들을 쌓아올릴 수 있도록 공간 구성을 바꾸었다. 모두 2200개의 오크통이 들어갈 수 있는 대형 공간이 완성된 것이다. 과거에 지어진 셰들은 대부분 직선 형태였으나 리카르도 보필은 포도원들이 고집하던 보수적인 관념을 깨고 세련된 원형의 공간을 창조했다. 이처럼 전통을 새롭게 해석한 시도는 이후 전 세계의 다른 와이너리들이 새로 셰를 지을 때 라피뜨를 모델로 삼게 만들었다. 이곳에서는 수확 후 숙성 2년째로 들어간 와인들을 보관하고 있다. 이따금씩 셰 중앙에 있는 원형 홀에 탁자를 놓고 와인 테이스팅 행사를 하거나 소규모의 연회를 열기도 한다. 오크통에서 흘러나오는 와인 향기 속에 싸여 와인을 맛보는 일은 보르도 여행에서 최상의 경험이 될 것이다.

1962년부터 라피뜨는 같은 마을의 샤또 뒤아르 밀롱 (Duhart Milon)을 구입하면서 사세 확장에 나선다. 당시

16개의 원주가 홀을 받치고 있는 라피뜨 로칠드의 셰.

뒤아르 밀롱은 그랑 크뤼 4등급 포도원이었으나 경제적인 어려움에 처해 있었다. 그때만 해도 0.17제곱킬로미터에 불과했던 포도밭이 지금은 0.71제곱킬로미터까지 확장되었다. 라피뜨의 관리 하에서 과거의 명성을 완전히 회복한 것이다. 이때까지만 해도 경영이 그다지 공격적이지 않았으나 에릭 남작이 라피뜨를 이끌면서 대대적인 투자 공세가 시작된다. 최고라는 명성을 회복하면서 보르도를 비롯한 전 세계 와인 생산지에 본격적인 투자를 시작한 것이다. 1984년에는 소떼른에 위치한 샤또 리외섹(Rieussec)을 구입한다. 1855년 소떼른 그랑 크뤼 분류에서 1등급에 올랐던 리외섹은 주인이 자주 바뀌면서 맛이나 품질 면에서 통일감을 잃고 있었다. 라피뜨의 휘하로 들어간 리외섹은 달콤한 디저트 와인으로서의 면모를 되찾는다. 좋은 토양의 장점을 유감 없이 발휘하는 리외섹은 이전보다 훨씬 높은 평가를 받고 있다. 1990년에는 뽀므롤에 있는 샤또 르방질(L'Evangile)을 사들인다. 전체적으로 진흙이 깊게 깔려 있는 르방질 포도밭은 뽀므롤과 생떼밀리옹에서도 최고의 지역에 자리 잡고 있다고 할 수 있다. 뽀므롤의 최고인 페트뤼스와 생떼밀리옹 최고로 일컬어지는 슈발 블랑의 진흙 토양을 이어주기 때문이다. 포도밭 면적이 작은 탓에 보르도 전역에서 가장 비싼 값에 팔리는 뽀므롤에서 해마다 2만 5000병이 넘게 생산되는 르방질은 이처럼 작지만 알찬 샤또다. 메를로 포도의 맛을 잘 이끌어내는 르방질은 언제나 부드러우면서도 파워를 겸비하고 있다. 라피뜨를 중심으로 뒤아르 밀롱, 리외섹, 르방질이라는 유명 와이너리들을 통합함으로써 뽀이약을 거점으로 삼아 남쪽의 소떼른과 지롱드 강 우안(右岸)을 연결하는 거대한 삼각형의 제국이 만들어지게 된다.

보르도의 주요 샤또들을 사들이면서 샤또 라피뜨는 도멘 바론 드 로칠드(Domaine Barons de Rothschild: 이후 DBR)라는 회사의 골격을 완전히 갖추게 된다. 생산 규모에 어울리도록 경영 형태를 바꾼 것이다. 덩치가 커진 DBR에서는 1995년부터 앞선 기술력을 바탕으로 브랜드 와인을 생산하기 시작한다. 라피뜨의 본향인 뽀이약을 비롯해서, 메독과 보르도의 여러 지역에서 샤또 와인의 전통과 품질을 계승한 브랜드 와인을 만들기에 이른 것이다. 처음 출시한 와인에 레장드 드 R(Legende de R)과 사가 드 R(Saga de R)이라는 이름을 붙인다. 로칠드 가문의 이니셜 'R' 자를 따서 붙이고 그들이 지켜온 와인 역사에 빗대어 전설과 무용담이라

라피뜨의 별채 건물. 막대한 양의 와인들이 보관되어 있다.

는 의미를 더한 것이다. 그들은 언제나 자신들의 이름에 강한 자부심을 가지고 있다.

보르도에서 벗어나 국제적인 협력 관계도 강화한다. 1988년에는 칠레로 진출해 1730년대부터 와인을 만들기 시작한 역사적인 와이너리인 로스 바스코스(Viña Los Vascos)를 구입해서 포도나무를 다시 심고, 시설 현대화 작업에 나섰다. 남태평양에서 40킬로미터가량 떨어져 있어 푸근한 기후가 유지되고, 좋은 토양을 지닌 포도밭에서 칠레의 장점을 살린 와인을 생산하고 있는 것이다. 1992년에는 포르투갈의 퀸타 도 카르모(Quinta do Carmo) 와이너리를 구입해서 광활한 포도밭에서 포르투갈 품종과 프랑스 품종을 블렌딩한 와인을 만들고 있다. 10제곱킬로미터가 넘는 광대한 토지에는 포도나무 외에도 참나무, 코르크, 올리브나무들이 심어져 있다.

와이너리를 구입하지 못한 곳에서는 토착 와이너리들과 기술 제휴를 통해 영향력을 행사하고 있다. 1989년에는 챌론(Chalone) 그룹과 함께 캘리포니아에 진출했으며, 1998년에는 아르헨티나의 카테나 자파타(Catena Zapata) 가문과 손을 잡았다. 2002년에는 토스카나로 가서 카스텔라레(Castellare)와 함께 합작 와인 생산을 추진하고 있다. 멘도자 지역에 위치한 자파타

는 아르헨티나 최고의 와이너리라고 해도 과언이 아닐 정도로 빼어난 와인을 만드는 곳이다. 라피뜨는 카테나 자파타와 함께 여러 가지 다양한 와인들을 생산했지만, 최고급 와인으로는 두 가지 품종을 주인공으로 삼은 와인을 만들었다. 하나는 보르도를 상징하는 까베르네 소비뇽 와인이었고, 다른 하나는 아르헨티나의 대표 품종이라 할 수 있는 말벡으로 만든 와인이었다. 카스텔라레와는 토스카나에서도 청정지역이라 할 수 있는 마렘마 지역에서 새로운 포도밭을 개척하고 있다. 현대적인 분위기의 셰는 뽕삐두 센터를 설계했던 렌초 피아노와 리처드 로저스가 이끄는 건축 팀이 지었으며, 2007년부터 첫 와인을 선보일 예정이다. 이렇게 야심 찬 프로젝트들이 계속 이어지고 있다. DBR은 국제적으로 와인 사업을 다각화하면서 세력을 키워나가고 있는 것이다. 로칠드 은행 창업 초기의 이념은 시들지 않았다. DBR도 선조의 유지를 이어 전 세계로 진출하고 있는 것이다. 로칠드 가문을 뿌리로 삼고 있는 가문답게 무똥과 라피뜨의 문장은 비슷하다. 유럽 각국으로 퍼져나간 다섯 명의 형제를 상징하는 다섯 개의 화살은 공동으로 사용하고 있지만, DBR의 문장은 왕관 대신 가문의 이니셜인 'R'을 꿰뚫고 있다. 그 글자 위에 라피뜨라는 이름이 적혀 있다.

보 르 도 . 와 인 의 . 롤 스 로 이 스

라피뜨나 무똥 모두 오래도록 숙성이 가능한 와인들이다. 라피뜨는 풍부한 향기와 더불어 균형미가 좋으며 복합적인 맛을 과시한다. 때로 라피뜨는 샤또 마고보다 우아하고, 무똥이나 라뚜르보다 강건한 면모를 보여주기도 한다. 이처럼 미묘한 맛을 이끌어내는 비결은 포도 품종을 어떻게 블렌딩하느냐에 있다. 뽀이약을 대표하는 세 샤또에 심어진 품종들의 비율을 비교해 보면 그 수수께끼는 쉽게 풀린다. 무똥에는 까베르네 소비뇽 77퍼센트, 메를로 12퍼센트 정도가 심어져 있다. 힘은 좋지만 부드러움이 떨어질 수 있는 소지를 갖고 있는 것이다. 이런 특징은 좋은 빈티지와 나쁜 빈티지 사이의 차이를 더 두드러지게 만들 수 있는 가능성이 있다. 라뚜르는 까베르네 소비뇽 75퍼센트, 메를로 20퍼센트를 재배하고 있다. 까베르네 소비뇽으로 강건한 면모를 갖추면서 메를로로 안정감을 심어주고자 하는 의도를 읽을 수 있다. 토양에서도 기인하지만 라뚜르의 까베르네 소비뇽은 강건하고 파워 넘치는 와인의 이미지를 지니고 있다. 라피뜨는 까베르네 소비뇽 70퍼센트, 메를로의 비율은 25퍼센트에 달한다. 라뚜르에 비해 5퍼센트 가량 더 심어진 메를로가 토양과 어우러지면서 보다 복합적이고 균형 잡힌 와인으로 탄생하게 되는 것이다.

에릭 남작이 라피뜨를 재건한 후 라피뜨는 훌륭한 빈티지를 많이 낳았다. 1982년 이후에만 로버트 파커는 네 개 빈티지에 100점 만점을 부여했다. 무똥과 같은 해인 1982년과 1986년 이외에도 1996년, 그리고 2000년 와인이 만점을 받았다. 1982년은 무똥에 비해 파워는 떨어지지만 탁월한 균형감각을 느낄 수 있는 해였다. 계속 보관해야 한다면 무똥을 선택하겠지만, 지금 마시고 싶은 와인을 선택하라면 라피뜨를 고를 것이다. 짙은 자줏빛 색깔은 세월이 흘러도 아직 그다지 바래지 않았다. 블랙커런트 향을 주조로 다양한 허브 향내가 뒤섞이며, 바닐라 냄새도 어우러진다. 아직도 와인은 균형 잡힌 체구의 운동선수처럼 단단한 면모를 보여주며, 실크가 깔리듯 우아하게 입 안을 흐르는 느낌은 압권이다. 지금 마신다면 적어도 두 시간 정도는 디캔터에서 숨을 쉬게 해주어야 제 맛이 나올 정도다.

1996년은 보다 강하게 파워를 보강한 해였다. 라피뜨로서는 예년에 비하면 이례적으로 까베르네 소비뇽의 블렌딩 비율이 높은 와인이기도 하다. 그래서 초반부터 입 안을 꽉 채우는 느낌이 강하게 다가온다. 와인은 진홍빛으로 빛난다. 맛과 마찬가지로 향기가 강하게 몰아닥친다. 뽀이약 특유의 블랙커런트 향기와 화사한 꽃향기들이 흐드러지며, 광물성 냄새가 엇갈린다. 마치 돌이 많은 라피뜨의 포도밭 한가운데 서 있는 것 같은 느낌이 든다. 모든 와인은 자기를 창조하는 포도나무가 자란 땅의 성격을 반영하기 때문이다. 라피뜨의 포도밭은 석회암반 위에 이회토가 깔리고 그 위에 하얀 자갈들이 펼쳐진 땅이다. 햇살이 잘 비치고 배수가 잘 되는 토양이다. 로칠드 가문에서 구입하던 때에 비하면 전체 면적은 조금 더 넓어졌다. 1.78제곱킬로미터의 땅 중 1.03제곱킬로미터 정도의 포도밭에 약 90만 그루의 나무가 심어져 있다. 포도나무들의 평균 수령은 35년 정도이며, 다른 1등급 샤또에 비하면 같은 면적당 수량이 가장 적게 심어져 있다. 포도나무에 대지의 영양분이 충분히 공급되면서 열매의 과육이 풍부해지고 집중도 높은 와인이 태어나는 것이다. 이것은 포도밭을 다시 개간하고 발전시킨 결과다. 좋은 와인은 어느 날 갑자기 나타나는 게 아니다. 좋은 땅, 기후, 인간의 기술이 밀접하게 연관될 때 자연은 맛으로 모든 것들을 돌려준다. 갖은 어려움을 이겨내고 예전의 위치를 다시 찾은 샤또 라피뜨 로칠드. 상징적인 의미에서 라피뜨는 보르도 와인의 롤스로이스라고 불러도 과언이 아닐 것이다.

포도원들을 방문하는 것은 언제나 즐거운 일이다. 그
러나 가장 좋아하는 와이너리들을 방문할 때면 그 감
동은 더해진다. 2004년 가을에 보르도에 갔을 때 가장
먼저 방문한 샤또는 라피뜨 로칠드였다. 녹음이 우거
진 나무들 사이를 따라 D2 도로를 달렸다. 길을 안내
한 사람은 보르도 그랑 크뤼 사무국에서 일하는 실뱅
이라는 청년이었다. 보르도 출신으로 동네 사정에 밝
은 그의 이야기를 들으면서 한 시간쯤 북쪽을 향해 달
리자 라피뜨에 닿았다.

포도밭은 고요했다. 산들바람에 포도나무들이 파도

남쪽을 향해 경사진 라피뜨 포도밭.

치듯 흔들거렸다. 수확을 마친 직후라서 나무에는 설익었거나 너무 작은 포도송이들만 남아 있었다. 수확철이 오면 지속적으로 밭을 관찰하다가 400명 정도 되는 인력이 한꺼번에 달라붙어서 최대한 빨리 수확을 끝낸다. 그래도 약 열흘 가량 소요된다고 한다. 수확한 포도는 발효가 끝나면 안정된 숙성을 위해 오크통에 넣는다.

최고의 샤또들이 그러하듯이 라피뜨 역시 폐쇄적이다. 일반적으로 관광을 겸할 수 있는 샤또들과 달리 최고의 샤또들은 예약한 손님들만 받는다. 포도원 입구에 라피뜨임을 알리는 표식은 하나도 없다. 라피뜨를 찾아오는 길에도 표지판은 보이지 않는다. 방문객들이 포장되지 않은 좁은 길을 따라 우연히 이곳까지 들어올 가능성은 적다. 그냥 찾아가서는 굳게 닫힌 철문을 보면서, 멀리서 카메라 셔터를 누르는 것 외에는 달리 할 수 있는 일이 없다. 정원으로 통하는 철문은 언제나 자물쇠로 잠겨 있다. 무거운 열쇠로 문을 열고 본관 건물을 통해 내부로 들어간다. 복도에는 방문객을 달가워하지 않는 사나운 셰퍼드 한 마리가 웅크리고 앉아 있다. 개를 피해서 정원으로 나간다. 중앙에 서서 성을 둘러싸고 있는 포도밭들을 둘러본다. 해가 떠오르는 동쪽에는 작은 호수가 있고, 아직도 일하고 있는 인부들의 모습이 보인다. 남쪽은 약간 오르막 경사의 언덕이다. 사면이 북쪽을 향하고 있지만 경사가 많이 지지는 않았다. 북쪽과 서쪽으로는 그보다 편평한 평지 같은 포도밭들이 펼쳐져 있다. 북쪽 포도밭이 끝나는 지점에는 샤또 꼬스 데스뚜르넬 성채가 보인다.

워낙 안정감을 주는 탓인지 성이 커보이지는 않는다. 1층으로 통하는 문은 아치 형태로 되어 있고, 같은 간격으로 2층에는 격자 창문들이 늘어서 있다. 창문들은 거의 언제나 닫혀 있다. 정원은 깔끔하게 다듬어져 있다. 가지를 친 향나무들이 낮은 벽처럼 둘러싸고 있고, 꽃들이 만발해 있다. 건물 뒤쪽으로는 원뿔 모양의 탑이 있다. 그 뒤로는 푸른 잔디가 펼쳐진 뒷마당이 있다. 떡갈나무와 삼나무 같은 오래된 고목들이 깊은 그늘을 만들어준다. 그 사이에 신화의 주인공 같은 조각상이 하나 서 있다. 사람들의 방문이 드문 곳이라 바람이 나뭇가지 사이로 지나가는 소리 외에는 고요함만이 있을 뿐이다. 보르도의 평화로움이 느껴지는 곳이다. 숲이 세찬 바람을 막아줘서 가을이면 선선한 바람이 부드럽게 살갗을 스친다. 하나의 무대처럼 우아하게 만들어진 셰에 들어가면 가벼운 와인 향기가 마음을

항상 단정해 보이는 라피뜨 로칠드 성.

취하게 만든다. 이전 해에 수확한 포도즙들이 오크통에 담겨져 사람들의 세심한 손길을 받으면서 서서히 익어가는 중이다. 내부에 있는 너른 방들은 고전적인 아름다움을 드러내고 있다. 벽면에는 로칠드 가문 사람들의 초상화들이 걸려 있다. 안락한 소파들, 고급 목재로 만들어진 탁자, 호화로운 샹들리에, 책꽂이에 꽂혀 있는 고서들, 구석구석을 장식하는 자그마한 조각상들은 19세기 프랑스 부르주아 사회의 화려함을 고스란히 보여주는 듯하다. 하얀 탁자보가 깔린 식당에는 언제나 고급 식기들이 놓여 있고, 투명한 와인 글라스들이 가지런히 놓여 있다. 식당 안에 들어가기만 해도 라피뜨 와인이 익어가는 향기가 느껴진다.

와인 양조자와 함께 테이스팅을 한다. 최고의 와인을 만든다는 자부심은 그의 모든 행동을 자신감 넘치게 만든다. 창문으로 햇살이 들어오지만 그다지 밝지는 않다. 테이스팅용 글라스에 2000년 산 라피뜨를 따른다. 콸콸거리며 병에서 떨어진 와인이 글라스에 부딪히면 향기는 빛이 반사되듯이 되돌아나온다. 한 잔의 와인만으로도 방 안에 향기가 가득 찬다. 2000년 산 라피뜨는 무척이나 강건하며, 밀레니엄을 기념하는 어느 와인보다도 호사로운 와인일 것이다. 까베르네 소비뇽의 비율이 무려 94퍼센트에 달한다. 나머지는 전부 메를로다. 평소와 달리 까베르네 프랑은 단 한 방울도 섞이지 않았다. 강건한

2000년 산 라피뜨의 테이스팅을 준비하는 와인 양조자.

맛을 암시하듯이 색깔은 어두운 루비 빛깔을 띤다. 블랙커런트, 시가, 캐러멜, 미네랄 향기가 교차한다. 입에서는 우아함보다는 강력한 집중도가 느껴진다. 강하게 휘몰아치는 맛의 향연, 타닌의 여운은 길고 강하게 오래도록 입 안에 머문다. 맛을 제대로 느끼기에는 너무 진하지만 누구나 공감할 수 있는 최고의 빈티지일 것이다. 최소 10년이 지난 후에나 마실 만한 와인을 너무 일찍 마시자니 다소 아까운 기분이 든다.

테이스팅 룸을 빠져나오자 나무로 둘러싸인 바깥에서는 숲의 향기가 느껴졌다. 포도주 향기와 극단적인 대비가 되어 정신이 확 드는 느낌이다. 얕은 언덕, 수확이 끝난 포도나무들은 겨울을 기다리고 있다. 좋은 샤또일수록 나무에 남아 있는 포도송이가 적은 편이다. 마지막 한 알까지도 좋은 맛을 내기 위해 꼼꼼히 수확하는 탓이다. 나무 윗부분에 대롱대롱 매달려 있

샤또 건물 정면에 위치한 라피뜨 포도밭.

는 작은 포도송이를 따서 손에 든다. 까치밥처럼 잘 익은 포도에서는 달콤함이 우러나온다. 같은 포도나무에 매달려 있던 잘 익은 포도들이 모여서 샤또 라피뜨 로칠드를 만드는 것이다. 이 작은 포도는 샤또 라피뜨 로칠드가 되지는 못했지만 같이 달려 있던 다른 포도들이 어떤 맛일지 짐작하게는 해줄 것이다. 포도나무는 사람들에게 이야기를 들려준다. 언제 따면 좋을지, 익어가는 모습을 보여주며 몸으로 말하는 것이다. 그렇게 사람들은 밭을 지켜보다가 시기가 적당해지면 포도를 딴다. 모든 게 자연과 인간과의 대화를 통해서 이루어진다. 차창 밖으로 멀리 보이는 라피뜨 성이 자연 속에 포함된 하나의 그림처럼 느껴진다. 아직도 와인의 진한 여운이 입 안에 가득하다.

3. 최고들의 식탁에 오르는 와인,
메종 루이 라뚜르

II. Bourgogne 부르고뉴

Maison Louis Latour . 메종 루이 라뚜르 .

우 아 하 고 . 여 성 스 러 운 . 부 르 고 뉴 . 스 타 일

부르고뉴 지방을 영어로는 버건디(Burgundy)라고 부른다. 부르고뉴는 게르만 일파인 부르군트족이 이 지방에 왕국을 세우면서 유래하게 된 명칭이다. 서기 534년 프랑크 왕국을 이끌던 메로빙거 왕조는 부르군트 왕국을 공략하고 토착 세력을 몰아내는 데 성공한다. 이후 이 지역은 프랑크 왕국의 지배 하에 들어가게 된다. 프랑스 왕이 존재했지만 중세에는 왕만큼이나, 때로는 왕보다도 넓은 영토를 가진 제후들이 프랑스 영토 각지에서 막강한 권세를 누리고 있었다. 노르만, 아끼뗀 등지와 더불어 부르고뉴는 공작들이 통치하던 공작령이었다. 그런 정치적 구도 하에서 이 지방은 부르고뉴 공국이라는 이름으로 불렸다. 디종을 중심으로

권력을 행사하던 부르고뉴 공작은 왕과의 세력 다툼으로 내전을 벌이기도 했으며, 백년전쟁 당시 잔 다르크를 생포해서 영국군에게 넘긴 것도 부르고뉴 군사들이었다. 이처럼 부르고뉴와 중앙 정부와의 관계는 살얼음판 위를 걷는 것 같았다. 합스부르크 왕조와 관계가 막역했던 부르고뉴 공국은 현재의 프랑스 영토 안에 있었지만 딴 나라나 다름없었던 것이다. 왕권이 강화되어 프랑스 전역에 영향력을 행사하기 전까지 부르고뉴 공작은 이처럼 언제나 왕의 강력한 견제 세력으로 등장했다. 한때 부르고뉴 공국은 합스부르크 왕조에 속하면서 프랑스의 통치에서 벗어난 적도 있으나 17세기에 완전히 프랑스 영토로 편입된다. 예나 지금이나 이 지방의 행정 중심지는 빠리에서 동남쪽으로 300킬로미터가량 떨어져 있는 고도 디종(Dijon)이다. 공작이 거주했던 궁전은 현재 박물관이 되어 관람객들을 끌어들이고 있으며, 도시 곳곳에는 중세의 자취들이 남아있어 과거로 돌아간 듯한 인상을 준다. 디종에서 남쪽으로 뻗은 언덕들을 따라서 포도밭들이 펼쳐져 있으며, 도시 자체는 겨자 생산으로 유명하다. 전 세계 어디서나 '디종 머스타드(mustard)'라는 표현은 고유명사화되어 있을 정도다. 와인 명산지답게 부르고뉴는 미식으로도 유명한 곳이다. 구석구석 돌아다니다 보면 마치 숨어 있는 듯한 자그마한 식당들을 만나게 된다. 어디서나 꼬꼬뱅(coq au vin)이나 부르고뉴식 달팽이 요리(escargot Bourguignon) 같은 토속 음식들을 먹을 수 있다. 꼬꼬뱅은 말 그대로 와인에 졸인 닭고기이며, 달팽이는 마늘과 버터를 이용해서 맛을 낸다. 두 가지 다 우리나라 사람들 입맛에도 잘 맞는 편이다. 꼬꼬뱅은 좋은 와인에 졸일수록 더 맛이 난다고 한다. 부르고뉴의 전통 음식은 이렇게 와인과도 밀접한 인연을 맺고 있다.

부르고뉴는 보르도와 더불어 프랑스를 대표하는 양대 와인 산지다. 보르도가 일찍이 와인 사업을 산업화시킨 데 반해 부르고뉴에는 아직까지도 소농 중심의 작은 포도원들이 많다. 그래서 보르도의 샤또에서는 기업화되어 있다는 느낌을, 부르고뉴의 포도원들에서는 과거의 향수를 느끼게 된다. 시골 오두막 같은 농가들이 많기 때문이다.

1855년에 보르도에서 등급 분류를 하자 1861년에는 부르고뉴에서도 초기 형태의 등급 분류가 이루어진다. 이 분류는 미비한 상태에서 통용되다가 1935년에 이르러 현재와 같은 등급 분류로 재정비된다. 부르고뉴는 다른 어느 곳보다도 전통을 중시하는 지역이다. 와인에 대한 자부심 또한 대단해서 품질 관리를 위한 AOC 제도가 일찍이 자리를 잡은 곳이다. 부르고뉴의 생산자들은 와인을 대량 생산하는 것보다 적은 양일지라도 좋은 와인을 만드는 데 더 주력하는 경향이 있다. 부르고뉴의 AOC 등급 체계는 모두 네 단계로 나뉜다. 제일 아래 등급은 부르고뉴라는 지방 명칭을 쓴다. 라벨에 '부르고뉴 명칭 통제(Appellation Bourgogne Contrôlée)'라는 문구가 적혀 있는 지방 명칭 와인은 전체 생산량의 65퍼센트에 달한다. 가장 일반적이고 저렴한 와인들이 이에 속한다. '본 로마네 명칭 통제(Appellation Vosne-Romanée Contrôlée)'처럼 마을 이름을 사용하는 AOC는 23퍼센트, 프르미에 크뤼[01]는 11퍼센트, 가장 품질이 뛰어난 그랑 크뤼[02] 와인은 겨우 1퍼센트에 불과하다. 프르미에와 그랑 크뤼는 지방이나 마을에 비하면 생산량이 훨씬 적으며, 밭 이름만 붙여져 있는 경우가 많

01__ **프르미에 크뤼**는 한 밭에서 재배한 포도와 여러 밭에서 재배한 포도로 만드는 경우가 있다. 한 밭에서 생산된 프르미에 크뤼는 라벨에 밭 이름을 적고, 여러 밭에서 수확한 포도로 만든 프르미에 크뤼는 '아펠라시옹 프르미에 크뤼 꽁트롤레'로 표기한다.

02__ 보르도와 부르고뉴에서 사용하는 그랑 크뤼의 의미는 다르다. 보르도에서 그랑 크뤼는 고급 와인들을 통칭하는 말이지만, 부르고뉴에서 그랑 크뤼는 최고의 포도밭과 거기서 생산되는 와인을 뜻한다.

본(Beaune) 마을 전경. 멀리 황금빛 기와 지붕이 보이는 곳은 오스삐스이다.

다. 고급 와인으로 올라갈수록 생산량이 줄어드는 피라미드형 구조를 띠고 있는 것이다.

보르도와 부르고뉴 와인은 완전히 다르다. 보르도에서는 여러 품종을 블렌딩하는 경우가 많으나 부르고뉴에서는 단일 품종으로 와인을 만든다. 그 결과 보르도에서는 파워가 넘치고 묵직한 와인들이 생산되는 반면, 부르고뉴에서는 맑고 화사한 와인들이 나온다. 그러다 보니 보르도와 부르고뉴는 병이나 글라스 모양(shape)이 완전히 다르다. 보르도 병은 각이 져 있고 어깨가 높이 올라가 있는 데 비해, 부르고뉴 병은 부드러운 곡선을 취하고 있으며 아래쪽에서 어깨가 흘러내린다. 와인과 마찬가지로 보르도 병이 남성적이라면 부르고뉴 병은 여성적이다. 이 두 가지 모양 중 한 가지를 사용하는 것이 세계적인 추세다. 자신들이 생산하는 와인의 개성에 따라서 보르도 스타일이냐, 부르고뉴 스타일이냐라는 일반적인 분류를 하는 것이다. 글라스 역시 마찬가지다. 보르도 글라스는 폭이 좁고 아래위로 긴 편이다. 향이 강하게 직선으로 올라오는 것을 잘 받아낼 수 있는 형태다. 이에 비하면 부르고뉴 글라스는 폭이 넓으며 풍만한 느낌을 준다. 화사한 향이 널리 퍼지면서 위로 올라올 수 있는 모양을 취하고 있는 것이다. 와인이나 병, 글라스 모두 부르고뉴에서는 우아한 여인의 풍모가 느껴진다. 이처럼 보르도와 부르고뉴는 프랑스 와인의 양대 산맥이지만 전혀 다른 양식을 지니고 있다. 모범이 되는 두 가지 양식에 의존하면서 전 세계 대부분의 와인들이 만들어진다고 해도 과언은 아닐 것이다.

자 연 에 . 민 감 한 . 삐 노 . 누 아 의 . 순 수 함

부르고뉴는 세상에서 가장 비싼 포도밭들로 이루어진 곳이다. 밭들은 면적이 작고 밭뙈기 하나를 여러 명이 나누어서 소유하고 있는 경우도 많다. 하나의 울담에 둘러싸인 포도밭이지만 담을 따라 걷다 보면 한 담에도 서로 다른 주인들의 이름이 적혀 있는 경우를 종종 발견할 수 있다. 같은 집안에서 소유하고 있다가 여러 형제들에게 분할 상속을 하는 바람에 이름은 같지만 성은 다른 포도원들도 많다.[03] 한마디로 모든 관계가 얼키설키 얽혀 있는 곳이 부르고뉴의 포도원들이다. 밭이 작아서 생산량도 적은 편이다. 그러다 보니 부르고뉴 와인은 시중에서 구하기도 어렵고, 가족 단위로 손수 농사를 짓는 집들이 많아서 다른 지방 와인에 비하면 가격도 비싼 편이다. 그러나 많은 이들이 부르고뉴 와인을 찾는다. 삐노 누아[04]라는 포도의 순수함에 매료되기 때문이다. 부르고뉴에서 주목받는 모든 레드 와인은 삐노 누아 한 가지 품종으로만 만든다. 그 향기와 맛에 빠져들면 누구나 헤어나기 어려울 것이다.

03__ 그로(Gros) 가문은 오래전 본 로마네 마을에 정착했다. 1951년 루이 그로가 사망하자, 그가 소유하고 있던 밭은 귀스따브, 장, 프랑수아, 꼴레뜨, 이렇게 4남매에게 상속된다. 이런 과정을 거치면서 현재 그로 가문은 네 개의 생산자 이름으로 남아 있다. 도멘 장 에 미셸 그로(Jean et Michel Gros), 도멘 그로 프레르 에 쇠르(Gros Frère et Soeur), 도멘 안느 에 프랑수아 그로(Anne et François Gros), 그리고 도멘 A. F. 그로 등이다. 이렇게 밭을 분할 상속해서 같은 성을 쓰지만 이름은 다른 도멘들이 혼재하는 게 부르고뉴의 특징이기도 하다.

04__ 삐노 누아(Pinot Noir). 포도송이가 작아서 솔방울(pine cone)이라는 말에서 유래했다. 부르고뉴와 샹파뉴 지방에 많이 심어져 있으며, 미국에서는 오레곤 삐노 누아 와인이 유명하다.

2004년, 미국에서는 갑작스러운 와인 붐이 일었다. 중년으로 접어들기 시작한 두 친구가 자신들의 정체성을 찾기 위해 캘리포니아 와인 산지로 여행을 떠나

수확 후 바구니에 담겨 있는 삐노 누아 포도송이.

는 〈사이드 웨이즈〉[05]라는 영화 때문이었다. 나파와 소노마 밸리에 펼쳐진 포도밭들을 보는 것만으로도 화면은 풍요로웠다. 두 친구는 차를 몰고 와이너리들을 방문하며, 시음하고, 취한다. 여행지에서 우연히 사람들을 만나면서 나이가 들면서 자신들이 잃어버리고 있는 것이 무엇인가를 깨닫게 된다. 와인은 모든 감정을 이어주는 매개체 역할을 한다. 아카데미 각본상을 수상한 이 영화에서 주인공이 그토록 외치고 경배하던 포도가 바로 삐노 누아였다. 그 삐노 누아의 본고장이 바로 부르고뉴다. 삐노 누아는 환경에 민감한 품종이며, 무척이나 재배하기 까다로운 품종으로 알려져 있다.

05__ 〈사이드 웨이즈(Sideways)〉. 렉스 피켓(Rex Pickett)의 원작소설을 알렉산더 페인(Alexander Payne)이 각색하고 연출했다. 마일즈와 잭, 두 친구가 캘리포니아의 와이너리들을 돌면서 자신의 정체성을 찾아가는 영화다. 한국계 여배우인 산드라 오(Sandra Oh)가 출연해서 화제가 되기도 했다.

다른 포도를 섞지 않고 오로지 삐노 누아 한 가지만으로 와인 양조의 모든 승부를 걸어야 하기 때문에 부르고뉴 생산자들은 항시 대지와 토양에 주목하며, 기후에 몹시 민감한 반응을 보인다. 겉에서 보기에는 같은 밭이지만 불과 1미터만 떨어져 있어도 지표면 아래 깔려 있는 하층 토양이 완전히 달라지기도 하기 때문이다. 까베르네 소비뇽이나 메를로 같은 품종은 다른 나라에서 재배했을 때도 유사한 맛이 나고, 비슷한 분위기를 읽을 수가 있다. 그러나 삐노 누아는 다르다. 삐노 누아는 묘하게도 부르고뉴를 떠나면 맥을 추지 못한다. 그 순수함과 화려함, 그 안에 내재된 파워가 살아나지 않기 때문이다. 그래서 많은 와인 광들은 전 세계 어느 곳과도 다른 부르고뉴 와인에 그토록 열정적으로 매달리곤 하는 것이다.

행정적인 면에서 부르고뉴는 꼬뜨 도르를 비롯해서 손에 루아르(Saône-et-Loire) 니에브르(Nièvre), 욘(Yonne) 등 여러 개의 현(縣)으로 이루어져 있다. 부르고뉴는 대서양에 접해 있는 보르도와 달리 대륙성 기후의 영향을 받는 지방이다. 여름에는 이따금씩 기온이 극단적이다 싶을 정도로 높이 올라가며, 겨울에는 늦서리를 동반한 매서운 추위와 삭풍이 불어오기도 한다. 포도를 재배하는

꼬뜨 도르

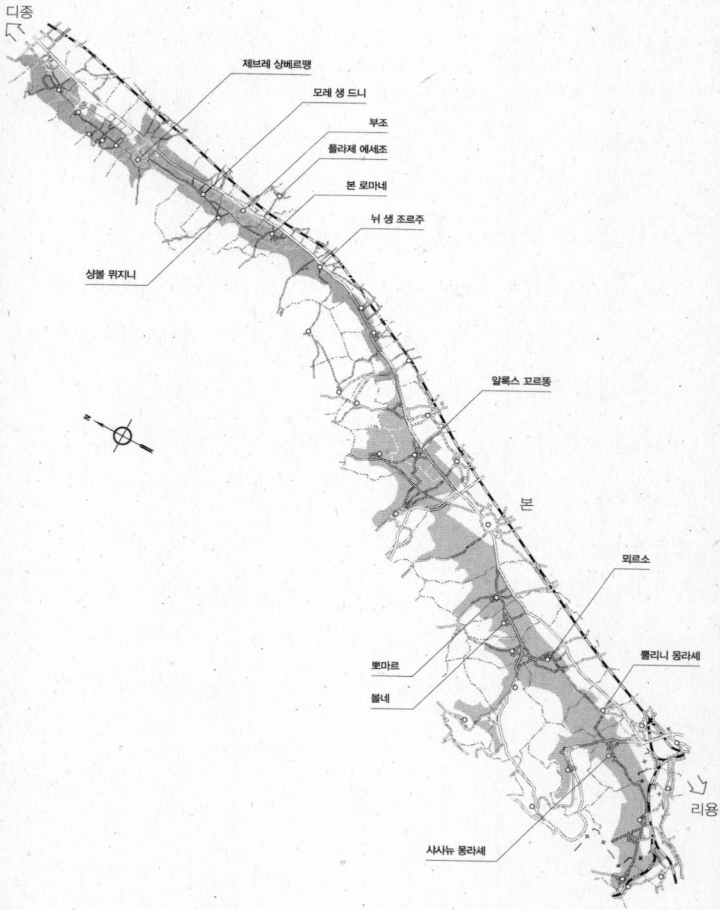

디종

제브레 샹베르땡
모레 생 드니
부조
플라제 에세조
본 로마네
뉘 생 조르주

샹볼 뮈지니

알록스 꼬르똥

본

뫼르소

뽈마르

뿔리니 몽라세

볼네

사사뉴 몽라세

리용

데 있어 전반적인 기상 조건이 좋다고 보기에는 어려운 곳이다. 부르고뉴 전역에서 와인이 생산되는 것도 아니다. 와인 산지로서 부르고뉴라는 개념은 약간 다르다. 와인에서 '대(大) 부르고뉴'라는 표현은 꼬뜨 도르(Côte d'Or)를 중심으로, 북서쪽에 위치한 화이트 와인의 명산지 샤블리[06]부터 남쪽으로는 리용 가까이 위치한 보졸레(Beaujolais)까지를 포함한다. '소(小) 부르고뉴'라면 남북의 길이가 겨우 50킬로미터에 불과한 꼬뜨 도르만을 일컫는 말이다. 꼬뜨 도르는 면적이 넓지 않지만 '황금의 언덕'이라는 말뜻 그대로 명성이 자자한 와인들이 생산되는 곳이다. 꼬뜨 도르는 다시 남과 북으로 나뉜다. 남쪽은 꼬뜨 드 본(Côte de Beaune), 북쪽은 꼬뜨 드 뉘(Côte de Nuits)라고 부른다. 남쪽 와인 생산의 중심지는 로마 시대에 건설된 도시 본이기 때문에 '본의 언덕'이라는 이름이 붙었으며, 북쪽 역시 뉘 생 조르주(Nuits Saint Georges)라는 마을 때문에 그런 명칭으로 불리는 것이다. 일반적으로 꼬뜨 드 뉘에서는 레드 와인이 더 유

06__ 샤블리(Chablis)는 디종에서도 북서쪽으로 한참 떨어져 있어서 섬이나 다름없는 지역이다. 일반적으로 샤블리라는 표현은 드라이 화이트 와인의 대명사로 불린다. 샤블리라는 이름이 붙은 와인은 전부 화이트 와인이다. 마을 북동쪽을 휘감으면서 7깨의 그랑 크뤼 밭들이 펼쳐져 있고, 마을 다른 쪽에는 프르미에 크뤼 밭들이 있다. 그 아래로 일반 샤블리, 쁘띠 샤블리(Petit Chablis)는 마을 바깥쪽 낮은 지대에서 생산되는 가장 저렴한 샤블리 와인이다.

부르고뉴의 황금 언덕과 경사면을 따라 심어진 포도나무들.

명하고,⁰⁷ 본에서는 뛰어난 화이트 와인이 많이 생산된다. 와인이 지닌 이런 다양한 개성들은 토양과 기후의 미세한 차이에 기인하는 것이다.

07__ 예외적으로 꼬뜨 드 뉘에서 그랑 크뤼 화이트 와인이 나온다. 샹볼 뮈지니 (Chambolle Musigny) 마을에서 가장 유명한 그랑 크뤼는 뮈지니 밭이다. 전체 밭 면적은 0.108제곱킬로미터이며 가장 큰 소유주는 꽁뜨 조르주 드 보귀에 (Comte Georges de Vogüé)이다. 0.071제곱킬로미터를 소유하고 있으면서 대부분 레드 와인을 만들지만 화이트 와인도 1200병가량 나온다. 샹볼 뮈지니뿐만 아니라 꼬뜨 드 뉘에서 그랑 크뤼 화이트 와인은 뮈지니 화이트가 유일하다. 맛은 꼬르똥 샤를마뉴나 몽라셰에 필적하지만 워낙 희소 가치가 높아서 부르고뉴의 와인 전문가조차도 그 존재를 모르는 경우가 있을 정도다.

부르고뉴는 중세를 거치면서 기독교 전파의 중심지로 자리 잡았다. 수많은 교단들이 나타났다가 사라졌지만 이 지방에서는 특히 클뤼니와 시또 수도회의 활약이 두드러졌다. 12세기에는 신비주의적인 신학으로 막대한 종교적 영향력을 끼쳤던 베르나르두스의 명에 의해서 꼬뜨 드 뉘에서 가까운 퐁뜨네(Fontenay)에 거대한 수도원이 건설된다. 이 수도원은 포도밭 지대에서 멀지 않은 곳에서 지금도 여행자들의 발길을 끌어당기고 있다. 건물이 상당 부분 파괴되었지만 과거의 위용과 영화를 간직하고 있기 때문이다. 중세 수도원은 종교 세계를 이끌었을 뿐만 아니라 학문의 보고이기도 했다. 당시 수도사들은 필사본을 기록하면서 신학과 과학 등 학문들을 유지했으며 청빈한 자세로 노동을 중시했다. 그들은 채마밭을 가꾸고, 정원을 관리하고, 포도를 재배했다. 사라져가던 농업 기술을 보존하고 발전시켜나갔던 것이다. 부르고뉴 와인의 명성을 유지한 이들은 수도사들이었다고 해도 과언은 아니다. 그들이 종교 의례에 쓰기 위해 포도원을 돌보지 않았다면 지금처럼 뛰어난 품질의 와인은 맛보기 어려웠을지도 모른다. 성찬식용 와인을 만들기 위해서 수도원

인근에서는 광범하게 포도 재배가 이루어졌다. 죽음이 다가오면 기부 형식으로 포도밭을 유증하는 부유한 신자들도 많았다. 천국에 가고 싶어하는 신자들의 바람은 수도원 살림을 넉넉하게 만들어주었다.

꼬뜨 도르는 같은 부르고뉴에서도 연간 강우량이 700밀리미터 이하인 곳이다. 묘하게 디종에서 뉘 생 조르주를 거쳐 본을 따라 남하하는 포도밭 지대에만 비가 적게 내리는 것이다. 수도사들은 밭을 정밀하게 다루었고 인내력을 가지고 오랜 세월 노동에 종사했다. 수도사들은 하루의 대부분을 꼬뜨 도르의 밭에서 보내면서 토양, 날씨, 배수 관계 따위를 일일이 기록했다. 수도원들은 세금을 상당 부분 면제받아서 쉽게 부를 쌓을 수 있었고, 그래서 폐단에 빠지는 경우도 많았지만, 십자가와 쟁기는 그들 삶의 전부나 다름없었다. 기도와 노동은 수도사들의 삶의 방식이었다. 그들은 숲과 늪지들을 개간하면서 땅마다 지닌 차이들을 발견하게 되었다. 수도사들은 디종에서 포도나무들을 가져다가 처녀지에 심었으며, 통치자인 공작들은 후원을 아끼지 않았다. 1162년에 외드 2세(Eudes II)는 부조 마을에 위치한 넓은 땅을 수도원에 기증했다. 명 포도밭 끌로 드 부조(Clos de Vougeot)가 탄생하는 순간이었다. 수도사들은 이 넓은 밭을 담으로 둘러쌀 수 있는 권리까지 받았다. 그때 쌓은 담은 지금까지도 부르고뉴 포도밭의 풍경으로 고스란히 남아 있다. 포도를 심고 와인을 만들다 보니 수도사들은 어디가 가장 좋은 밭인지 구분할 수가 있었다. 수도사들은 마을 서쪽 언덕 사면 중간이 포도 재배의 최적지임을 깨달았다. 석회암, 모래, 진흙이 섞인 토양은 포도와 궁합이 맞았고 비가 와도 배수가 빨리 되었다. 아침 햇살은 언덕 사면에 위치한 포도밭에 축복을 내렸다. 오늘날 그랑 크뤼로 남아 있는 밭들은 수도사들이 지적으로 관리하면서 기록하고, 노동한 결과인 것이다.

부르고뉴에는 프랑스 대혁명 이전까지 수도원에서 소유하고 있던 포도밭들이 많았다. 와인 이름에서 과거의 흔적들을 읽을 수 있다. 부르고뉴 와인에서 자주 보이는 '끌로(Clos)'라는 용어는 '울담을 친 밭'이라는 뜻이다. 낮은 담을 둘러서 경계를 정한 포도밭들이 많기 때문이다. 이런 단어는 수도사들이 포도밭을 효율적으로 관리하기 위해 밭에 울담을 치면서 사용되기 시작한 중세 불어의 잔재다. 프랑스 역사의 자취와 수도원의 영향을 받은 단어들이 밭 이름 곳곳에서 보인다. 샤를마뉴 대제를 위해 만들었다는 꼬르똥 샤를마뉴, 왕의 포도밭이라는 의미를 지닌 끌로 뒤 루아(Clos du Roi), 공작의 포도밭이었음을 알려주는 끌로 데 뒤크(Clos des Ducs), 수도원의 수석수사가 관리했음을 보여주는 끌로 프리외르(Clos Prieur), 아기 예수의 포도나무라는 뜻을 가진 비뉴 드 랑팡 제쥐(Vigne de l'Enfant Jesus), 나폴레옹이 전장에도 들고 나가서 마셨다는 샹베르땡(Chambertin) 등 부르고뉴에는 역사적인 와인들이 즐비하다. 로마 시대 이래로 부르고뉴는 언제나 와인의 중심지였고, 주역이었기 때문이다.

명성이 높은 만큼 최상급 부르고뉴 와인을 구하기란 하늘의 별따기만큼이나 어렵다. 대부분의 포도원들이 소량 생산하는 가내수공업적 형태를 띠고 있기 때문이다. 수백 병밖에 생산되지 않는 와인들이 많아서 이름조차 처음 듣는 와인들도 허다하다. 시장에 출시되기도 전에 고급 와인들은 기존에 거래를 하던 수입사나 레스토랑으로 들어가 버리곤 한다. 와인숍에 진열되자마자 그날로 애호가들에게 다 팔려버리는 경우가 다반사다. 이러다 보니 부르고뉴 와인 전문가들 또한 극소수에 불과하다. 전 세계적으로 몇몇 와인 평론가들이 부르고뉴에 관한 책을 쓰곤 하지만 테이스팅하기가 어려워서 체계적으로 정리하는 것조차 어렵기 때문이다.

딴 지역에서 들으면 황당한 얘기지만, 부르고뉴에서는 같은 밭에서 여러 명의 생산자들이 와인을 만드는 경우도 흔하다. 라벨에는 같은 밭 이름이 적혀 있지만 생산자 이름은 다르다. 그중 대표적인 포도밭이 끌로 드 부조다. 부르고뉴에서 가장 유명한 그랑 크뤼 밭 중 하나인 끌로 드 부조는 전체 면적이 0.5제곱킬로미터 정도에 불과하지만 주인은 무려 75명이 넘는다. 이런 경우에는 밭고랑 하나 차이로 주인이 달라지기도 한다. 수확 무렵을 상상해보라. 같은 밭일지라도 포도가 익는 속도가 다르고, 각 포도원마다 와인에 특징을 부여하기 위해 포도를 따는 시점도 다르다. 어떤 부분은 사람들이 분주하게 포도를 수확하고 있고, 어떤 부분은 포도송이가 고스란히 나무에 매달려 있다. 그렇게 많은 포도원들이 각자 자신들의 개성에 맞는 와인을 만드니 밭 한 군데에서 얼마나 다양한 풍경을 볼 수 있을 것인가. 이처럼 잘게 쪼개진 밭은 많지만 밭 하나를 한 군데의 포도원에서 온전히 소유하고 있는 경우는 극히 드물다. 그래서 부르고뉴에서는 이처럼 한 포도원이 포도밭 하나를 단독으로 갖고 있을 때는 라벨에 모노뽈(Monopole)이라는 명칭을 기재할 수 있게 하고 있는 것이다.

포도원들은 크게 두 가지 형태로 나뉜다. 대규모 생산자라 할 수 있는 네고시앙 엘레뵈르(Negociant eleveurs)는 자기 이름을 붙인 와인을 생산하면서 동시에 도매상 역할을 하는 곳이다. 간단하게 메종(Maison)이라고 부르기도 한다. 이런 대형 생산자들은 대개 부르고뉴 전 지역에서 와인을 생산하며 생산량 또한 많은 편이다. 자기들이 소유하고 있는 포도밭이 없는 마을의 경우는 소농들로부터 포도를 사들여 와인을 만들곤 한다. 소규모 생산자들은 대개 도멘(Domaine)이라는 명칭으로 부른다. 대부분 자신들이 소유하고 있는 포도밭에서만 와인을 만들며, 자기 집이 위치한 마을이나 그 곁에 인접한

1905년 가을, 수확을 마치고 기념 촬영을 한 일꾼들.

마을 정도까지만 생산 거점이 집중되어 있다.

　메종들의 사무실은 대부분 본에 밀집해 있다. 본은 2만 명 남짓한 인구가 사는 소도시로 우리나라의 큰 읍 정도 규모에 불과하지만 꼬뜨 도르에서는 가장 큰 도시다. 주요 메종들은 대부분 교통이 편리한 본에 둥지를 틀고 전 세계에 와인을 판매하고 있다. 루이 라뚜르, 루이 자도(Louis Jadot), 부샤르 뻬르 에 피스(Bouchard Père & Fils) 같은 회사들이 대표적이다. 작은 도멘들은 도시로 나오지 않고 현장을 지킨다. 조상 대대로 물려받은 포도밭을 관리하면서 고향을 지키고 있는 셈이다. 이런 우직함 속에서 명성이 나온다. 도멘들은 자신들의 생산 중심지에 거주하면서 와인의 품질 향상에 보다 주력하는 경향이 있다. 그러다 보니 메종들에 비하면 맛의 집중도가 높은 와인을 만드는 경우가 많다. 로마네 꽁띠(Romanée-Conti)나 메오 까뮈제(Méo Camuzet), 아르망 루소(Armand Rousseau) 같은 도멘들은 언제나 변함없이 최고 품질의 와인을 만드는 곳들이다. 같은 밭에서 생산해도 이런 이름들은 다른 포도원에 비하면 소비자들에게 더 큰 신뢰를 준다. 생산량이 적은 탓에 구하기 힘든 와인들이 많으며, 이름 값이 와인 가격에 고스란히 반영되기 때문에 무척이나 비싼 편이다.

루이 라뚜르(Louis Latour) 사(社)는 1797년에 설립되어 오늘에 이르고 있는 오랜 전통의 메종이다. 가족 중심으로 대를 이어가면서 일관된 경영 철학을 고수하고 있으며, 전통적인 와인 양조 방식을 지키면서도 기술 혁신을 통해서 그 명성을 꾸준히 이어나가고 있다. 루이 라뚜르는 부르고뉴 전체에서 가장 넓은 그랑 크뤼 포도밭들을 소유하고 있는 메종이기도 하다. 총 면적은 다른 지방에서 보기에는 그다지 크지 않은 0.286제곱킬로미터 정도에 불과하다. 이 정도 넓이면 무똥 로칠드의 절반도 채 되지 않는 규모이지만, 소규모 도멘들이 산재해 있는 부르고뉴의 특성에 비춰보면 무척이나 넓은 것이다. 메종이 지닌 오랜 역사에 걸맞게 루이 라뚜르에서 소유하고 있는 포도밭은 꼬뜨 도르의 북쪽 끝인 제브레 샹베르땡(Gevrey Chambertin) 마을에서 남쪽 끝인 샤사뉴 몽라셰(Chassagne Montrachet) 마을에 걸쳐 골고루 분포되어 있다.

그에 비하면 도멘 드 라 로마네 꽁띠(Domaine de la Romanée-Conti)는 아주 작은 포도원이다. 이곳은 작지만 강한 도멘의 대명사라고 할 수 있을 것이다. 일반적으로 긴 이름을 전부 사용하지 않고 이니셜만 따서 DRC라고 불러도 누구나 다 알 정도로 특징이 강하고 분명한 곳이기 때문이다. 소유하고 있는 포도밭은 전체를 통틀어도 겨우 0.25제곱킬로미터에 불과하지만 전부 그랑 크뤼 밭이라는 사실은 경이적이다. 좋은 포도밭을 고르는 혜안을 갖고 있었던 것이다. DRC의 거점은 본 로마네(Vosne-Romanée) 마을이다. 본 로마네에서만 6개의 그랑 크뤼 밭을 경작하고 있으며, 부르고뉴 최고의 화이트 와인이라고 일컬어지는 몽라세(Montrachet) 밭의 일부를 소유하고 있으니 황금 언덕 중에서도 최고로 비싼 금싸라기 밭들을 갖고 있는 것이다. DRC에서는 그야말로 황금보다도 비싼 와인들을 만들어내고 있다.

　루이 라뚜르와 DRC, 두 포도원의 성격은 판이하게 다르다. 그러나 그들이 포도밭에 심은 품종은 같다. 단 두 가지, 레드 와인용으로는 삐노 누아, 화이트 와인용으로는 샤르도네만을 심었을 뿐이다. 포도원이 크든 작든, 생산 방식이나 특징을 떠나서 한 가지 품종에만 집착하는 순수함이 부르고뉴 와인의 특징이다. 오랫동안 지켜온 옹골찬 전통이 부르고뉴 와인의 오늘을 유지하고 있는 것이다.

주도(州都)인 디종은 그다지 크지 않지만 위치상 프랑스 동부 지역 교통의 중심지다. 이곳을 관통하는 고속도로가 빠리와 리용, 랭스를 이어주고, 철도는 빠리와 브장송, 스트라스부르 등지로 연결시켜준다. 고속도로는 꼬뜨 도르의 포도밭 지대를 약간 우회해서 돌아가고 있다. 도로 계획조차 황금 언덕에 피해를 줄 수는 없었던 모양이다. 그래서 디종에서 황금 언덕을 둘러보려면 차를 타고 N74번 지방도로를 타고 본 쪽으로 남하하는 게 가장 낫다. 이른바 '그랑 크뤼들의 길(Route des Grands Crus)'이라고 불리는 도로다. 다른 도시를 여행할 때와 달리 기차는 도움이 되지 않는다. 와인 생산지로서 꼬뜨 도르의 명성은 거대하지만 워낙 작은 마을들이 몰려 있는 곳이라서 몇 군데 외에는 역조차 없기 때문이다. 그나마 뉘 생 조르주나 본처럼 규모가 있는 마을에는 기차가 서지만 1분가량 멈추었다가 이내 떠나간다. 기차에 앉아서 보면 다른 주요한 마을들은 그저 스쳐지나 갈 뿐이다.

꼬뜨 드 뉘와 꼬뜨 드 본을 나누는 경계선을 넘어 남쪽으로 2, 3분 정도 내려가다 보면 동남쪽을 향해 아래로 경사져 있는 풍광 좋은 언덕이 오른쪽에 나타난다. 알록스 꼬르똥(Aloxe Corton) 마을에서 가장 좋은 와인이 나온다는 꼬르똥 언덕이다. 이 언덕에서 생산되는 최고급 화이트 와인은 유럽의 모든 국가들이 자신들의 선조라고 주장하고 싶어 하며, '유럽의 아버지'라는 존경스러운 호칭으로 불리는 샤를마뉴 대제의 이름을 따서 꼬르똥 샤를마뉴(Corton Charlemagne)라고 부른다. 이런 이름이 붙여지게 된 것은 오래전부터 사람들 사이에 전해 내려온 샤를마뉴 대제

루이 라뚜르 설립 200주년 기념 라벨과 다양한 라벨들.

에 관한 전설 때문이다. 샤를마뉴 대제는 프랑스 땅 곳곳에 포도원을 소유하고 있었지만 꼬르똥 언덕에서 나는 와인을 가장 좋아했다고 한다. 샤를마뉴 대제는 언덕을 면밀하게 관찰한 끝에 겨울에 눈이 내렸다가 봄이 오면 가장 먼저 눈이 녹는 비탈을 골라서 포도나무

를 심도록 명령을 내렸다. 해가 바뀐다고 해서 자연은 변덕을 부리지도, 거짓말을 하지도 않는다. 그곳은 햇살이 대지를 가장 따사롭게 쓰다듬어주는 곳이었던 것이다. 아니나 다를까 넓은 언덕 중에서도 볕이 잘 드는 그 비탈에서는 훌륭한 와인이 생산되었다. 처음에 샤를마뉴 대제가 마시던 것은 레드 와인이었다. 하지만 어떤 영웅도 시간의 흐름을 막을 수는 없는 법, 샤를마뉴 대제 역시 늙어갔고 수염이 하얗게 세기 시작했다. 용맹했던 그는 우리가 흔히 게르만족이 술을 들이키는 모습을 연상하듯이 사나이답게 와인을 벌컥벌컥 들이마셨던 모양이다. 어느 날 황후인 루트가르드는 레드 와인이 흘러 대제의 하얀 수염이 빨갛게 된 것을 발견하게 되었다. 그녀는 남편에게 붉은 수염이라는 난폭한 이미지에서 벗어나기 위해 화이트 와인을 마시면 어떻겠냐고 조심스럽게 권유했다. 그 권유를 받아들인 샤를마뉴 대제의 명령에 의해 레드 와인용 포도를 갈아엎고, 화이트 와인용 포도가 비탈에 심어지게 되었다. 이렇게 탄생한 와인이 지금까지도 부르고뉴 최고의 화이트 와인 중 하나로 각광받는 꼬르똥 샤를마뉴인 것이다. 실제로 샤를마뉴 대제가 좋아했던 술은 사과주라고 하지만, 부르고뉴 와인의 오랜 역사만큼이나

꼬뜨 드 본에서 가장 뛰어난 와인이 생산되는 꼬르똥 언덕과 밭 전경.

꼬르똥 샤를마뉴는 흥미로운 이야깃거리로 남아 있다. 꼬르똥이라는 이름은 로마 황제였던 오르똥의 영지(Curtis d'Orthon)라는 단어가 줄어서 된 것이라는 유래도 있다.

차에 타고 도로에서 멀리 바라보기만 해도 꼬르똥 언덕은 아름답게 생겼다. 좋은 와인 생산지는 대부분 빼어난 경관을 그 안에 품고 있다. 푸른 산과 언덕 풍경이 아름답듯이 좋은 포도밭들이 대부분 경사면에 위치하고 있기 때문이다. 꼬르똥 언덕은 부르고뉴의 와인 생산지 중에서는 특이한 곳이다. 같은 동네에서 동시에 좋은 품질의 화이트 와인과 레드 와인을 생산하기가 쉽지 않은데, 두 색깔의 그랑 크뤼 와인이 함께 만들어지기 때문이다. 그랑 크뤼 화이트 와인은 꼬르똥 샤를마뉴라는 이름 하나로만 불리지만, 레드 와인은 밭에 따라 이름이 여러 가지다.[08] 꼬르똥 샤를마뉴를 제외하고 꼬르똥이라는 단어로 이름이 시작되면 그랑 크뤼 레드 와인이라고 보면 맞을 것이다. 언덕 아래쪽 철분이 많은 진흙 토양에서는 레드 와인이 나오고, 언덕 위 석회암 층이 깔린 땅에서는 화이트 와인이 생산된다. 땅을 뚫고 내려가던 포도나무 뿌리는 석회암과 만나면 더는 뿌리를 내리지 못하고 옆으로 펼쳐진다. 흙을 거치고 돌과 닿으면서 나무 뿌리는 토양의 다양한 성질들을 받아들이고, 열매 맛을 풍부하게 만들어주는 것이다. 아마 언덕 위쪽에 있는 석회 암반 위에는 흙이 더 수북하게 쌓여 있었을 것이다. 세월이 흐르고 눈비가 내리면서 높은 곳을 덮고 있던 흙은 언덕 아래로 퇴적되어 풍요로운 토양을 만들어주었다. 이처럼 포도밭은 인간이 단기간에 만들어낼 수 없는 자연과

08__ 꼬르똥 그랑 크뤼는 꼬르똥이라는 이름만 쓰기도 하지만 뒤에 밭 이름들이 붙는 경우가 많다. 예를 들면 꼬르똥 뒤에 브레상드가 붙은 꼬르똥 브레상드(Corton Bressandes)를 비롯해서 꼬르똥 끌로 뒤 루아(Corton Clos du Roi), 꼬르똥 르나르(Corton Renardes), 꼬르똥 뿌제(Corton Pougets), 꼬르똥 뻬리에르(Corton Perrières), 꼬르똥 랑게뜨(Corton Languettes) 등이 있다.

시간의 신비를 한눈에 느끼게 해준다.

' 전 통 과 . 현 대 성 . 그 리 고 . 완 벽 함 '

루이 라뚜르의 본사는 본에 있지만, 18세기 초반 와인 사업을 시작하던 시점에 기반을 둔 곳은 알록스 꼬르똥 마을이었다. 사업을 확장할 때도 루이 라뚜르는 고향에 대한 애정을 버리지 못했다. 그래서 취득하게 된 샤또가 꼬르똥 언덕에 다소곳이 자리 잡고 있는 꼬르똥 그랑세(Corton Grancey)였다. 이 샤또는 1749년에 철학자 볼떼르(Voltaire)의 친구이자 부르고뉴 의회 의

19세기의 샤또 꼬르똥 그랑세.

CUVERIE & CAVES DU CHATEAU DE CORTON-LATOUR
A ALOXE-CORTON
PROPRIÉTÉ DE LA MAISON LOUIS LATOUR

장이기도 했던 가브리엘 르보(Gabriel Lebault)가 지은 아담한 건물이다. 부르고뉴의 전통 건축들은 지붕이 화려해서 쉽게 눈에 띄지만, 스페인풍으로 지어진 붉은 빛깔 샤또 꼬르똥 그랑세는 포도밭 사이에 아늑하게 묻혀 있는 듯한 느낌을 준다. 이 샤또는 전적으로 와인을 생산하기 위한 목적으로 지은 부르고뉴 최초의 건축물이기도 하다. 루이 라뚜르에서는 부르고뉴 와인 생산의 전통을 계승하기 위해서 1890년에 이 샤또를 사들인 후 와인 양조의 거점으로 이용하고 있다. 5층으로 지어진 아름다운 건물은 와인 양조 시설과 오래된 와인들을 보관하는 셀라로 활용된다. 루이 라뚜르를 대표하는 16가지의 그랑 크뤼 와인들이 여기에서 만들어진다.

건물을 둘러싸고 포도밭들이 펼쳐져 있다. 포도나무들의 평균 수령은 35~40년가량 된다. 50년 이상 되어 늙어서 건강한 열매를 생산하지 못하는 나무들은 뿌리째 뽑고 2년 정도 땅을 놀린 후 그 자리에 다시 어린 묘목을 심는다. 그렇게 해야 지력이 살아나서 좋은 열매를 맺을 수 있기 때문이다. 포도나무도 인간과 비슷한 운명을 지니고 있다. 나이든 자는 죽음을 맞이하고, 새 생명이 미래를 향해 발걸음을 내딛는 것이다. 포도를

샤또 꼬르똥 그랑세.

재배할 때는 유기농법을 이용한다. 가급적 자연 상태에 가까워지려고 노력하는 것이다. 나무에 매달린 작은 기구들이 암컷 냄새를 풍기면 수나비가 날아와 꽃씨를 밭 전체로 퍼뜨린다. 해충을 방제하기 위해서는 노란 거미를 말린 뒤 갈아서 뿌려놓는다. 이런 방식을 쓰면 농약으로 병충해를 예방하는 것보다 땅과 나무에 해를 끼치지 않는다. 자연친화적인 과정들이 소비자들에게 신뢰를 심어준다. 수확철이 되면 아르바이트를 하기 위해 100명 정도 되는 대학생들이 전국에서 몰려온다. 중세부터 부르고뉴의 농군들이 사용해왔던 작은 바구니에 건강한 포도송이를 올려놓는다. 한나절 동안 허리를 굽힌 채 포도를 따고 나면 온몸이 고단해진다. 그들에게 즐거움을 주는 것은 샤또에서 벌어지는 거대한 만찬이다. 노동을 마친 후 정겨운 대화를 나누면서 저녁식사를 들고 와인 글라스를 부딪치다 보면 처음 만난 이들도 자연스럽게 친해진다. 대학생들은 돈을 벌기도 하지만, 일을 즐기기 위해 알록스 꼬르똥으로 찾아오는 것이다. 이런 즐거움이 담길 때 좋은 와인이 나올 거라는 생각이 든다.

지하에는 암반으로 둘러싸인 셀라가 있어서 꼬르똥 그랑세의 장구한 와인 생산 역사를 한눈에 볼 수 있다.

지하로 내려가면 천연의 돌로 둘러싸인 공간에서는 서늘한 공기가 감돈다. 벽에는 오랫동안 사람의 손길이 닿지 않은 듯 곰팡이가 두껍게 내려앉아 있다. 그 안에 세월을 잊은 오래된 와인들이 보관되어 있다. 돌 벽을 보면 굳이 땅을 파보지

샤또 꼬르똥 그랑세 지하 까브

않더라도 이 포도밭의 하부 토양이 어떻게 구성되었는지를 알 수 있다. 대형 오크 배럴에서는 서로 섞이지 않도록 한 밭에서 딴 포도를 각각 따로 발효시킨다. 발효를 시킬 때는 19세기부터 쓰던 통을 쓴다. 이 샤또에서는 보다 고전적인 생산 설비로 와인을 양조하고 있는 것이다. 이중으로 된 동(銅)으로 만들어진 원형 통은 레일 위에서 움직인다. 발효를 시킬 때는 온도가 18도 이상 되어야 하기 때문에 이 통에 넣어 따뜻하게 만들어주는 것이다. 루이 라뚜르를 상징하는 샤또답게 이곳에서는 언제나 자랑스럽게 내세우는 와인인 샤또 꼬르똥 그랑세를 생산하고 있다. 샤또 꼬르똥 그랑세는 프

19세기부터 와인 발효에 사용해온 이중으로 된 동으로 만든 통.

와인 발효용 대형 배럴. 각각의 밭에서 수확한 포도즙을 한 개의 배럴에 넣는다.

랑스에서 국제적인 행사가 열릴 때 종종 공급되어 왔다. 제2차 세계대전이 발발하기 직전인 1938년에 엘리자베스 여왕이 프랑스를 방문했을 때 베르사유 궁전에서 열린 만찬에 나온 와인은 1919년 산 꼬르똥 그랑세였다. 부드러운 감촉의 와인을 맛본 여왕이 남은 꼬르똥 그랑세가 더 없냐고 물어보는 바람에 일약 언론의 화제가 되기도 했다고 한다.

꼬르똥 그랑세는 꼬르똥 언덕의 여러 밭에서 수확한 포도 중에서 가장 양질의 포도만 골라서 만든다. 첫 인상은 전형적인 부르고뉴 와인답게 루비 빛으로 밝게 반짝이는 듯한 느낌을 준다. 냄새를 맡아보면 부드럽게 다듬은 가죽과 시가 같은 구수한 향이 주조를 이루면서 바닐라의 달콤함, 체리 같은 빨간 과일들이 뿜어내는 과실향이 어우러진다. 적절한 산미가 입맛을 돋우고, 혀 위를 나는 듯이 펼쳐지다가 지나치게 강하지는 않은 타닌이 뒷맛을 마무리한다. 전체적으로 조화롭고 균형 감각이 좋은 와인이다. 샤또 지하에 있는 셀라에서 지난 5년 동안 생산된 꼬르똥 그랑세를 버티컬 테이스팅[09]할 때는 꽃처럼 화사한 향기로 그윽해지는 느낌을 받을 수가 있었다.

국내에서 가장 많이 접할 수 있는 루이 라뚜르 사의 와인은 알록스 꼬르똥(Aloxe-Corton)이다. 알록스 꼬르똥 마을에서는 화이트 와인도 꽤 생산하지만 꼬뜨 드

09__ 버티컬 테이스팅(vertical tasting). 여러 해에 걸쳐서 생산된 동일 브랜드의 와인들을 다양하게 시음하는 것.

뉘와 가까워서 레드 와인 생산량이 많은 편이다. 알록스 꼬르똥은 마을 명칭이 붙은 AOC급 와인이다. 마을 명칭 AOC 와인은 어느 한 밭이 아니라 마을 전체에 퍼져 있는 밭에서 딴 포도들을 취합해서 만든다. 꼬르똥 그랑세에 비하면 고도가 낮은 지대에 위치한 밭에서 포도들이 자라는 만큼 가볍고 경쾌한 느낌이 든다. 색조는 밝은 루비 빛을 띠며, 부드러운 야생동물 냄새와 빨간색 과일들, 그리고 감초처럼 약간 단 향들이 어우러진다. 알록스 꼬르똥은 본사가 본으로 옮겨가기 전까지 루이 라뚜르 사의 본거지이자, 실질적인 고향이었다. 그래서 이 와인에 대한 루이 라뚜르의 애정은 아주 높다. 와인에 이름을 붙이면서도 거상보다는 전문 생산자다운 자세를 취하고 있다. 그래서 와인에는 '도멘 라뚜르'라는 이름을 따로 붙였다.

루이 라뚜르를 대표하는 화이트 와인은 몽라셰와 이미 언급했던 꼬르똥 샤를마뉴이다. 꼬르똥 샤를마뉴는 언덕 중에서도 남동쪽 사면으로 경사가 진 돌이 많은 석회암 토양의 밭에 심어진 샤르도네로 만든다. 원래 삐노 누아를 심었던 밭이었으나 19세기 말 프랑스 전역에 필록세라가 닥치면서 이 밭도 다른 지역과 마찬가지로 황폐해지고 말았다. 이때 완전히 다시 심은 품

1998년 산 샤또 꼬르똥 그랑세 라벨.

1999년 산 꼬르똥 샤를마뉴 라벨.

종이 샤르도네였다. 꼬르똥 샤를마뉴 와인 역시 샤를
마뉴 대제의 수염과 비슷한 운명을 겪었던 것이다. 밝
은 볏짚처럼 찬란하게 빛나는 꼬르똥 샤를마뉴는 먼저
감귤과 열대 과일 같은 향이 코에 산뜻한 자극을 준다.
그 향기 안을 더듬다 보면 바닐라와 같은 부드러움과
견과류의 기름짐, 나무줄기와 같은 냄새, 그리고 훈연
(燻煙)향을 살짝 맡을 수 있다. 산미가 과하지 않아 맛
의 균형을 팽팽하게 잡아주며, 우아하면서도 짜임새
있는 구조를 지닌 와인이다. 뒷맛에서는 다른 화이트
와인에서는 접하기 어려울 정도로 묵직한 기운이 느껴
진다. 빼어난 화이트 와인이 보여줄 수 있는 맛의 세계
를 아낌없이 보여주고 있는 것이다.

본격적인 와인 회사로서 루이 라뚜르의 역사는 1797
년에 시작되지만, 라뚜르 가문은 이미 1731년부터 꼬
드 드 본에 포도밭을 소유하고 있었다. 이 와이너리도

ALOXE-CORTON — Château de Corton-Grancey, Propriété de la Maison Louis Latour

CHATEAU DE CORTON-GRANCEY

Propriété de M. Louis Latour, à Aloxe-Corton (1) (Côte-d'Or).

(1) Voir notice, page ci-contre.

샤또 꼬르똥 그랑세의 옛날 풍경들.

처음에는 소규모의 생산자에 불과했지만 사업적인 판단 하에 회사의 규모를 넓혀간 것이다. 샤또 꼬르똥 그랑세를 인수하기 전에도 라뚜르 가문은 꼬르똥 언덕 근처에서 넓은 포도밭을 일구고 있었다. 꼬뜨 드 본에서 가장 훌륭한 레드 와인이 생산되는 마을이 알록스 꼬르똥인 것을 생각해보면, 라뚜르 가문은 좋은 포도밭을 고르는 선구안을 지녔던 것 같다. 이곳에서 고급 와인들을 판매하면서 경제적 여유를 갖춘 라뚜르 가문은 회사를 확장할 수 있는 준비를 마친다. 1860년 미국 수출을 시작으로 루이 라뚜르는 본격적인 국제 무역회사로서의 면모를 갖추기 시작한다. 그리고 1867년에 보다 좋은 사업 여건을 갖추기 위해 철도 운송이 편리한 본으로 회사를 옮긴다. 기차도 서지 않는 알록스 꼬르똥 마을에서 국제 무역을 하기에는 많은 불편함이 있었기 때문이었다. 지금도 사무실로 쓰고 있는 또늘리에(Tonneliers) 거리의 저택은 이때 구입한 것이다. 불어로 또노(Tonneau)는 오크통을 뜻하며, 또늘리에는 통 제조공을 뜻하는 말이다. 와인 생산 중심지답게 본에는 작은 포도원에 오크통을 공급하기 위해서 통을 제조하는 회사들이 많았다. 이때부터 루이 라뚜르 사가 외국에 있는 거래처와 주고받은 서류와 편지들이 모두

1897년 이집트에서 보내온 주문 서신.

루이 라뚜르 사 내부에서 오크통을 제작하는 광경.

기록으로 남아 있다. 루이 라뚜르의 역사는 당시의 와인 무역이 어떻게 이루어졌는지를 상세히 알 수 있는 살아 있는 자료다.

　루이 라뚜르의 방침은 '전통과 현대성 그리고 완벽함(Tradition, modernity and perfection)'이다. 전통은 꼬르똥 그랑세에서 이루어지는 작업처럼 과거의 좋은 관습들을 이어받는 것이다. 현대성은 선진적인 생산 설비를 통해서 만들어진다. 두 가지 방침이 조화를 이루면서 보다 완벽한 와인을 만들려는 노력을 아끼지 않는 것이다. 루이 라뚜르는 부르고뉴에서만 120가지가 넘

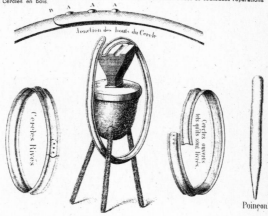

오크통을 만드는 과정과 각각의 부분들을 그린 19세기의 그림.

는 와인을 만들고 있다. 연간 60만 병 정도 생산하며, 세계 60여 개국에 수출하고 있다. 생산 공장 안으로 들어가면 마당에 참나무를 잘라서 늘어놓고 있다. 이 나무들을 바깥에 3년 가량 두면 햇살과 눈비를 맞으면서 오크통을 만들기 좋은 상태가 되는 것이다. 루이 라뚜르에서 생산하는 모든 와인은 자체적으로 만든 오크통에 담겨서 숙성을 시킨다. 수출용은 오크통을 쇠로 덧대지만, 내부에서 쓰는 것은 오크통을 보호하기 위해 각각의 면들을 밤나무로 둘러서 부드럽게 만들고 있다. 내수용과 수출용 와인은 나라마다 워낙 다른 규정들이 많아서 라벨도 안에서 직접 디자인하고 인쇄까지 마친다. 1977년 완공된 지하 셀라에는 와인들이 쌓여 있다. 직원들은 운반용 차량을 몰고 다니면서 주문이 들어온 와인들을 빼서 기차에 싣는다. 20년 넘게 이곳에서 일하고 있는 직원들이 수두룩해서 서로 간의 관계가 각별하다. 대형 생산 시설이지만 가족 같은 분위기로 애정을 갖고 좋은 와인을 만들고 있는 것이다.

최 고 들 의 . 식 탁 을 . 빛 낸 다

유럽 각국의 황실 중에서도 와인에 대한 애정이 각별

했던 나라는 러시아였다. 러시아 황실은 요리에 대해서도 관심이 많았다. 원래 프랑스식 만찬에서는 한 코스마다 여러 가지 요리가 한꺼번에 나오는 방식으로 식사를 했다. 지금처럼 요리가 차례대로 하나씩 간격을 두고 나오는 것은 러시아 귀족들의 식사 방법이었다. 이렇게 프랑스 요리는 19세기 동안 형식면에서 러시아의 영향을 받으며 발전해왔다. 샴페인을 얘기하다 보면 러시아 차르의 입맛은 다시 한 번 빛을 발하지만 황제 역시 루이 라뚜르에서 생산한 몽라셰 와인을 마셨다. 18세기 중반부터 루이 라뚜르는 유럽의 왕가들을 비롯해 세계 각국으로 와인을 수출하면서 부르고뉴 와인의 국제적인 세력 확장에 앞서 나가게 된다. 루이 라뚜르 사는 270년 동안 10대에 걸쳐 와인을 생산하고 있다. 회사 이름에 걸맞게 사장들 중에는 루이라는 이름을 가진 이들이 무려 일곱 명이나 된다. 현재의 사장 이름 또한 루이 라뚜르다. 가족 경영이라는 풍토 속에서 회사와 함께 이름도 물려받고 있는 것이다.

일찍부터 유럽 전역에 와인을 판매했던 대표적인 메종답게 20세기에 접어들면서 빠리의 리츠나 제네바의 보 리바주(Beau Rivage) 같은 고급 호텔에서는 언제나 루이 라뚜르의 와인들을 만날 수 있었다. 아이젠하워

Consomumé froid Rubis
Bar braisé Champenoise
Filet de Charolais rôti Arlésienne
Canard froid Lambertye
Salade Normande

Mousse glacée Petit Duc
Petits Fours

Riesling 1953 (Cuvée spéciale)
Château Haut-Brion 1945
Chambertin 1945 (Domaine Latour)
Dom Perignon 1949

En l'honneur
de
Monsieur Dwight D. Eisenhower
Président des États-Unis d'Amérique

DINER DU 2 SEPTEMBRE 1959

1959년 아이젠하워 대통령이 프랑스를 방문했을 때의 만찬 메뉴.

와 케네디 대통령이 엘리제 궁을 방문했을 때 보르도의 오브리옹과 더불어 부르고뉴 와인의 상징으로 제공된 것은 루이 라뚜르의 와인들이었다. 1959년 아이젠하워가 프랑스를 방문했을 때에는 1945년 오브리옹과 1945년 산 루이 라뚜르 샹베르땡이 만찬에 제공되었다. 아이젠하워는 대통령이 되기 전에는 군인으로서 명성을 쌓아왔다. 1944년 유럽 연합군 최고사령관으로서 노르망디 상륙작전을 진두지휘했던 인물이 바로 아이젠하워였다. 이 작전의 결과로 1945년 프랑스는 나치로부터 완전한 해방을 맞이했으니 그를 위해 보르도와 부르고뉴를 대표하는 1945년 산 와인들이 나온 것

1961년 케네디 대통령이 프랑스를 방문했을 때의 만찬 메뉴.

은 상징적인 의미를 담고 있었을 것이다. 1961년 존 F.
케네디와 그의 매력적인 부인 재클린을 위해 베르사유
에서 만찬이 열렸다. 이때는 1950년 오브리옹과 1934
년 산 샹베르땡이 제공되었다. 오브리옹은 미국 자본
이 소유하고 있던 유일한 특급 샤또였고, 제퍼슨이 가
장 좋아했던 와인 중 하나이기도 했다. 샹베르땡은 나
폴레옹이 가장 좋아했던 와인이다. 두 나라를 대표하
는 정치가들의 입맛을 재현이라도 하듯 명주(名酒)들
이 나와 만찬 석상을 호화롭게 장식했던 것이다. 1976
년 5월, 지스까르 데스땡 대통령은 미국 독립기념일 두
달 전에 워싱턴 D.C.를 찾았다. 프랑스를 도와 제2차

가을날 수확을 마친 직후의 샤또 꼬르똥 그랑세.

세계대전을 승리로 이끈 주역은 미국이었지만, 미국 독립전쟁이 일어난 동안 자금을 제공하고 병력을 지원한 것은 프랑스였다. 이때 프랑스 대사관에서 준비한 와인도 1966년 산 샹베르땡이었다. 다른 와인들은 다 화이트 와인이었고, 샹베르땡만 레드 와인이었다. 식전주로 1969년 동 뻬리뇽이 입맛을 돋우었고, 바다가 재와 함께 풍미를 높인 것은 1970년 산 오브리옹 화이트였다. 1966년 산 루이 라뚜르 샹베르땡은 프랑스식 햄과 함께 그날의 절정을 이루었으며, 마지막으로 디저트와 1971년 샤또 디껨이 함께 나오며 대미를 장식했다. 샹베르땡은 바닐라와 가죽, 향신료 향이 적절하게 조화를 이루는 부드러우면서도 강한 뒷맛을 지닌 와인이다. 이처럼 입 안을 촉촉이 적시는 루이 라뚜르 와인들이 대통령들의 식탁을 장식했다.

부르고뉴 와인 생산과 무역의 주요 거점인 본 일대는 로마 시대에 아우툰(Autun)이라는 지명으로 불리면서 오래전부터 와인 명산지로서 명성을 떨쳐왔다. 로마네라는 이름이 붙은 와인들을 통해 2000년 가까운 오랜 와인 생산 전통을 지니고 있음을 알 수 있다. 본의 상징적인 건물은 1443년 부르고뉴 공국의 재상이었던 니꼴라 롤랭이 전 재산을 바쳐서 지은 오스뻬스다. 오스뻬스는 부르고뉴의 전통적인 건축 양식으로 지어졌으며 형형색색의 기와들이 지붕을 다채롭게 장식하고 있다. 원래 오스뻬스는 빈민을 치료하는 자선 병원이었다. 수녀들이 돈이 없는 아픈 서민들을 받아들여서 신의 자비를 베풀고자 했던 것이다. 이제 오스뻬스는 중세의 원

오스삐스 드 본 경매에서 산 포도즙으로
생산한 와인 라벨.

오스삐스에서의 경매 광경 스케치.

형을 그대로 살린 박물관으로 변모했지만 가난한 이들
에게 자선을 베푸는 전통은 계속되고 있다. 해마다 11
월이 되면 본은 떠들썩해진다. 외국에서 귀빈들과 와인
업자들, 와인 애호가들이 찾아오기 때문이다. 그들이
관심을 갖는 행사는 오스삐스 드 본(Hospices de Beaune)
이라는 이름으로 열리는 와인 경매다. 그해 수확한 포
도들을 생산자들이 오크통에 넣어 제공하면 와인은 오
크통 상태에서 경매에 붙여지고 그 수입은 자선사업을
위해 쓰인다. 누구나 오스삐스 드 본에서 포도즙을 구
입하면 자기 이름으로 와인을 만들 수 있다. 1859년 첫
경매가 열렸을 때 모두 189개의 오크통이 팔렸으며,
1924년부터는 해마다 11월 셋째 주 일요일에 행사를
여는 것이 상례화되었다. 이 경매를 중심으로 본은 가
을 수확을 자축하는 본격적인 축제 분위기로 접어든다.

오스뻬스 옆으로 도시의 중앙 광장이 있다. 아담한 광장에 몇 군데 와인숍과 카페, 작은 식당들이 눈에 띈다. 와인 회사들도 작은 간판을 내걸고 있으며, 모퉁이에 위치한 아떼나움은 부르고뉴뿐만 아니라 전 세계에서도 와인 관련 도서가 가장 많은 서점 중 하나다. 농한기가 되면 도서관처럼 책을 읽거나 사고 싶은 책을 고르는 사람들로 복작거린다. 본은 그다지 큰 도시가 아니라서 마을 끝까지 산책 삼아 걷기에도 좋은 곳이다. 고대의 문들과 중세의 성벽들이 도시를 감싸고 있다. 두꺼운 성벽 바깥으로 해자의 흔적이 남아 있어서 본이 유사시에 대비한 방어형 도시로 건설되었음을 알 수 있다. 그렇게 걷다가 해가 떨어지면 작은 비스트로에 들어간다. 사람들로 왁자지껄한 곳에서 단출한 와인 목록을 펴본다. 다른 지방, 다른 도시에서는 찾아보기 힘든 부르고뉴 와인들을 여기서 만큼은 너무나 흔하게 볼 수 있다는 사실이 가끔은 너무나 낯설다.

4. 선택받은 소수를 위해,
도멘 드 라 로마네 꽁띠

II. Bourgogne 부르고뉴

Domaine de la Romanée-Conti

. 도멘 드 라 로마네 꽁띠 .

본 . 로 마 네 에 는 . 평 범 한 . 와 인 이 . 없 다

DRC 와인을 마신다는 것은 와인 애호가들에게는 꿈
이자, 행복이다. 수없이 많은 와인을 테이스팅하고 마
셔왔지만 아직까지도 그 맛과 향이 각인되어 있으면서
가장 인상 깊게 남아 있는 와인은 두 병이다. 하나는
1961년 산 에르미따쥬 라 샤펠[01]이고, 다른 하나는
DRC에서 생산된 1962년 산 라 따슈(La Tâche)[02]다. 라
따슈는 로마네 꽁띠에 비하면 가격이 싸지만 맛이라는
측면만 놓고 보자면 종종 로마네 꽁띠를 능가할 때가

01_ **1961년 산 에르미따쥬 라 샤펠(Hermitage La Chapelle)**은 『와인 스펙테이
터』에서 20세기 10대 와인으로 꼽은 와인이다. 생산자는 뽈 자불레이
며, 라 샤펠(예배당)이라는 이름은 에르미따쥬 언덕 정상에 있는 작은
예배당을 가리킨다.

02_ 1962년은 로마네 꽁띠보다도 라 따슈가 훨씬 좋았던 해로 알려져 있
다. 아마도 20세기 최고의 라 따슈 빈티지로 꼽힐 것이다.

있다. 그러나 로마네 꽁 띠는 그 이름값과 희소성 이라는 측면이 있기에 단 순히 비교하는 것은 무의 미한 일이다. 가격으로만 은 따질 수 없는 또 다른 가치가 존재하기 때문이 다. 1962년 라 따슈는 영

1962년 산 라 따슈 라벨. 20세기 최고의 와인 중 하나다.

국 최고의 와인 전문가 중 한 명이자 크리스티 와인 경 매를 총괄하는 마이클 브로드번트가 자기 생애 10대 와인 가운데 하나로 꼽았으며, 별 다섯 개 만점 기준으 로 별 여섯 개를 부여한 와인이다. 가끔 상상하기 어려 울 정도로 뛰어난 와인이 나올 때 와인 평론가들은 만 점이 넘는 점수를 주기도 한다.

2003년에 테이스팅을 할 때 라 따슈는 40여 년이 지난 와인답게 색깔이 바래서 붉은 벽돌색을 띠고 있었다. 처 음에는 실망스러웠다. 향이 제대로 살아나지 않았고 맛 은 묵은 듯했다. 입에서는 미끄러운 감촉이 돌았고 뒷심 또한 약했다. 끝까지 확인을 하기 위해서 글라스에 절반 만 따른 후 변화의 추이를 지켜보기로 했다. 이대로 맛 이 허물어질 것인가, 아니면 발전할 것인가.

로마네 꽁띠 밭의 남쪽 경계. 돌담에
로마네 꽁띠라는 이름이 새겨져 있다.

꽁띠의 왕자의 영지에서 부르고뉴 공작이
사냥을 했음을 기록한 표식.

세 시간이 지난 후 다시 글라스에 따랐을 때 라 따슈는 부르고뉴 와인이 오랫동안 잘 숙성되었을 때 보여줄 수 있는 모든 것을 아낌없이 드러냈다. 왜 1962년 라 따슈가 20세기 전체에 걸쳐 DRC 와인의 꽃으로 일컬어지는지 공감할 수 있는 순간이었다. 뚜껑을 연 지 3시간이 지난 후에야 향과 맛이 다 확연하게 살아났다. 주조를 이루는 라 따슈 특유의 장미향은 일반적인 장미향이 아니었다. 짙은 진홍빛 장미의 진액만 뽑아내고 꽃잎을 짓이겨서 향을 끌어낸 것 같았다. 인공적으로 만들어낼 수 있는 향기가 아니었다. 인간이 만들었다기보다는 신과 자연이 내린 선물인 것 같았다. DRC의 셀라에서 퍼지던 장미향을 모아 응축시킨 듯한 느

로마네 꽁띠와 라 로마네 밭의 경계선. 두 밭 사이에 작은 잔디밭이 있다.

낌을 라 따슈 한 병으로 충분히 느낄 수 있었다. 우아
하면서도 고혹적인 매력의 절정이었다. 화려한 장미향
에 이어 부드럽게 흘러 입 안을 꽉 채우는 중간 맛과
달콤한 뒷맛의 연결까지, 어느 하나도 흠잡을 데가 없
었다. 맛의 여운은 오래도록 지속되다가 마지막 순간
에는 달콤하게 퍼지는 감미로움을 남기고 있었다. 한
모금 정도밖에 남지 않은 상태에서도 라 따슈의 향기
는 방 안 전체를 가득 채우고 있었다. 좋은 와인은 이
처럼 강한 인상을 남긴다. 40년이라는 시간이 흐른 후
에도 맛이 발전하는 훌륭한 와인들과 그 와인이 보여
주는 영원성은 때로 사람을 감동시킨다.

누가 그랬던가, 본 로마네 마을에서는 평범한 와인이
나오지 않는다고. 꼬뜨 드 뉘에서도 본 로마네는 가장
뛰어난 와인들이 많이 생산되는 마을이다. 지구상에서
삐노 누아 포도가 자라기에 가장 적합한 땅이라고 해
도 과언이 아닐 것이다. 최고의 포도밭들이 마을 동쪽
언덕배기를 감싸고 있다. 세상에서 가장 비싼 와인이
라는 로마네 꽁띠, 로마네 꽁띠 동쪽에 자리 잡고 있으
면서 생산량은 더 적은 라 로마네[03], 두 밭의 남쪽에 위
치한 라 그랑드 뤼[04], 화려함의 진수를 보여주는 라 따
슈, 호사스러운 리쉬부르[05], 비단결처럼 부드러운 로마

네 생 비방(Romanée Saint Vivant), 이렇게 본 로마네를 대표하는 6개의 그랑 크뤼 포도밭은 그 사이에 어느 누구의 침범도 받아들일 수 없다는 듯이 다닥다닥 붙어 있다. 부르고뉴가 아닌 다른 지방이라면 한 군데의 포도원에서 소유하고 있다고 해도 큰 밭이 아닐 테지만 여기서는 밭마다 주인이 다르다. 바둑판처럼 오밀조밀한 부르고뉴에서 가장 소중한 이름들인 것이다. 본 로마네 마을 북쪽으로 작은 마을이 하나 더 있다. 포도밭 면적이 넓지 않아서 본 로마네와 동일시되기도 하지만 이 마을에도 엄연히 이름이 있어서 플라제 에세조

03__ **라 로마네(La Romanée)**는 원래 로마네 꽁띠 밭의 일부였으나 지금은 분할되었다. 면적이 0.0085제곱킬로미터에 불과한 프랑스에서 가장 작은 AOC 밭이기도 하다. 작은 잔디밭 하나를 사이로 로마네 꽁띠 남서쪽에 위치하고 있다. 샤또 드 본 로마네에서 소유하고 있으나 전 세계 배급은 메종 부샤르 뻬르 에 피스에서 하고 있다. 연간 생산량은 4000병 내외다.

04__ **라 그랑드 뤼(La Grande Rue)**는 로마네 꽁띠와 라 따슈 사이에 위치하고 있다. 프랑수아 라마르슈(François Lamarche)에서 소유하고 있으며 그랑 크뤼 모노뽈 밭이다. 연간 생산량은 8000병 정도다.

05__ **리쉬부르(Richebourg)**는 0.08제곱킬로미터의 면적을 소유하고 있다. 가장 넓은 면적을 소유하고 있는 것은 DRC로 0.035제곱킬로미터다. 나머지 밭을 9개 도멘이 나누어 소유하고 있다. 그 상황을 보면 부르고뉴의 밭 쪼개기가 얼마나 복잡한지 알 수 있을 것이다. 르루아에서 0.0078제곱킬로미터, 리제 벨레르(Liger Belair)에서 0.0052제곱킬로미터, 메오 까뮈제에서 0.0035제곱킬로미터, 장 그리보(Jean Grivot)에서 0.0032제곱킬로미터, 몽제아 뮈네레(Mongeard Mugneret)에서 0.0031제곱킬로미터, 위들로 노에아(Hudelot Noëllat)에서 0.0028제곱킬로미터를 소유하고 있다. 그로 가문에서 나머지 세 부분을, 그로 프리르 에 쇠르에서 0.0069제곱킬로미터, A. F. 그로에서 0.0069제곱킬로미터, 안느 그로에서 0.006제곱킬로미터를 가지고 있다. 여러 형제들에게 공평하게 상속하기 위해 얼마나 신경을 쓴 것인지 이해할 수 있을 것이다.

(Flagey Echézeaux)라고 불린다. 여기에도 그랑 에세조 (Grands-Echézeaux)와 에세조라는 그랑 크뤼 밭이 있다. 두 마을에만 모두 합해서 8개의 그랑 크뤼 명칭이 있는 것이다.

그 아래 등급인 프르미에 크뤼라고 해서 만만한 이름들은 아니다. 탁월한 와인 생산자 앙리 자이예(Henri Jayer)에서 소유하고 있는 크로 빠랑뚜(Cros Parentoux), 메오 까뮈제(Méo Camuzet)의 명성을 영원케 하는 레 숌므(Les Chaumes), 미셀 그로(Michel Gros)의 끌로 드 레아(Clos de Réas) 같은 밭들이 본 로마네 마을을 삐노 누아 포도의 최적지로 인식하게 만든다. 본 로마네에서 생산된 와인의 향을 맡는 것만으로도 삐노 누아의 우아함을 충분히 느낄 수 있다. 최상의 기후와 토양에서 나온 와인들은 삐노 누아가 보여줄 수 있는 순수함의 극치다. 장미꽃처럼 향기로우면서 관능적인 아름다움을 지니고 있고, 그와 동시에 강한 파워를 수반하고 있는 와인들이 본 로마네 마을에서 나오는 것이다.

' 로 마 의 . 포 도 나 무 '

본 로마네는 로마시대부터 와인이 만들어졌다고 할

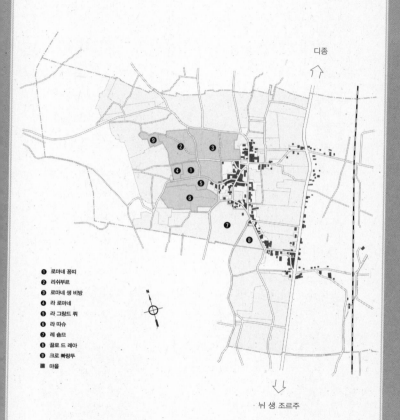

본 로마네

디종

① 로마네 꽁띠
② 리쉬부르
③ 로마네 생 비방
④ 라 로마네
⑤ 라 그랑드 뤼
⑥ 라 따슈
⑦ 레 숌므
⑧ 끌로 드 레아
⑨ 크로 빠랑뚜
■ 마을

N

뉘 생 조르주

정도로 오랜 역사를 지니고 있다. 본(Vosne)이라는 말은 숲에서 파생된 단어다. 포도밭으로 개간하기 전에는 마을 주변이 울창한 삼림으로 둘러싸여 있었기 때문이다. 9세기 말 생 비방 수도원이 세워지면서 숲은 포도밭으로 바뀐다. 성찬식에 쓸 와인을 만들기 위해 많은 포도밭들이 수도원의 관리 아래에 놓이게 되었으며, 로마네 생 비방이라는 밭 이름도 수도원 이름에서 따온 것이다. 오랫동안 교회에서 관리해오던 포도나무들은 프랑스 대혁명이 일어난 후 정부에 몰수되었다가 일반인들에게 불하된다. 이제 서로 개성이 다른 농군들의 손길을 받게 된 것이다. 보르도와 마찬가지로 1855년에는 라발(Lavalle) 박사에 의해 최초로 등급 분

본 로마네 마을 광장과 라 메종 데 뱅.

류에 대한 시도가 이루어진다. 그때도 지금과 같은 명 포도밭들이 최고 등급에 속해 있었지만 완벽한 체계를 갖춘 것은 아니었다. 1930년대에 접어들어 공식적인 등급 분류가 이루어지면서 마지막으로 그랑 크뤼 밭에 낀 것은 로마네 생 비방과 라 그랑드 뤼뿐이었다. 나머지 그랑 크뤼 밭들은 19세기에도 이미 최상의 명성을 얻고 있었던 것이다.

본 로마네는 꼬뜨 드 뉘의 중심지인 뉘 생 조르주와 부르고뉴를 대표하는 그랑 크뤼 와인 끌로 드 부조가 생산되는 부조 마을 사이에 아담하게 자리 잡고 있다. 여느 시골 마을처럼 마을은 조용하다. 한가운데 마을 광장이 있고, 자그마한 성곽과 교회, 그리고 주택들이 늘어서 있으며 작은 와인 가게들도 몇 군데 보인다. 한낮에도 통학버스에서 내리는 동네 꼬마들만 몇 명 뛰어다닐 뿐 어른들은 집 안에서 일을 하는지 별로 보이지 않는다.

마을 주변을 동남북 세 방위에서 그랑 크뤼와 프르미에 크뤼 밭들이 감싸고 있다. 기찻길 쪽으로 펼쳐진 서쪽의 평지에는 일반 AOC 등급의 와인들이 나오는 포도밭들이 펼쳐져 있다. 전체 생산량을 따져보면 본 로마네가 얼마나 좁은 동네인지 알 수 있을 것이다. 그랑 크뤼 밭 모두를 합해서 나오는 양이 연간 30만 병, 프르미에 크뤼 전체가 32만 병, 그리고 AOC 와인이 50만 병에 불과하다. 그랑 크뤼 와인을 전부 합쳐봐야 샤또 무똥 로칠드 한 군데에서 나오는 양 정도밖에 되지 않는 것이다.

그랑 크뤼 중 한 도멘에서 단독으로 소유하고 있는 모노뽈 밭은 네 군데다. 로마네 꽁띠, 라 따슈, 라 로마네, 그리고 라 그랑드 뤼가 그 주인공들이다. 나머지 밭은 여러 도멘이 나누어서 소유하고 있다. 리쉬부르 같은 경우는 겨우 3만 병 가량 생산되는 0.08제곱킬로미터 남짓한 땅을 10개 이상의 도멘이 쪼개고 있다. 그러다 보니 0.01제곱킬로미터도 되지 않아 1만 병 이내의 와인을 생산하는 도멘이 수두룩하다. 이렇게 생산량 자체가 손으로 셀 수 있을 정도로 적다 보니 몇 군데 오래된 거래처에만 팔아버려도 수량이 달리는 탓에 일반인들은 본 로마네의 특급 와인을 접하기가 어렵다. 이런 희소성이 본 로마네의 특급 와인들을 더욱 가치 있고 진귀하게 만들고 있는 것이다.

마을 안쪽으로 들어가면 담 사이로 포도밭이 보이는, 언제나 빨간 철문이 닫혀 있는 집 한 채를 볼 수 있다. 저택이라고 부르기에도 쑥스러운 작은 집이 전 세계에

도멘 드 라 로마네 꽁띠 사무실 정문. 문 위에 로마네 꽁띠의 이니셜인 RC가 적혀 있다.

로마네 꽁띠 밭 담에 새겨진 표식.

서 가장 비싼 와인 로마네 꽁띠를 생산하는 DRC 셀라와 사무실이다. 마당 안으로 들어가서 묵직한 나무 문을 열고 지하로 내려가면 DRC의 오랜 역사를 반증하듯이 먼지가 뿌옇게 내려앉은 셀라가 있다. 대문 위에 새겨진 문장이 없다면 설마 최고 명성의 DRC 사무실과 셀라가 이곳에 있으리라고는 감히 상상하지 못할 것이다. 사무실 건물 뒤를 포도밭들이 둘러싸고 있다. 이 도멘이 소유하고 있는 포도밭은 모두 여섯 군데에 불과하지만 놀랍게도 모두가 부르고뉴를 대표하는 그랑 크뤼 밭들이다. 생산량도 많지 않다. 최근 몇십 년 동안 생산된 수량을 살펴보면 얼마나 작은 규모인지 알 수 있을 것이다. DRC에서 생산되는 와인에는 1953년부터 정확히 몇 병이 만들어졌는지를 알 수 있는 일련번호가 적혀 있다. 축구 경기장 크기만 한 로마네 꽁띠 밭에서는 1964년에는 9145병이 생산되었지만, 1987년에는 단지 2975병이 생산되었을 뿐이다. 밭 면적은 0.018제곱킬로미터에 불과하다. 라 따슈 밭은 0.06제곱킬로미터가 약간 넘는데 DRC에서 소유하고 있는 밭 중에서는 가장 넓다. 가장 생산량이 많았던 1996년에는 2만 8373병, 2003년에는 1만 147병에 불과하다. DRC는 엄선된 포도밭만을 소유하고 있지만 날씨에 따라 작황의 편차가 아주 심하다.[06] 해가 좋지 않을 때는 3분의 1도 안 되는 양이 산출되기도 하는 것이다. 최대와 최소 생산량만 살펴봐도 1987년 같은 경우는 얼마나 최악이었는지 알

06__ 그 외의 밭들에서 생산되는 DRC 와인의 양은 다음과 같다.

밭 이름	전체 면적	DRC 소유 면적	최대 생산	최소 생산
로마네 생 비방	0.09㎢	0.053㎢	1982년 2만 5840병	1979년 9120병
로마네 생 비방은 1966년부터 밭을 임대해서 생산하다가, 1988년에 DRC의 소유가 되었다.				
리쉬부르	0.0803㎢	0.0351㎢	1990년 1만 5789병	1987년 3509병
리쉬부르는 DRC에서 1869년부터 소유하고 있는 유서 깊은 밭이다.				
그랑 에세조			1994년 1만 2387병	1987년 3832병
에세조			1989년 2만 745병	1987년 8456병
그랑 에세조와 에세조는 아직도 DRC에서는 밭을 임대해서 경작하고 있다.				

만하다. 이것이 자연의 법칙이고 토양의 차이다. 인접한 밭이라 할지라도 자연에 민감한 반응을 보이는 것이다. 본 로마네에서 생산되는 와인은 전부 레드 와인이다. 꼬뜨 드 본 남부에서 생산되는 그랑 크뤼 밭인 몽라셰에서는 부르고뉴 최고의 화이트 와인이 나온다. DRC에서 만드는 몽라셰는 1999년 연간 생산량이 3590병에 불과하다. 1995년에는 겨우 1718병이 나오는 데 그쳤다. 수확할 때도 외부 인력이 거의 필요없다. 가끔 아르바이트를 쓰기도 하지만 웬만한 밭은 20명가량 되는 전

로마네 꽁띠 와인을 숙성시키는 오크통. 1년 수확량이 불과 오크통 대여섯 개에 불과하다.

체 직원이 달라붙어 포도를 딴다. 사람이 옆에 붙어서 모는 말이 쟁기를 끌면서 밭을 간다. 토지에 피해를 적게 주기 위해서 고전적인 방법을 사용하고 있는 것이다. 사용하는 오크통도 많지 않아서 전통적인 방법으로 통을 만드는 프랑수아 형제 공장(Tonnellerie François Freres)에서 전량을 공급받는다. 이런 과정으로 적은 양의 와인을 만드는데도 불구하고 DRC는 부르고뉴를 대표하는 거인이다.

꽁 띠 의 . 왕 자

지금은 담이 허물어지고 건물들도 파괴되었지만 본 로마네 마을 근처에는 생 비방 수도원이 있었다. 클뤼니 교단에서 운영하는 수도원이었다. 지방 귀족인 알릭스(Alix de Vergy)는 면죄부를 받기 위해 1232년 수도원에 자신의 포도밭을 기증했다. 그 밭은 끌루 드 생 비방(Cloux de Saint Vivant)이라는 이름으로 불리게 된다. 이 밭의 일부가 오늘날 로마네 꽁띠와 로마네 생 비방이라는 이름으로 불리게 된 밭이다. 8세기에도 포도밭이 존재했던 것으로 알려진 이곳은 중세에 걸쳐 아주 뛰어난 토양을 지니고 있었던 것으로 유명했다. 생 비방 수도

로마네 꽁띠 밭이 끝나고 서쪽으로 이어지는 라 로마네 밭. 과거에는 이 밭도 로마네 꽁띠
에 속해 있었다.

원장이 남긴 서류에는 이 밭이 '로마의 포도나무(Vines of Romane)'라고 기록되어 있다. 귀족들은 포도밭이 딸린 영지에 관심을 기울였고, 1584년에 이 밭은 디종의 귀족인 끌로드 꾸쟁(Claude Couzin)에게 팔리게 된다. 1631년부터 1700년대 중반까지는 4대에 걸쳐 크로낭부르(Croonembourg) 가문에서 이 밭을 소유하게 된다. 같은 이름의 맥주가 있지만 이 집안과 직접적인 관계는 없다. 위트레흐트 출신의 크로낭부르 집안은 십자군 전쟁에 참가해서 돈을 벌었다고 알려져 있다. 그러나 18세기에 접어들면서 크로낭부르 집안은 빚을 지게 되었고 자신들이 소유하고 있던 좋은 밭들을 매물로 내놓는다. 1760년 당시 라 로마네(La Romanée)라고 불리던 최상의 포도밭을 구입한 사람은 루이 프랑수아 드 부르봉(Louis François de Bourbon)이었다. 부르봉이라는 성에서 알 수 있듯이 마흔세 살의 프랑수아 드 부르봉은 루이 15세와 가장 가까운 사촌이었다. 궁정에서 와인이 유행하던 시절이었다. 프랑수아 드 부르봉은 루이 15세의 정부였던 뽕빠두르 후작부인과 미묘한 경쟁관계에 있었다고 전해진다. 막후에서 권력과 금력이 조용하게 움직였다. 루이 프랑수아는 권력의 핵심부에 있었다. 그의 집안은 부르봉 왕가 막내아들 계열이었으며, 꽁띠의 왕자라는 작위를 갖고 있었다. 그는 왕의 군대를 이끌면서 혁혁한 전공을 세웠다. 그는 황군 최고의 지휘관이었으며 '왕족 혈통의 왕자(prince du sang)'로 불리기도 했다. 꽁띠라는 지명은 이 가문에서 영지로 소유하고 있던 프랑스 북부의 작은 마을 꽁띠 쉬르 셀르(Conti sur Selles)에서 따왔다. 루이 15세는 두루뭉술한 성격을 가진 인물이어서 아마도 그의 무예와 공적을 무시하지 못했을 것이다. 루이 프랑수아 드 부르봉은 성 요한 기사단의 프랑스 지부장이기도 했으며 말타 기사단의 수장이기도 했다. 그는 빠리에서 광대한 성당 기사단 궁전(Palais du Temple)에 거주하게 된다. 뽕빠두르 후작부인이 예술을 후원했던 것처럼 루이 프랑수아 드 부르봉도 철학과 예술을 후원했다. 루소와 디드로 같은 계몽주의자들이 그를 둘러싸고 있었다. 몰리에르와 보마르세 같은 연극인들도 꽁띠의 왕자의 친한 벗들이었다. 어린 모차르트를 초청해서 자신을 위해 피아노를 연주하게 하기도 했다. 매주 월요일 저녁에 그는 연회를 베풀었다. 루이 프랑수아는 꽁띠의 왕자였을 뿐만 아니라 뉘 생 조르주에도 영지를 소유하고 있었다. 라 로마네 밭이 매물로 나왔다는 사실은 그의 관심을 끌었다. 주간 연회에서 손님들에게 제공할 좋은 와인도 필요했다.

그는 마침내 모든 궁정 사람들의 관심을 끌었던 이 밭을 사들이는 데 착수했다. 높은 명성을 지니고 있던 포도밭을 사는 데는 막대한 자금이 소요되었다. 무려 금화 8만 리브르가 들어갔고, 계약 금액 외에도 관행상 1만 2400리브르를 추가로 크로닝부르 집안에 지불했다. 당시 일반적인 그랑 크뤼 밭 가격에 비하면 무려 열 배가 넘는 금액이었다. 시장 가치와 비교해 봐도 명백하게 두 배 이상 지불한 것이었다.

처음 팔렸을 때 이 밭을 산 것이 꽁띠의 왕자라는 사실은 철저하게 은폐되었다. 모든 서류에는 그의 부하인 장 프랑수아(Jean François Joly de Fleury)의 서명이 적혀 있었다. 계약서에서 '그를 위해 또는 그의 친구를 위해 선택되었다.' 라는 문구를 볼 수 있다. 장 프랑수아는 모든 거래가 끝나자 소유권을 왕자에게 이전시켰다. 루이 프랑수아는 왕처럼 막강했으며 거만했다. 그는 실질적인 2인자나 다름없었다. 이렇게 해서 로마네 밭은 '아주 고귀하며, 아주 강력한 왕족 혈통의 왕자, 꽁띠의 왕자 루이 프랑수아 드 부르봉 왕자 전하(Très Haut et Très Puissant Prince Monseigneur Louis François de Bourbon de Conti Prince du Sang)' 에게 돌아가게 된 것이다.

베르사유에 있는 국립 박물관에는 당시의 상황을 알

수 있는 그림이 한 점 걸려 있다. 미셸 바르뗄르미 올리비에(Michel Barthélemy Ollivier)가 그린 〈작은 연회(Petit souper)〉라는 그림이다. 매주 월요일 밤이면 성당 기사단 궁전에는 왕자와 친한 인물들이 방문했다. 150명가량 초청되는 이 만찬에서 로마네 와인이 제공되었다. 왕자는 정부의 곁에 앉아서 왼손에 와인 병을 들고 있다. 과연 몇 년 산일까. 로마네 와인은 일반인의 눈

미셸 바르뗄르미 올리비에가 그린 〈작은 연회〉.

에는 띄지 않았다. 생산된 와인 전부를 왕자가 개인적으로 보유해버린 탓이었다. 오로지 자신과 친한 친구들을 위한 파티에만 내놓았다. 사람들은 이 명 와인을 찾았지만 그의 마음을 사서 로마네를 마시려면 모든 자존심을 버려야 할 정도였다고 한다. 예나 지금이나 로마네 꽁띠는 몹시 귀한 술인 것이다.

1776년 8월, 루이 프랑수아 드 부르봉은 쉰아홉 살의 나이로 사망한다. 그의 재산을 물려받은 사람은 마흔한 살의 아들 루이 프랑수아 조셉 드 부르봉(Louis François Joseph de Bourbon)이었다. 6대 꽁띠의 왕자였다. 아들은 아버지에 비하면 미약한 존재였다. 재산도 많았지만 부채도 많았다. 집안이 소유하고 있던 많은 영지와 성, 빌라들이 팔려나갔다. 하지만 로마네 밭은 내놓지 않았다. 살 때는 비싼 값을 치르고 샀지만 그런 가격에 포도밭 하나를 매입할 사람은 존재하지 않았던 것이다. 대혁명이 일어나자 혁명군의 손을 피해 꽁띠의 왕자는 도피했다가 빠리로 돌아온다. 왕당파였던 그는 국민의회에 의해 체포되면서 전 재산을 몰수당한다. 로마네 포도밭도 같은 운명을 겪는다. 결국 몰락한 꽁띠의 왕자는 부르고뉴의 포도밭과는 거리가 먼 바르셀로나에서 생을 마감하게 된다. 사람은 갔지만 그 이름은 남아 있다. 원래 로마네라고 불리던 밭에 그의 영지 이름을 붙여 로마네 꽁띠라고 부르게 되었기 때문이다. 재미있는 사실은 부르봉 집안에서 로마네 밭을 소유했던 기간은 30년 남짓에 불과했다는 것이다.

DRC를 . 만든 . 사람들

대혁명 때 정부 소유가 된 로마네 꽁띠는 이후 여러 사람의 손을 거치게 된다. 지금 DRC는 빌렌느(Villaine) 가문에서 소유하고 있다. 1861년 본의 농업위원회에서는 최고의 와인으로 로마네 꽁띠를 꼽았다. 그러나 당시 부르고뉴는 경제적 어려움에 처해 있었다. 와인 산업은 정체되어 있었다. 이 시기에 마지막으로 로마네 꽁띠 밭이 매물로 나온다. 1869년 로마네 꽁띠는 자끄 마리 뒤보 블로셰(Jacques Marie Duvault Blochet)에게 26만 프랑에 팔리게 된다. 꽁띠의 왕자에게 팔렸던 시절에 비하면 헐값이나 다름없었다. 원래 이름은 자끄 마리 뒤보였으나 블로셰 집안의 처녀와 결혼하면서 블로셰라는 성을 같이 쓰게 된 인물이었다. 부르고뉴에서는 이런 결혼 관계가 관행이었고, 그 대가로 장인은 소유하고 있던 밭을 그에게 물려주었다. 자끄 마리는 상뜨네(Santenay) 마을에 기반을 두고 있던 대담한 와인 상인이었다. 경제가 어려웠던 시절에도 그는 공격적인 경영을 했다. 은행에서 돈을 빌려서 좋은 밭들을 과감하게 사들였다. 그가 소유하고 있던 밭은 1.33제곱킬로미터에 달했으며, 대부분 그랑 크뤼와 프르미에 크뤼 들이었다. 그는 상뜨네에 빠스땅(Château de Passetemps)이라는 건물을 짓고 셀라로 개축한다. 저장해둔 와인은 후일 큰 이익으로 돌아왔다. 이렇게 벌어들인 자금으로 일흔아홉의 나이에 로마네 꽁띠라는 부르고뉴 최고의 밭을 구입한 것이었다. 그는 단순한 장사꾼만은 아니었으며 체계적으로 와인을 생산하고 관리하며 책을 저술하는 학자다운 풍모도 지니고 있었다.

1874년에 자끄 마리 뒤보 블로셰가 죽자 두 딸이 포도밭을 상속했다. 친척 관계는 복잡했다. 두 딸이 살아 있는 동안 로마네 꽁띠 지분 절반은 샹봉(Chambon) 집안에 팔렸으며, 나머지 절반은 조카인 빌렌느 집안이 소유하게 된다. 이 두 집안이 관리하면서 현대적인 의미의 로마네 꽁띠, DRC가 탄생하게 되는 것이다. 좋은 밭을 지키는 데는 경제적인 고충이 따랐다. 이익은 적었고, 농장을 유지하는 데 들어가는 자금은 많았다. 빌렌느 집안이 주축이 되어서 친자식을 돌보듯이 밭을 보살폈지만 대공황이 닥쳤을 때는 경제적 여건이 더욱 악화되었다. 가장이었던 에드몽 고댕 드 빌렌느(Edmond Gaudin de Villaine)는 경제적 난관을 이겨내기 위해 포도밭에서 일하면서 은행에도 취업을 해서 부업을 했다. 낮에는 은행 일을 보고 휴일이나 틈이 날 때마다 포도를 살피면서 로마네 꽁띠를 굳건히 지켰던 것이다. 그러면서 모은 돈으로 1933년 경매를 통해 라 따슈 밭을 구입한다. 이렇게 해서 빌렌느 집안은 본 로마네의 집 뒤에 위치한 두 개의 모노뽈 밭인 로마네 꽁띠와 라 따슈를 소유하게 된 것이다. DRC가 처음으로 이익을 낸 것은 1959년이었다. 이전까지 DRC는 적자에 허덕이고 있었다. 도멘이 이익을 낼 때까지 빌렌느 집안은 오로지 최고의 와인을 만든다는 자부심 하나로 모든 것을 이겨나갔던 것이다.

빌렌느 집안보다 샹봉 집안이 경제적으로는 더 어려운 편이었다. 두 차례에 걸친 세계대전도 막대한 피해를 입혔다. 독일군은 포도밭을 황폐화시켰다. 샹봉 집안은 자기 지분을 팔기로 결정하고 당시 부르고뉴에서 가장 큰 와인 도매상을 운영하던 메종 조셉 드루엥(Maison Joseph Drouhin)을 찾아간다. 조셉 드루엥은 로마네 꽁띠를 가장 많이 유통하는 메종이기도 했다. 회사를 이끌던 모리스 드루앵은 제2차 세계대전 중에 독일군에게 스파이 혐의를 받고 감옥에 갇혀 있었다. 경제적인 여유도 없었다. 그는 로마네 꽁띠가 탐났지만 은행에서 대출을 받으면서까지 사려고 들지는 않았다. 불행히도 드루앵 집안과 로마네 꽁띠는 인연이 닿지 않았던 것이다. 만약 드루앵 집안에서 사들였다면 지금의 로마네 꽁띠는 어떤 스타일을 지니게 되었을까.

로마네 꽁띠의 절반을 사들인 사람은 옥세 뒤레스(Auxey Duresses)에서 와인 상을 하던 앙리 르루아(Henri Leroy)였다. 현재도 르루아는 부르고뉴를 대표하는 가장 명망 높은 포도원 중 하나다. 40대 초반의 앙리 르루아는 이윤이 많이 남는 주정 강화 와인을 판매하면서 사업을 성공적으로 이끌고 있었다. 그는 샹봉이 갖고 있던 50퍼센트의 지분을 인수하면서 빌렌느 집안의 사업 동반자가 되었다. 그는 무척이나 정력적인 인물이었다. 힘이 넘쳤고 사업에 대한 감각도 좋았다. 에드몽 고댕이 죽자 지분을 물려받은 사람은 아들 앙리 드 빌렌느(Henri de Villaine)였다. 두 사람은 합심해서 DRC를 키워 나갔고 결국 이윤을 내게 되었다. 그들은 DRC의 유일한 화이트 와인 몽라셰를 구입했으며, 로마네 생 비방 밭도 확장했다. DRC의 황금시대를 이끈 '두 앙리'의

시대였다. 앙리 르루아는
다정다감한 사람이었다.
많은 사람들이 그를 '아빠
르루아(Le pere Leroy)' 라는
애정 넘치는 표현으로 불
렀다. 1980년에 그가 죽자
그의 지분은 두 딸 뽈린느
로끄 르루아(Pauline Roch
Leroy)와 마르셀 비즈 르루
아(Marcelle Bize Leroy)가
물려받게 된다.

로마네 꽁띠의 절반을 사들인 와인 상
앙리 르루아.

이렇게 해서 DRC와 관련된 세 개의 이름 빌렌느와
르루아, 로끄가 남게 된다. 마르셀 비즈 르루아는 모두
가 랄루라는 애칭으로 부른다. 그녀는 가업을 이어서
옥세 뒤레스에 위치한 메종 르루아를 이끌고 있는 부르
고뉴의 여걸 중 한 명이다. 소르본, 본(Bonn), 마드리드
대학에서 수학한 그녀는 1974년부터 DRC의 공동 운영
자가 된다. 앙리 드 빌렌느의 장남인 오베르 드 빌렌느
(Aubert de Villaine)도 미국에서 귀국한 후 아버지의 뒤를
잇는다. 1974년, DRC는 오베르와 랄루라는 두 명의 운
영자가 이끄는 체제로 바뀐 것이다. 하지만 와인에 대

한 두 사람의 생각은 달랐다. 1992년 랄루가 DRC 운영에서 완전히 손을 떼자 DRC는 잠시 흔들리게 된다. 랄루의 언니인 뽈린느 로끄 르루아의 장남 샤를르 로끄(Charles Roch)가 잠시 운영을 맡았으나 자동차 사고로 죽자 차남인 앙리 프레데릭 로끄(Henri Frédéric Roch)가 그 뒤를 이어 오늘에 이르고 있다. 조카가 르루아 집안의 입장을 대변하고 있는 것이다. 1870년대 이후 DRC는 한 사람의 소유가 아니었다. 부르고뉴의 다른 작은 포도원들도 이처럼 복잡한 관계로 얽혀 있는 경우가 많다. 와인 하나를 제대로 알기 위해 여러 가족의 역사까

로마네 꽁띠와 라 따슈를 버티컬 테이스팅하기 위해 늘어놓은 모습.

지 살펴보아야 하는 것이 부르고뉴 와인이다. 오랫동안 DRC 와인 라벨은 똑같은 디자인을 유지해왔다. 그러나 오른쪽 하단에 적힌 서명들은 바뀌어왔다. 때로는 빌렌느 집안 사람들만의 서명이 들어간 적도 있고, 앙리 르루아에서 시작해서 랄루 르루아, 앙리 프레데릭 로끄에 이르기까지 공동 서명이 들어간 경우도 있다. 이 이름들이 바로 DRC 와인을 만들어 온 것이다.

DRC에서 소유하고 있는 밭 중에는 로마네 꽁띠와 라 따슈가 모노뽈이다. 본 로마네의 가장 핵심적인 밭들을 DRC에서 소유하고 있는 것이다. 우리나라에는 몇 병 들어오지도 않는다. 전체 로마네 꽁띠 생산량의 0.75퍼센트가 우리나라에 할당된 양이기 때문이다. 풍작인 해에는 36병, 그렇지 않은 해에는 24병이 안 될 때도 있다. 라 따슈도 불과 100병 남짓 국내에서 소비될 뿐이다. 로마네 꽁띠는 국내에 출시되는 가격이 400만 원이 넘으며 라 따슈도 100만 원가량 나간다. 와인에 관심이 없는 사람들이 술 한 병 값으로 생각하기에는 터무니없이 비싼 값이다. 그래서 DRC 와인을 모은다는 것은 선택받은 소수만이 할 수 있는 일이다.

와이너리에서 _ 최고라는 자존심이 만들어내는 최고의 맛

DRC에 찾아간 날은 흐린 날씨가 지속되던 어느 가을날이었다. 포도밭들이 수확을 다 마치고 나니 날이 추워져서 두꺼운 외투를 걸쳐야 할 정도였다. 뉘 생 조르주 역에서 내린 사람은 나 혼자였다. 대도시 역은 사람들로 북적거리지만 이런 시골 역에는 통학생들이 아니면 기차를 타고 내리는 사람이 많지 않다.

본 로마네까지는 차로 6, 7분 거리였다. 혼자 방문하는 것은 아니었고 다른 나라에서 오는 방문객까지 여러 손님을 한꺼번에 받고 있었다. 아직 사람들은 도착하지 않은 모양이었다. 약속 시간까지는 30분가량 남아 있어서 포도밭이나 한번 둘러보는 게 어떻겠냐는 직원의 권유를 따라 다시 밖으로 나왔다. 정문에서 왼쪽 골목으로 빠져나가니 로마네 생 비방이라는 글씨가 돌담에 새겨져 있었다. 셀라에서 겨우 50미터 거리였다. 거기서 왼쪽으로 시선을 돌리니 멀리 십자가가 보였다. 로마네 꽁띠와 리쉬부르 밭의 경계를 표시하는 돌로 된 십자가였다. 본 로마네 그랑 크뤼 밭들의 한가운데를 표시하는 것처럼 우뚝 서 있었다. 십자가 뒤쪽으로 보이는 하늘은 푸르렀다. 삼거리까지 간 뒤 로마네 꽁띠 담을 따라서 걸었다. 부르고뉴의 포도밭들은 모두 걸어서 둘러볼 수 있을 정도의 규모다. 수확은

로마네 꽁띠와 리쉬부르 사이의 십자가 표식.

끝났지만 아직도 농부들은 잎사귀가 시들어가는 밭에서 무언가 남은 일들을 하고 있었다. 나무에 몇 송이 남아 있는 포도는 무척이나 달다. 삐노 누아 포도알은 다른 포도에 비하면 작은 편이다. 어떻게 이런 포도가 묵직하고 화려한 맛으로 변하는 것일까. 본 로마네 뒤쪽 언덕에 산재해 있는 포도밭들을 한 바퀴 도는 것은 지상에서 가장 비싼 와인 산지를 일주하는 셈이다. 포도 잎 사이로 바람이 불고, 농부들은 서서히 가을걷이를 마무리하고 있다. 와인을 만들 포도는 다 따서 양조장 안으로 옮긴 후였고, 느지막이 익은 작은 포도송이

들만 처량하게 매달려 있었다. 나무에 달라붙어 남아 있는 포도알들은 짙은 단맛을 내면서 서서히 말라붙어 간다. 로마네 꽁띠와 라 로마네 사이에는 담 대신 작은 잔디밭이 경계를 이루고 있다. 도대체 이 비싼 땅덩어리에 포도를 심지 않고 잔디를 심어둔 이유는 무엇일까 하는 궁금증이 든다.

다시 DRC로 돌아왔다. 오늘 테이스팅에 참여하는 사람은 총 일곱 명이다. 그중에는 미국 최고의 레스토랑으로 꼽히는 시카고의 찰리 트로터에서 온 소믈리에도 있었다. 셰는 사무실과 떨어져 있었다. 셸라 마스터는 설명을 시작하기 전에 자기는 영어를 못하니 불어를 모르는 사람에게는 알아서들 통역을 해주라고 냉정하게 이야기한다. 언제나 닫혀 있는 문처럼 DRC는 폐쇄적이다. 일이 있을 때만 문을 열고 개인적인 방문은 절대 받지 않는다. 전 세계에 흩어져 있는 각국의 수입사를 통해 섭외한 와인 전문가들만 손님으로 받아들인다. 그나마도 개인 방문은 거의 없고 여러 명이 DRC에서 지정하는 날짜에 가야 한다. 비 오는 날 DRC를 찾아가서 한번 볼 수 없겠느냐고 애원하다가 그냥 돌아왔다는 일화를 들은 적이 있다. 한두 명이 방문하거나 테이스팅을 한다는 건 극히 이례적인 일이다. 확고한 명성과 오랜 전통을 지닌 도 멘답게 굳이 홍보해야 할 필요를 느끼지 못 하는 것이다. 다른 포 도원들은 국제적인 경 향을 띠고 영어로 설 명을 하는 경우도 많 지만, DRC는 전 세계 에 시장을 갖고 있음

2002년 산 로마네 꽁띠가 담겨져 있는 오크통.

에도 불구하고 불어로만 설명한다. 셀라 마스터를 따라 서 인근에 있는 셰에 들어가서 보니 생산량이 적다는 게 실감이 날 정도로 오크통 숫자가 적었다. 로마네 꽁 띠 같은 경우는 오크통이 겨우 19개에 불과했다. 하지 만 그 안에서 뿜어져 나오는 와인의 숨결은 화사한 향 기라는 표현으로는 설명이 모자랄 정도였다. 숙성되는 공간에서도 꿈결 같은 향기가 흘러나와 공기의 색깔마 저 바꾸는 듯했다.

2002년 산을 오크통에서 숙성시키고 있는 중이었다. 눈을 감으면 공기가 흘러다니는 곳이 셰인지 꽃밭인지 분간이 안 갈 정도였다. 좋은 와인이 만들어내는 아름 다운 향기들. 에세조부터 로마네 꽁띠까지, DRC의 모

든 레드 와인을 차례대로 테이스팅했다. 셀라 마스터는 와인을 덜어낸 오크통에는 하얀 자갈을 올려놓는 것으로 표시를 한다. 모든 게 느릿느릿 진행되고 있었다. 그다지 넓지 않은 공간이지만 실내 기온은 차이가 났다. 안으로 들어갈수록 공기는 약간씩 더 차가워졌고, 습도가 올라가는지 더 눅눅해졌다. 로마네 꽁띠를 담은 오크통이 있는 벽에는 하얀 곰팡이가 피어 있었다. 로마네 꽁띠를 한 모금씩 따라주자 사람들의 얼굴에는 밝은 미소가 떠오른다. 로마네 꽁띠의 위력이란 게 이런 것일까. 다른 와인들은 마시는 시늉만 하다가 남기기도 하더니 로마네 꽁띠만큼은 단 한 방울도 남기지 않는다. 셰에서의 테이스팅은 약 한 시간 정도에 걸쳐 진행되었다.

본관 건물로 돌아오자 셀라 마스터가 잠시 기다리라고 하더니 묵직한 열쇠를 꺼내서 옆 건물에 딸린 문을 열었다. 사람들의 눈동자가 다시 빛났다. 어둡고 깊은 계단을 따라 내려갔다. 지진이 일어나도 흔들림이 없을 것 같은 돌 계단을 내려가 문을 여니 DRC 와인들이 쌓여 있었다. 비록 2000년 산이긴 해도 DRC 와인

DRC 지하 까브에 보관되어 있는 1940년대 리쉬부르 와인들. →

Richebourg
1946   7 mgs
1946 23 blles
1945 18 blles

이 이렇게 쌓여 있는 광경을 본다는 것은 아마도 이 장소가 아니라면 불가능할 것이다. 지하는 끝이 어디인지 모를 정도로 깊숙했다. 가장 안쪽에는 두꺼운 나무 탁자가 하나 놓여 있었다. 셀라 마스터는 일행들을 남겨 놓고 어디론가 사라져버렸다. 그 옆에 철문으로 굳게 잠긴 작은 셀라가 하나 더 있었다. 40년대 DRC 와인들이었다. 그 골동품들을 보는 사이 셀라 마스터가 와인 두 병을 들고 돌아왔다. 먼저 맛보기로 마신 것은 2000년 산 로마네 생 비방이었다. 문제는 다음이었다. 먼지가 잔뜩 쌓인 병에 든 와인이 무엇인지 맞춰보라는 것이었다. 사람들은 혀에 의존해서 무슨 와인일까 추측했다. 모두의 의견은 라 따슈 쪽으로 모아졌지만 와인은 1990년 산 로마네 생 비방이었다. 13년이라는 시간이 지나자 향기가 더욱 풍부해지고 맛도 깊어진 것이었다. 그래서 좋은 부르고뉴 와인은 일찍 마시거나 아니면 10년 이상 숙성시켜서 마시라는 말을 하는 것이다. 셀라 마스터는 테이스팅 노트를 기록하더니 다시 어둠 속으로 사라져버렸다. 사람들은 내심 기대를 품고 그가 돌아오기만을 기다렸다.

그의 손에는 다시 와인 두 병이 들려져 있었다. 화이트 한 병, 레드 한 병이었다. 사람들의 입에서는 작은

1966년 산 로마네 꽁띠. 앙리 드 발렌느의 단독 서명이 적혀 있다.

탄성이 흘러나왔다. 화이트는 두말할 나위 없이 부르고뉴에서 가장 비싼 화이트 와인 중 하나인 몽라셰다. 우아하면서 벌꿀 같은 감미가 부드럽게 와 닿는 1997년 산 몽라셰였다. 마지막 와인이 남아 있었다. 글라스에 따르자 오래 묵은 냄새가 났다. 맛을 보니 전반적으로 무난하지만 뒷심이 달리는 느낌이 들었다. 이번에도 의견은 1970년대의 라 따슈로 모아졌다. 그러나 이때 셀라 마스터가 던진 말 한마디는 막강한 권위를 지닌 것 같았다. 그의 입에서 1975년 산 로마네 꽁띠라는 단어가 튀어나오자 모든 이들이 마법에 걸린 듯 그것을 좀더 마시느라 분주해졌다. 최고급 와인을 앞에 둔 인간의 욕망이란 어쩔 수 없는 것인가 보다. 다른 와인이라면 꿈쩍도 안 할 사람들조차 로마네 꽁띠 앞에서는 흔들리는 걸 보면 말이다.

　나 역시 몇 번인가 로마네 꽁띠를 마셨지만 이해하기 어려운 와인이라는 느낌을 지울 수 없다. 누구나 비싸고 좋은 와인이라는 사실은 인정하지만 누구나 그 진가를 파악할 수 있는 것은 아니다. 오히려 맛에 대해 표현하려 들면 로마네 꽁띠는 맛이 반감되는 느낌이 있다. 일반적으로 로마네 꽁띠의 주조를 이루는 특징은 강렬한 장미향이다. 빨간 장미가 내는 고혹적인 향기, 그 주변으로 제비꽃처럼 다른 꽃향기들이 이어진다. 무두질 잘 된 부드러운 가죽 냄새가 스치고, 대지의 냄새도 느껴진다. 담배와 커피 향기도 살짝 묻어난다. 전 세계에서 가장 비싼 레드와 화이트 와인 두 병이 열렸고, 우리는 처음 만난 사람들이었지만 와인 한 잔으로 모두가 동시에 감동을 느끼고 있었다. 와인 한 잔으로 공감대를 형성할 수 있다는 것은 얼마나 신비로운 일인가. 사람들의 숨소리에서는 와인의 출렁거림이 느껴지고, 숨을 쉴 때마다 짙은 장미꽃 내음이 스며나온다. 이것이 바로 알이 자그마한 삐노 누아 포도가 펼치는 거대한 세계인 것이다.

III. *Champagne* 샹파뉴

5.
블렌딩의 마술,
모엣 샹동의 동 뻬리뇽

샴 페 인 의 . 아 버 지 , 동 . 뻬 리 뇽

　우리나라는 전 세계 어느 국가와 비교해 보아도 화이
트 와인에 비해 레드 와인 소비량이 극단적으로 많은
편이다. 화이트 와인 소비는 적지만 유독 신장세가 두
드러지는 게 샴페인이다. 무더운 여름날 시원하게 마시
는 샴페인 한 잔이 어느새 유행으로 자리를 잡아가고
있다는 생각이 든다. 그렇다면 우리나라에서 가장 유명
한 샴페인은 무엇일까. 와인에 대해 잘 모르는 사람도
샴페인하면 동 뻬리뇽(Dom Pérignon)이라는 이름을 쉽
게 떠올릴 것이다. 유명세를 타는 만큼 특급 호텔이나
레스토랑에서 벌이는 행사도 많고, 심지어는 비싼 가격
에도 불구하고 대형 할인점의 진열대도 장식하고 있다.
동 뻬리뇽은 고급 샴페인의 대명사로 완전히 자리매김

한 듯한 느낌이 든다. 어
느새 우리에게 친숙해진
동 뻬리뇽은 어느 수도승
의 이름이다. 어쩌다 일
개 수도사가 이렇게 고급
샴페인을 상징하게 된 것
일까.

동(Dom)은 베네딕트
교단의 수도사를 존대하
며 부를 때 붙이는 호칭
이다. 중세 전반에 걸쳐
수도사들이 와인 양조 발

모엣 샹동 본사 정문에 있는 동 뻬리뇽 동상.

전에 끼친 영향이 지대하다 보니 동 뻬리뇽이나 동 루
이나(Ruinart) 같은 이름이 유명 샴페인 이름으로 쓰이
고 있는 것이다. 동 뻬리뇽은 1639년에 태어나서 1715
년에 죽었다. 그가 살았던 시대는 태양왕 루이 14세
(1638~1715)의 치세였다. 공교롭게도 그는 루이 14세
보다 한 해 늦게 태어나 같은 해에 죽었다. 루이 14세
는 왕권을 강화하면서 절대 왕정을 구축했다. 부르봉
왕조에서도 전설적인 인물이었던 그는 권력을 과시하
면서 베르사유 궁전을 완공하기도 했다. 루이 14세가

살았던 시절은 프랑스 왕정의 절정기였고, 그가 죽은 이후 왕권은 서서히 쇠락해간다. 동 뻬리뇽의 삶은 태양왕의 일생과 대비된다. 동 뻬리뇽이 성직자로 봉사했던 오비예[01]의 수도원에는 두 사람의 생애를 연도별로 기록해 놓은 연보가 있다. 루이 14세가 태양왕이라고 불리듯이 동 뻬리뇽도 샴페인의 아버지라는 별명으로 불린다. 정사가 있지만 이야깃거리로 야사가 존재하듯이 루이 14세나 동 뻬리뇽의 생애는 과장된 측면이 있다. 그가 샴페인을 만들기 전에도 이미 스파클링 와인이 존재했다는 것이 일반적인 정설이다. 그러나 샴페인을 즐기면서 군이 그 사실만을 깊이 파고들 이유는 없을 것 같다. 그가 샴페인을 만들지 않았다 하더라도 샴페인의 초기 역사에서 그가 이룬 업적은 지대하기 때문이다. 오히려 동 뻬리뇽이라는 인물을 통해서 샴페인이 더 매력적인 비밀을 지니게 된 것은 아닐까. 그래서 그는 지금도 흔히 샴페인의 아버지 혹은 발명자로 알려져 있다.

동 뻬리뇽은 지방 판사의 아들로 태어나서 열아홉 살의 나이에 베네딕트 교단으로 들어가 수도사의 길을

01__ **오비예(Haut Villers)**는 에뻬르네에서 자동차로 5분 거리에 있는 작은 마을이다. 오(haut)라는 지명에서 고지대에 위치하고 있다는 사실을 알 수 있다.

동 뻬리뇽이 거주했던 오비에 수도원 전경.

걷기 시작했다. 속명은 삐에르 뻬리뇽이었고, 수도원에서 맡고 있던 직책상 동 뻬리뇽으로 불리게 된다. 박물관에 보관되어 있는 서류에서 그가 삐에르 뻬리뇽이라고 서명했던 흔적들을 발견할 수 있다. 그는 스물여덟 살에 오비예의 작은 수도원에서 와인을 관리하면서 셀라 마스터가 된 후 평생 이곳을 벗어나지 않았다. 오비예는 에뻬르네에서 지척에 있는 자그마한 마을이다. 예나 지금이나 그 규모에는 큰 변화가 없다. 그러나 동 뻬리뇽이 이 작은 동네로 오게 된 것이 샴페인의 역사를 바꾸는 계기가 될 줄 누가 알았을까. 불행히도 그는 신체적인 제약을 갖고 있었다. 장님이었던 것이다. 앞을 볼 수 없는 대신 유난히도 후각이 발달했다. 그는 가을이 오면 수확하기 전부터 밭에 나가 포도를 따서 맛을 보았다. 과일 맛을 토대로 앞으로 만들게 될 샴페인 맛을 예측했으며, 샴페인을 만들 때 여러 포도 품종을 블렌딩하는 시도를 처음으로 한 인물이었다. 지금은 샴페인을 만들 때 포도즙을 섞지만 그때는 생각지도 못하던 일이었다. 동 뻬리뇽은 밭에서 익어가는 포도를 맛보면서 서로 다른 포도를 섞었다. 현대에 와서 블렌딩은 맛을 내는 데 효율적인 방법임이 확인되었지만 그런 개념이 존재하지 않던 시절에 동 뻬리뇽은 선구적인 방법을 제시했던 것이다. 이 점이 샴페인 발전에 동 뻬리뇽이 끼친 가장 큰 업적이다.

" 나 는 . 별 을 . 마 시 고 . 있 소 ! "

샹파뉴 지방은 프랑스 와인 생산지 중에서 가장 북쪽에 위치하고 있다. 그래서 다른 지방에 비하면 기후가 상대적으로 쌀쌀한 곳이다. 이처럼 추운 날씨에서는 포도의 당도가 모자라는 경우가 많고 산도가 높은 편이다. 포도를 수확했을 때 당도가 너무 낮으면 알코올로 전환시키기 위해서 설탕을 집어넣곤 한다. 이렇게 해서 병에 담아둔 와인은 겨울 동안 발효 과정을 거치게 된다. 봄이 되어 날씨가 따뜻해지면 잠들어 있던 이스트가 깨어나면서 병이 터지는 경우가 생긴다. 게다가 과거에는 유리병이 단단하지도 않았다. 마개만 밀어내는 경우도 있지만, 강한 압력으로 병을 쌓아둔 셀라에서 종종 연쇄 폭발이 일어나기도 했다. 마치 폭탄을 맞은 것처럼 대형 사고가 날 때도 있었던 것이다. 그 때문에 샴페인은 사람들에게 두려움을 불러일으켰으며 악마의 와인이라는 별명으로 불리기도 했다. 지금은 누구나 샴페인의 기포가 아름답다고 여기지만 자

오비예 수도원 내부에 있는 17세기의 포도 압착기.

연 발생한 압력으로 생긴 위험을 막는 방법을 알지 못
하던 시절에 벌어지던 일이었다. 동 뻬리뇽은 쉴 틈 없
이 평생을 일한 근면한 수사였다. 그 노력의 결과 샴페
인을 개량하는 데 성공을 거두었다. 지속적인 실험을
통해서 와인을 병에 넣은 상태에서 재발효하는 것을
피했고, 오늘날 철끈으로 묶는 것처럼 병마개를 끈으
로 묶어서 고정시켰다. 블렌딩 기법과 더불어 그가 한
가장 위대한 일은 솟아오르는 기포를 유리로 된 병에
담고 코르크로 밀봉해서 가둔 것이었다. 동 뻬리뇽의

시대를 거치면서 샴페인 생산 공정은 효율적인 관리가 가능해졌고, 그래서 그는 흔히 샴페인의 아버지라고 불리게 된 것이다. 그가 살았던 오비예의 수도원은 당시의 생활상을 엿볼 수 있는 사설 박물관이 되어 있다.

에뻬르네 중심가는 샴페인 대로라고 불린다. 그 거리로 접어들자마자 19세기에 지어진 고풍스러운 거대한 저택이 눈에 들어온다. 이 건물이 모엣 샹동 본사다. 우리나라 관광객이 찾아가면 한글로 된 책자를 제공할 정도로 모엣 샹동은 국제적이다. 정원에는 동 뻬리뇽을 기리는 동상이 서 있으며, 모엣 샹동에서는 그의 이름을 붙인 샴페인을 만들어서 업적을 널리 알리고 있다. 동 뻬리뇽이 처음으로 샴페인을 맛보면서 남겼다는 말은 지금도 유명하다. "나는 별을 마시고 있소!"

대혁명이 지난 후 모엣 샹동에서는 오비예 수도원을 사들여서 박물관으로 개조했다. 사람들의 발길이 뜸한 수도원은 과거의 모습을 고스란히 간직하고 있다. 10년 전 방문했을 때나 지금이나 그 풍경은 한결같다. 수도원 남쪽 마당 아래에는 작은 포도밭이 있다. 필록세라 이후 더는 양조용 포도를 재배하지는 않지만 눈을 감으면 중세 일꾼들의 노랫가락이 들려오는 듯하다. 남쪽 방면을 둘러보면 샹파뉴의 좋은 포도밭 지대들이 한눈에 들어온다. 남동쪽은 랭스와 에뻬르네 사이에 위치한 그랑 크뤼 포도밭으로 '랭스의 산(Montagne de Reims)'이라고 불린다. 이 지역에는 주로 삐노 누아 품종이 심어져 있다. 오른쪽에 보이는 '마른 계곡(Vallée de la Marne)'에는 삐노 뫼니에르를 중심으로 삐노 누아도 꽤 재배되고 있다. 샹파뉴 지방을 관통하는 마른 강은 빠리를 향해 흘러들어가서 세느 강과 만난다. 정면에는 청포도 품종 샤르도네를 재배하는 '하얀 언덕(Côte des Blancs)'이 있다. 토양과 기후에서 미세하게 차이가 나는 이 세 군데 지역이 최상급 포도들이 재배되는 그랑 크뤼 지대들이다. 17세기 당시 오비예 수도원에서만 수확철이 되면 하루에 2000킬로그램이 넘는 포도를 압착했다고 한다. 밤을 새면서 일해도 15명 정도가 투입되어서 고된 노동을 해야만 했다. 당시 수도사들이 사용하던 기구들은 그 자리에 그대로 남아서 당시의 일상을 전해주고 있다. 수도사들과 일꾼들이 노동을 하는 동안 2층 난간에서는 악사들이 흥을 돋우기 위해 노동요를 연주하곤 했다.

중세 기독교 사회에서 가장 중요한 순례지는 예루살렘과 로마, 그리고 산티아고 데 콤포스텔라였다. 기독교 신자들은 평생 동안 성지 방문을 꿈으로 여겼다. 파울로 코엘류의 책에도 종종 등장하는 산티아고 데 콤포스텔라는 스페인 북서부 끝에 위치한 곳이다. 성 야곱의 유해가 묻혀 있다고 알려지면서 가장 중요한 순례지로 꼽히곤 했다. 수도원은 먼 길을 여행하는 순례자들에게 식사와 숙소를 제공할 의무가 있었다. 오비에 수도원에서 박물관으로 개조한 곳은 원래 '프랑스의 부인(Dame de France)'이라고 불리던 건물이다. 주로 성지 순례 중에 있는 여인들이 묵는 숙소로 사용되었기 때문이다. 산티아고 데 콤포스텔라로 여행하거나, 성지에서 돌아오는 이들은 가리비 조개를 옷에 걸곤 했다. 산티아고 데 콤포스텔라[02]는 가리비가 많이 나는 지역이었고, 가리비는 그곳에 다녀왔다는 의미를 담고 있었던 것이다. 박물관으로 들어가면 첫눈에 보이는 것도 가리비들이다. 수도사들은 와인을 만드는 것 외에도 항상 어두운 불빛 아래에서 작업을 했다. 가장 중요한 일은 양피지에 필사본을 만드는 것이었다. 중세의 수도원은 이렇게 지식을 보존했다. 동 뻬리뇽이 일하던 모습을 유물들을 통해서 추론할 수 있다. 그의 친

02__ **산티아고 데 콤포스텔라**(Santiago de Compostela)는 스페인 갈리시아 주의 주도이다. '별의 광장의 성 야곱'이라는 뜻을 지니고 있다. 야곱의 유해가 묻혀 있다고 알려지면서 순례자들의 발길을 끌었다. 야곱은 불어로는 생 자끄(Saint Jacques)인데 가리비 조개도 프랑스에서는 생 자끄라고 부른다.

오비예 수도원 입구에 놓여 있는 가리비. 산티아고 데 콤포스텔라로 성지 순례를 다녀왔다는 표식이다.

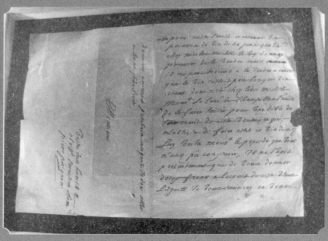

동 뻬리뇽의 서명이 들어 있는 편지.

수도사들이 샴페인을 만드는 과정이 밀랍인형으로 재현되어 있다.

과거에는 와인을 땅에 박아 보관했다.

필 문서들과 서명이 들어 있는 편지가 고스란히 남아 있기 때문이다. 침실과 침대는 좁고 낡은 제복들이 걸려 있다. 수확한 포도를 담던 짚 바구니, 포도를 따던 전지(剪枝) 칼, 각종 실험용 플라스크와 양조 과정을 재현하는 밀랍인형이 있다. 박물관을 둘러보고 있으면 수도원의 일상이 생생하게 펼쳐진다.

샹파뉴(Champagne)와 샴페인은 같은 말이다. 단지 불어와 영어식 발음의 차이일 뿐이다. 샴페인처럼 기포가 나오는 와인을 통칭해서 발포성 와인 혹은 스파클링(Sparkling) 와인이라고 부른다. 이탈리아의 발포성 와인으로는 프란치아코르타(Franciacorta)와 스푸만테(Spumante) 등이 있고, 스페인에서는 까바(Cava), 독일에서는 젝트(Sekt)라고 부른다. 우리나라에 '오스카 샴페인'이라는 복숭아향이 나는 발포성 와인이 있었던 것처럼 예전에는 다른 나라나 다른 지방에서도 스파클링 와인을 만들어서 샴페인이라는 상표를 붙이기도 했다. 누구나 앞다투어 샴페인이라는 이름을 쓸 만큼 샴페인은 고급스러운 음료로서의 이미지를 구축해왔기 때문이다. 그러나 지금은 샹파뉴 이외의 다른 지역에서 만든 스파클링 와인에는 샴페인이라는 상표를 쓰지 못하도록 법으로 규제하고 있다. 일찍 산업화의 길을 걸은 샹파뉴 지방에서는 샴페인이라는 자신들의 이름을 지키기 위해 1882년 생산자들이 모여 협회를 결성했다. 그리고 즉각적으로 샴페인이라는 이름을 도용하지 못하도록 외국 대사관들의 협조를 받아 법적인 조치를 취하기 시작했다. 샴페인이라는 이름이 시장에서 남발되어 그 의미가 싸구려로 전락해버렸다면 지금과 같은 고급스러운 이미지를 유지하기는 어려웠을 것이다.

상 류 층 에 서 . 대 중 들 에 게 로

샴페인은 매력적인 와인이다. 바닥에서부터 솟아오르는 기포 때문에 그 느낌은 더해진다. 황금빛 샴페인 사이로 올라오는 자그마한 기포들의 움직임은 그 자체로 즐거움을 준다. 샴페인은 하나의 유행이기도 하다. 초기에는 상류층들의 전유물이었다가 차츰 대중들에게로 널리 퍼져나갔다. 특히 왕실에서는 샴페인을 애호했다. 〈로마의 휴일〉의 한 장면을 떠올려보면 그 느낌은 확실해질 것이다. 오드리 헵번이 분한 앤 공주는 유럽 순방 중에 로마를 방문한다. 수면제에 취해 잠이 든 앤 공주가 깨어난 곳은 미국인 신문기자 조의 하숙집이었다. 조는 전날 밤 자신의 방에서 잔 여자가 공주라는 사실을 알고 특종을 잡기 위해 하루 동안 로마 관광에 나선다. 한낮의 어느 카페에 앉았을 때 앤 공주가 무심결에 주문한 음료는 한 잔의 샴페인이었다. 왕실이라면 오후에 샴페인을 한 잔 마시는 것이 일상적인 풍경이었을 것이다. 그러나 전후 가난한 이탈리아의 평범한 카페에 값비싼 샴페인이 있을 리는 만무했다. 하는 수 없이 공주가 선택한 것은 저렴한 스푸만테였다.

고급 음료로서 샴페인에 대한 신화는 1745년 프랑스 궁정으로 거슬러올라간다. 루이 15세의 치세였고, 베르사유 궁정에서는 귀족부인들이 화려함을 뽐내고 있었다. 왕의 정부는 화려한 양식의 로코코 예술을 후원했으며 당대의 살롱 문화를 이끌었던 뽕빠두르(Pompadour) 후작부인이었다. 그녀 주변에는 언제나 예술가들이 들끓었고, 다양한 문화 행사들이 펼쳐지곤 했다. 뽕빠두르 부인은 다른 어느 와인보다도 샴페인을 사랑했다. 바닥에서 솟아오르는 황금빛 기포는 우아함의 상징이기도 했다. 뽕빠두르 부인은 "여자가 마셔도 추해지지 않는 유일한 술은 샴페인이다."라는 말을 남김으로써 와인 역사에 영원히 기록되었다. 이렇게 샴페인은 유럽 사교 문화의 중심인 베르사유에 진입했다.

에뻬르네로 접어들다 보면 도시의 이미지를 설명하

는 문구를 볼 수가 있다. '100킬로미터가 넘는 지하 셀라의 도시'라는 표현은 에뻬르네와 완벽하게 어울리는 말이다. 모엣 샹동 본사 지하에 펼쳐진 미로 같은 지하 셀라는 총 연장 28킬로미터에 달한다. 19세기 초까지만 해도 셀라 길이는 2킬로미터밖에 되지 않았으나 이후 2세기에 걸쳐 샹파뉴 최대의 셀라를 완성시킨 것이다. 자세한 안내를 받아도 돌아다닐 수 있는 공간은 극히 미미하다. 워낙 복잡한 탓에 처음 들어간 사람은 길을 찾을 수도 없고, 빠른 속도로 달리는 운반 차량들을 피하기에도 바쁘다. 이 오래된 지하 셀라를 찾아오는 관광객만 해마다 10만 명에 달한다. 현재 루이 뷔똥을 중심으로 합병된 모엣 샹동은 연간 3천만 병의 샴페인을 생산하는 세계 최대의 샴페인 하우스다. 이 회사의 약자인 LVMH는 루이 뷔똥 모엣 헤네시의 이니셜이다. 가방을 비롯한 최고급 브랜드 루이 뷔똥, 거대한 샴페인 하우스 모엣 샹동, 최고급 꼬냑의 대명사 헤네시가 합쳐져서 LVMH라는 이름으로 탄생한 것이다. 프랑스를 대표하는 기업으로서 LVMH는 문화 행사에 협찬을 많이 하는 편이다. 2006년 1월에 막을 내린 빠리 그랑 빨레(Grand Palais) 재개관 전시회 '빈(Vienne) 1900'도 LVMH에서 후원했다. 구스타브 클림트, 에곤

위. 모엣 샹동의 셀라에서 숙성되고 있는 막대한 양의 샴페인.
아래. 샴페인의 침전물을 아래로 가게 하기 위해 병을 기울여 놓았다. 나무
로 만든 이 틀을 삐삐트르라고 부른다.

쉴레, 오스카 코코슈카의 작품을 한데 모아 화려했던
오스트리아 미술 세계를 보여준 대형 전시였다.

샴페인 하우스로서 모엣 샹동의 역사는 1717년 사업
가인 끌로드 모엣(Calude Moët, 1863~1760)이라는 인물

이 에뻬르네에 터를 잡으면서 시작된다. 와인 판매를 직업으로 삼았던 그는 사업이 성공적으로 돌아가자 1743년 회사를 설립한다. 당시 상호는 라 메종 모엣(La Maison Moët)이었다. 이때 처음으로 빠리에 샴페인을 선적해서 보냈다는 계산서가 남아 있다. 모엣은 세계 각지로 샴페인을 수출한 최초의 샴페인 하우스 중 하나다. 1750년에 영국을 필두로 독일과 스페

모엣 샹동 셀라 안에 있는 중세의 조각상.

인, 러시아는 물론 1790년에는 대서양 너머 미국 대륙으로 진출하기에 이른다.

모엣의 명성이 확고부동해진 것은 프랑스 사회가 혼란하던 때와 맞물려 있다. 루이 16세 치하에서 대혁명을 거쳐 나폴레옹이 정권을 잡던 시기였기 때문이다. 기회는 위기와 동시에 찾아오는 법이다. 창업주의 손

NAPOLÉON Iᵉ VISITANT LES CAVES DE MOËT & CHANDON, LE 26 JUILLET 1807

나폴레옹의 방문을 묘사한 그림.

자인 장 레미 모엣(Jean Rémy Moët, 1758~1814)은 빠리에 드나들면서 왕비 마리 앙뚜아네뜨를 비롯한 귀부인들에게 샴페인을 선물로 바치곤 했다. 우아한 샴페인을 들고 찾아온 그는 언제나 반가운 손님이었다. 이런 인연으로 고관대작들과 원만한 관계를 유지했으며, 나폴레옹보다 나이는 많았지만 그와는 군사학교 시절부터 알고 지낸 사이였다. 대혁명이 일어나자 시골에는 버려진 포도밭들이 많이 나왔다. 야심이 컸던 장 레미 모엣은 본격적으로 밭들을 사들였다. 세상이 바뀌어도 권력자들과의 관계는 끊어지지 않았다. 장 레미 모엣은 권력을 잡은 나폴레옹에게 샴페인을 보냈고, 이전의 궁정 여인들과 마찬가지로 나폴레옹의 어머니와 황후 조세핀은 샴페인에 빠져들었다. 궁중 여인들은 샴페인의 지지자들이었다. 나폴레옹이 생전에 네 차례에 걸쳐 메종 모엣을 방문한 것도 이러한 주변 분위기와 무관하지 않았을 것이다. 처음 방문한 날짜는 1807년 7월 26일이었다. 그 일을 기념하면서 '틸싯(Tilsit) 조약에 서명한 후 프랑스로 귀환하던 위대한 황제, 장 레미 모엣의 셀라에 방문하다.'라는 문구가 셀라 벽에 새겨져 있다. 당시 장 레미는 20년 정도에 걸쳐 에뻬르네의 시장 직을 수행하기도 했다. 장 레미는 나폴레옹을 환대했고, 깊고 어두운 지하 셀라로 안내했다. 그들이 함께 걸었던 지하 공간은 지금은 '임페리얼 갤러리'라는 이름으로 불리고 있다. 몇

나폴레옹이 장 레미 모엣에게 선물로 준 포르투갈 산 오크통.

년 뒤 나폴레옹은 포르투갈에서 받은 대형 오크 배럴을 장 레미에게 선물로 하사했고, 임페리얼 갤러리가 끝나는 지점에 옛 영광을 간직한 오크 배럴이 보관되어 있다. 사진이 없던 시절이라 황제가 셀라를 방문하는 광경은

스케치로 그려져 남아 있다.

　나폴레옹과 차르 알렉상드르 1세의 영광스러운 방문과 달리 메종 모엣에는 시련도 있었다. 1814년에 나폴레옹이 러시아 원정에 실패하자 대 프랑스 동맹군은 빠리로 진격한다. 이때 프러시아와 코사크 군대가 샹파뉴 지방에 쳐들어왔다. 에뻬르네를 점령한 그들은 셀라를 약탈해서 샴페인을 가져가버렸다. 그러나 장 레미 모엣은 낙담하지 않았다. 그는 "지금은 나를 파멸시키더라도 미래에는 나에게 행운이 올 것이다. 내 샴페인을 마신 그들은 고국으로 돌아간 뒤 여행자들처럼 내 샴페인 하우스의 이름을 알릴 것이다."라고 선언했다. 새옹지마였다. 샴페인을 맛본 러시아와 독일 방면의 시장은 급속도로 확대되었기 때문이다. 침략군들이 떠난 후, 1816년에 그의 딸 아델라이드는 삐에르 가브리엘 샹동(Pierre Gabriel Chandon)과 결혼했다. 이렇게 두 집안의 성이 합쳐지면서 회사는 모엣 샹동이라는 이름으로 탄생하게 되었다.

　모엣 샹동과 나폴레옹과의 관계는 단순히 샴페인 회사와 권력자의 친분 관계만으로 끝난 것은 아니었다. 황제로 즉위했던 나폴레옹을 의미하는 명칭은 모엣 샹동을 대표하는 샴페인 이름으로 명명된다. 1869년에

나폴레옹 탄생 100주
년을 맞이하면서 모엣
샹동에서는 정식으로
브륏 임페리얼(Brut
Imperial)이라는 이름을
붙인 샴페인을 생산하

모엣 샹동 브륏 임페리얼 라벨.

기 시작한다. 브륏은 드라이한 샴페인을 의미하며, 그
뒤에 황제를 뜻하는 임페리얼이라는 명칭을 붙인 것이
었다. 베토벤은 나폴레옹의 빈 점령을 지켜보면서 대
표작 중 하나인 〈황제〉를 작곡했다. 베토벤의 피아노
협주곡처럼 모엣 샹동 샴페인도 그때부터 '황제'라는
이름을 갖게 된 것이다. 나폴레옹의 웅대한 야망은 세
인트헬레나 섬에서 종말을 고하고 말았지만 브륏 임페
리얼은 전 세계에서 가장 많이 팔리는 샴페인으로 자
리 잡았다. 1969년에는 나폴레옹 탄생 200주년을 기념
하면서 유품 경매가 열렸다. 황제 이름과의 연관성을
계속 이어가고 싶었던지, 그 경매에서 모엣 샹동은 나
폴레옹의 모자와 물품들을 구입해서 기념품으로 삼고
있다. 그 기념품들은 나폴레옹의 위업을 알리기 위해
전 세계 박물관들을 누비면서 순회 전시 중이다. 또한
이를 축하하기 위해 '프랑스'라는 이름의 크루즈를 몰

고 오대양을 누비면서 홍보에 나서기도 했다. 사장이었던 장 레미 모엣과 프랑스의 대표적 인물 나폴레옹과의 관계는 브뤼 임페리얼이라는 샴페인으로 영원히 남아 있게 된 것이다.

탁 월 한 . 이 미 지 . 마 케 팅

1890년대로 접어들면서 빠리는 변모의 시대를 맞이한다. 만국박람회를 준비하기 위해 모든 도시가 새 단장을 하기 시작한다. 에펠탑은 하늘을 찌를 듯이 높이 솟아 빠리의 스카이라인을 바꾸어놓았고, 땅 밑으로는 지하철이 그물망처럼 연결되었다. 한 시대를 풍미했던 막심(Maxim)을 비롯해서 고급 레스토랑들과 대형 호텔들도 문을 열었다. 호화로운 레스토랑과 호텔들은 '아름다운 시절(Belle Epoque)'의 상징이었다. 1898년에 빠리 리츠 호텔을 시작으로 런던의 사보이, 깐느의 칼튼, 니스의 네그레스코 등이 터를 잡았다. 그중 몇몇 호텔은 지금도 남아서 과거의 영화를 과시하고 있다. 몽마르뜨르 언덕에는 뚤루즈 로트렉의 포스터로 여전히 건재한 물랭루즈가 문을 열었다. 땅거미가 지면 빨간 풍차가 불빛을 번쩍이며 돌아갔고, 물랭루즈의 밤은 샴

페인과 함께 취해갔다. 사람들은 유쾌한 음악과 캉캉 춤에 환호성을 질렀고, 샴페인에 열광했다. 샴페인은 사치와 과시의 상징이었고, 빠리 시내를 들뜨게 만든 거대한 유행이었다. 대중들은 레스토랑, 술집, 호텔에 서 19세기의 고민을 잊으면서 새로운 세기를 기다렸다. 그들은 샴페인의 유혹에 도취되었고, 세기말은 퇴폐적인 아름다움에 젖어들었던 것이다.

　스타들도 샴페인의 후원자나 다름없었다. 1895년에 영화가 발명되기 전까지 대중들은 대형 연극에 열광했다. 거대한 규모의 스펙터클 사극이 주류를 이루고 있었다. 빠리의 르네상스 극장은 연극 무대에서 가장 위대한 배우로 군림했던 사라 베른하르트(Sarah Bernhardt)의 주 무대였다. 뛰어난 연기력으로 관객들을 압도했던 사라 베른하르트 주연의 연극들은 언제나 빠리 사교계의 화제가 되곤 했다. 그녀는 샴페인 기포가 자신에게 불가사의한 효과를 불러일으킨다고 말했으며, 식사 때마다 반 병짜리 모엣 샹동을 마셨다고 한다. 사라 베른하르트의 후광을 받으며 혜성처럼 등장한 화가가 있었다. 체코에서 건너올 때만 해도 무명이었으나 사라 베른하르트의 포스터를 그리면서 이후 가장 잘 팔리는 작가로 이름을 날리게 된다. 그의 이름은 알폰스 무하(Alfons Mucha)였다. 자신만의 독특한 스타일로 디자인 영역을 창조했던 알폰스 무하는 아르 누보의 세계를 열었다. 그는 연극 외에도 샴페인을 위해 다양한 시각 디자인 작품을 남겼다. 모엣 샹동의 의뢰를 받은 알폰스 무하는 이국적인 여인들이 등장하는 홍보 포스

알폰스 무하가 그린 모엣 상동 메뉴판.

터를 그렸으며, 사계절을 담은 메뉴판을 제작하기도
했다. 그가 그린 포스터만 보아도 샴페인이 더 매력적
으로 느껴질 정도다. 다른 지방과 달리 샴페인 생산자
들은 예술과 마케팅에 관심이 많았다. 샴페인은 대중
을 겨냥한 소비 상품이었으며, 다른 와인에 비해 이미
지 마케팅의 중요성을 일찍 깨닫고 있었다. 알폰스 무
하의 이국적인 포스터는 유럽이 세계로 뻗어나가던 시
기에 최신 유행 감각을 보여주기도 했다. 이렇게 알폰
스 무하와 모엣 상동은 함께 20세기를 화려하게 열었

다. 프라하의 무하 박물관에서 보던 그의 포스터가 모엣 샹동 본사 복도에 걸려 있어 지나던 발길을 잠시 멈추게 한다.

샴페인 생산자들은 어떤 의미에서 보면 진정한 장사꾼들이었다. 전쟁이 일어나서 샹파뉴 지방을 점령했던 나라들은 이내 샴페인의 매력에 빠져들었다. 러시아 황제들은 전통적으로 샴페인을 아꼈다. 그들은 종종 자신들만을 위해 최상급 샴페인을 만들어달라고 요청하기도 했다. 샴페인과 가장 잘 어울리는 음식인 캐비아의 나라 러시아의 통치자다웠다. 1817년에 모엣 샹동은 차르 니콜라스 2세에게 보내지면서 황실과 인연을 맺기 시작했다. 비시 정부의 수반이었던 페탱 장군은 제1차 세계대전 때 군인과 와인의 관계에 대해 이런 글을 남겼다. "군에 공급되는 모든 물자 중에서 와인이야말로 병사들이 가장 기다리고 가치를 느끼는 것이다. 와인 보급은 탄약 보급과 맞먹는 것이다." 제1차 세계대전 당시 프랑스 참호병들에게 공급되던 가장 인기 높은 음료가 샴페인이었고, 제2차 세계대전이 터지자 나치 독일군은 랭스와 에페르네의 거대한 셀라들을 뒤져서 고급 샴페인을 베를린으로 가져갔다. 많은 샴페인 하우스들은 지하 셀라 안에 벽을 만들고 그 안에 샴페인을 숨겨두곤 했다. 전쟁이 끝나면 다시 사업을 시작할 중요한 밑천이었기 때문이다.

1902년에 빅토리아 여왕의 장남이었던 에드워드 7세가 영국 국왕이 되었다. 그는 황태자 시절 프랑스를 비롯한 유럽 전역을 여행하면서 교양과 견문을 넓혔다. 문화에 관심이 많았던 그를 위해 모엣 샹동 사에서는 최고 품질의 포도즙으로 고급 샴페인을 만들어서 바친다. 이때부터 모엣 샹동에서는 중요한 행사가 열릴 때를 대비해서 등급이 높은 샴페인을 만들기 시작한다. 이러한 경험이 후일 모엣 샹동을 대표하는 샴페인 동 뻬리뇽을 만들게 된 원동력이 된 것이다. 1953년에는 아직까지도 왕관을 쓰고 있는 엘리자베스 2세의 대관식이 열렸다. 전 세계 언론의 이목은 런던으로 집중되었다. 젊은 여왕 엘리자베스 2세를 위해 1943년 산 모엣 샹동이 제공되었다. 1943년은 전쟁 중이어서 인력이 모자랐지만 어렵사리 수확을 마친 해였다. 모엣 샹동으로서는 창립 200주년이었고, 가장 좋은 빈티지였다.

20세기가 시작되면서부터 모엣 샹동 사는 경마 경기의 후원자로 나섰다. 이때부터 스포츠 혹은 문화 행사와 샴페인과의 긴 우호 관계가 형성되기 시작했다. 당시의 경마 시합은 오늘날의 카 레이스와 다름없었을 것이다. 모엣 샹동은 1966년부터 포뮬러 원의 공식 후원자가 되었다. 스포츠카에서 내린 우승자가 대형 컵에 샴페인을 따라 마시면서 축하하는 사진이 모든 신문 잡지의 1면을 장식했다. 그리고 1987년에는 아메리카컵 요트 대회의 공식 후원자로 선정되었다. 요트는 서구 상류사회의 전유물이나 다름없어서 우리나라에서는 관심이 적은 편이다. 하지만 150년이 넘는 역사를 자랑하는 아메리카컵 요트 대회는 많은 이들의 손에 땀을 쥐게 만든다. 이렇게 해서 땅에서, 바다에서 개최되는 호화로운 스포츠 행사들을 샴페인으로 마무리 짓게 된 것이다.

영화계라고 해서 예외일 수는 없었다. 모엣 샹동이 은막의 스타와 함께 처음으로 등장한 것은 1952년 깐느 영화제였다. 섹스 심벌이던 브리지뜨 바르도의 결혼식이 열리는 동안 모엣 샹동 샴페인도 같이 카메라 세례를 받았다. 할리우드 영화 속에 샴페인이 등장하는 경우는 헤아릴 수 없이 많다. 〈귀여운 여인〉에는 모엣 샹동 브륏 임페리얼이 등장한다. 특급 호텔의 펜트하우스에서 에드워드(리처드 기어)는 비비안(줄리아 로버츠)을 위해서 룸서비스로 샴페인을 주문한다. 아이스 버켓에 담겨 차갑게 칠링된 모엣 샹동과 딸기가 방으

포도 수확 장면을 묘사한 스테인드 글라스 장식.

로 온다. 영화 속에서 샴페인과 딸기를 먹는 장면 때문에 한동안 이런 궁합으로 샴페인을 마시는 게 대유행이 되기도 했다. 상큼한 샴페인을 딸기의 과육이 부드럽게 만들어주고, 딸기에는 샴페인 맛이 배어든다. 영화 속에 가장 많이 나오는 샴페인 역시 동 뻬리뇽일 것이다.

동 뻬리뇽은 20세기의 중요한 정치적 현장을 지켜보기도 했다. 샤를르 드골이 대통령으로 취임하기 직전, 전임 대통령인 르네 쥘 귀스따브 꼬띠(René Jules Gustave Coty)와의 마지막 만찬에 동 뻬리뇽이 나왔다. 드골과 아이젠하워 대통령이 엘리제 궁에서 건배할 때 마신 샴페인은 1949년 산 동 뻬리뇽이었고, 1976년 지스까르 데스땡과 제럴드 포드 대통령이 미국 독립 200주년을 기념해 우호를 다지면서 워싱턴 D.C.의 프랑스 대사관 만찬에서 잔을 부딪친 샴페인은 1969년 산 동 뻬리뇽이었다. 동 뻬리뇽은 이처럼 정상들의 식탁을 장식했고, 엘리제 궁과 백악관을 하나로 이어주는 샴페인이기도 했던 것이다.

최고급 포도즙으로 샴페인을 만들기 시작한 것이 동 뻬리뇽이 처음은 아니었다. 최초로 최고급 뀌베로 샴페인을 만들기 시작한 것은 차르 알렉상드르 2세에게 보내기 위해 루이 로드레에서 소량 생산한 특급 샴페인 크리스탈이었다. 하지만 모엣 샹동에서도 최고급 샴페인을 만들겠다는 욕망을 품고 있었다. 모엣 샹동에서 처음으로 고급 샴페인을 만들기 시작한 것은

1921년이었다. 아직 공식적으로 동 뻬리뇽이라는 이름을 붙이지는 않았고 시장에 출시하기 위해 생산한 것도 아니었다. 선택된 단골 고객들이나 행사에 제공하기 위한 용도였다. 1928년에 전설적인 빈티지를 맞이하면서 모엣 샹동은 다시 최상급 샴페인을 만든다. 이런 선례가 이어지다가 1936년에 이르러 동 뻬리뇽이라는 이름을 붙여 시장에 출시하게 된다. 오랫동안 품질에 대한 노하우를 쌓아온 결과였다. 경제는 대공황을 겪고 있었고 모든 물가가 폭락할 때 비싼 샴페인을 내놓는다는 것은 자살행위나 다름없다고 빈축을 샀지만 현실과 역행한 생산 정책은 오히려 큰 성공을 거두었다. 동 뻬리뇽은 작황이 좋지 않은 해에는 만들지 않는다. 최근에는 기술의 발달로 예년에 비해 자주 나오지만, 1980년대에는 다섯 개 빈티지만 만들어졌다. 생산되는 해에는 대략 120만 병 가량 만들어진다. 동 뻬리뇽 로제는 1959년부터 만들어지기 시작했다. 이란의 샤(Shah)를 위해 특별히 만들어지면서 일반에는 공개되지 않았으나 1970년대에 이르러서 대중들과도 만나게 된다. 금주가 관례인 이슬람 국가를 위해서 로제 샴페인이 만들어졌다는 사실 자체가 아이러니한 일이다. 홍보 담당자도 특별한 파티에 제공했다는 정도만 알고

모엣 샹동 본사의 스테인드 글라스 장식.

있을 뿐이었다. 어쨌거나 동 뻬리뇽 로제는 최고 수준
의 핑크빛 샴페인 중 하나일 것이다.

상파뉴 지방에는 5000군데가 넘는 포도원들이 있지

만 그들 모두가 자신의 이름을 걸고 샴페인을 생산하는 것은 아니다. 대략 300개 가까운 샴페인 하우스들이 서로 다른 개성을 지닌 샴페인들을 만들어낸다. 모엣 샹동을 비롯해서 모든 샴페인 하우스는 기계 수확을 하지 않고, 사람들이 일일이 손으로 수확하는 전통적인 방법을 고수하고 있다. 프랑스에서 모든 포도를 사람 손으로 수확하도록 법으로 규정한 곳은 샹파뉴와 보졸레 지방뿐이다. 동 뻬리뇽은 세 가지 품종을 블렌딩해서 만들어진다. 가장 많이 사용되는 품종은 화이트 와인 품종인 샤르도네이지만, 거기에 적포도인 뻬노 누아와 뻬노 뫼니에르를 같이 섞는다. 여러 품종이 섞이면서 포도의 다양한 면모들이 조화를 이루게 된다. 예를 들면 뻬노 누아는 미묘한 향기와 깊이감을 주고, 샤르도네는 맛의 집중도와 견과류의 향기를 제공한다. 이렇게 해서 샴페인은 화려하면서도 강건한 면모를 지니게 된다. 튤립처럼 생긴 투명한 글라스에 따른 동 뻬리뇽은 힘차게 올라오는 거품으로 에너지가 느껴진다. 색깔은 황금빛 볏짚처럼 윤기가 나면서 영롱해 보인다. 강한 향기는 동 뻬리뇽의 파워를 암시해 준다. 빵 종류의 향이 주조를 이루고, 거기에 열대 과일이나 헤이즐넛 같은 향이 두드러진다. 신맛이 먼저 다가오지만 기름진 느낌이 더해지면서 그 산미가 지나치게 넘쳐나는 것을 막아준다. 전반적인 맛에서 강한 집중도를 지닌 샴페인이다.

와이너리에서 _ '청포도가 익어가던' 그곳

동 뻬리뇽 중에서 가장 인상적인 빈티지는 1985년 산이었다. 1985년 빈티지를 처음 마실 때만 해도 와인에 대해서 잘 모를 때였다. 그래도 강렬한 향기가 올라오는 것을 느낄 수 있었다. 잘 구운 토스트 같은 향과 아카시아 향기가 몰아닥쳤다. 꽃들과 파인애플이 함께 심어진 남국의 정원에 들어선 것 같은 화사함이 감돌았다. 적절한 산미와 파워를 갖춘 동 뻬리뇽은 힘차게 입 속으로 밀고들어왔다. 모든 게 완벽해 보였다. 맛은 안정감 있게 펼쳐졌으며, 뒷맛은 끝이 없는 것처럼 길게 이어졌다. 다른 빈티지들을 함께 맛보았으나 1985년 산이 보여주는 힘은 대단했다. 순간, 도대체 어떤 차이가 같은 샴페인에서도 이렇게 다른 맛을 내게 하는 것일까 하는 생각이 들었다. 그렇게 해서 한 달 후 프랑스행 비행기에 올라탔다. 한번 생긴 호기심을 감출 수가 없었다. 이렇게 해서 수많은 와인 여행 중에서 처음으로 찾아간 곳은 모엣 샹동이었다. 낯선 마을에 뻬르네에 도착했을 때만 해도 필자는 와인 초보자에 불과했다. 유럽의 다른 작은 마을들이 그러하듯 동네는 잠잠했다. 길에 행인들은 보이지 않았고, 고요한 적막만이 마을 전체를 덮고 있었다. 모엣 샹동 본사의 문을 두드리자 육중한 문을 열고 안내 직원이 나왔다. 국적을 확인하고는 다시 들어가더니 다른 직원이 나와서 우리 말로 인사를 했다. 샴페인에 관심이 많아서 견습 사원으로 들어온 재미교포 아가씨였다. 영어 억양이 잔

1985년 산 동 뻬리뇽 라벨.

뜩 섞인 우리 말을 에뻬르네에서 접한다는 것은 참으로 낯선 일이었다. 그녀를 따라 어두운 지하 셀라로 내려갔다. 상상을 초월할 정도로 거대한 샴페인 하우스의 위용에 놀랐고, 정원에 동상이 되어 서 있는 동 뻬리뇽이라는 인물이 샴페인 역사에서 아주 중요한 인물이라는 사실도 그렇게 해서 알게 되었다.

잠은 모엣 샹동에서 소유하고 있는 아담한 2층짜리 성에서 자게 되었다. 아름드리 나무들과 잘 가꾸어진 정원 안쪽 깊은 곳에 숨겨진 비밀의 성채 같았다. 이곳은 19세기 초 장 레미 모엣이 땅을 사들인 후 가족들이

아늑하게 거주할 수 있도록 하기 위해 지은 저택이었다. 포도밭에 대한 애정이 남달랐던 만큼 성은 '하얀 언덕' 가장자리의 양지바른 곳에 자리를 잡고 있었다. 샤또의 이름은 '사랑(Saran)'이었다. 낯익은 이름이 무슨 뜻인가 궁금했지만 별다른 뜻이 있어서 붙인 이름은 아니라고 했다. 한국어에서 사랑은 불어에서 아무르(Amour)와 같은 의미라는 사실을 알려주자 사람들은 미소를 지었다. 성 앞 아담한 정원에는 작은 연못이 있었고, 나무로 만든 벤치가 놓여 있었다. 숨을 돌리면서 모엣 샹동을 한 잔 마셨다. 선선한 바람이 불어왔다. 초가을이었다. 주위를 둘러보니 모두 포도밭이었다. 주변에는 대부분 샤르도네 포도가 심어져 있었다. 청포도가 익어간다는 시어(詩語)가 실감났다. 포도밭 사이를 따라 걸었다. 사람들은 단 한 명도 눈에 띄지 않았다. 고요한 시골에 혼자 남겨져 있는 느낌이었다.

멀리서 찾아온 손님을 위해 모엣 샹동의 수석 요리사인 베르나르 덩스가 직접 요리를 해주었다. 우리나라에도 여러 차례 와서 신라호텔에서 대형 저녁 정찬 행사를 열 정도로 솜씨가 뛰어난 요리사다. 그날 손님은 나 혼자였다. 음식에 따라 브륏 임페리얼에서 시작해서 동 뻬리뇽, 그리고 동 뻬리뇽 로제까지 샴페인으로

모엣 샹동 본사 전경.

만 이루어진 저녁 식사였다. 주 요리로 양고기 스테이크가 나왔다. 과연 양고기처럼 묵직한 음식에도 샴페인이 어울릴까 하는 의구심이 들었지만 의외로 흥미로운 짝이었다. 동 뻬리뇽의 풍부한 맛이 부드러운 양고기의 뒤를 잘 받쳐주었다. 안락한 소파에 앉아서 밤 늦게까지 마케팅 담당자들과 대화를 나누었다. 시가가 나오고, 헤네시 꼬냑 칵테일까지 나왔다. 포도원에서의 첫날 밤은 그렇게 깊어갔다.

III. *Champagne* 샹파뉴

6.
크리스탈로 빛나는,
루이 로드레

Louis Roederer
루이 로드레

랭 스 ,   샴 페 인 의 . 수 도

"내 잔에서 기포가 일 때
신성하고 즐거운 와인
내 눈은 빛나고, 내 머리는 밝아지네.
나는 더 생각하고, 설득력 있게 이야기하네."

1860년 아벨 살레(Abel Sallé)라는 시인은 샴페인을 찬미하면서 이런 노래를 남겼다. 샹파뉴 지방의 중심인 랭스(Reims)는 빠리에서 북동쪽을 향해 차로 두 시간가량 달리면 닿게 되는, 프랑스 중북부 지방에 위치한 도시다. 랭스는 샴페인의 수도이자 왕들의 대관식으로 잘 알려진 곳이다. 496년 프랑크의 왕이었던 클로비스

가 대성당에서 세례를 받은
후 그 전통은 꾸준히 이어져
프랑스 국왕들은 랭스에 와
서 대관식을 올렸다. 랭스에
서 대관식을 올리는 것은 신
으로부터 왕권을 인정받음
을 상징하는 행동이었다. 앙

루이 로드레의 문장.

리 4세와 나폴레옹을 제외한 모든 프랑스 국왕들이 대
성당에서 전통적인 절차를 따랐다. 클로비스에게 개종
을 권한 것은 왕비 클로틸드였다. 부르군트의 공주였
던 클로틸드는 그 공을 인정받아 성자의 반열에 오르
게 된다. 클로비스의 개종에 대해서는 전설이 전해온
다. 랭스의 대주교였던 레미기우스(Remigius)가 클로비
스에게 세례를 줄 때, 몰려든 인파가 너무 많아서 복사
가 주교에게 성유를 전해줄 수 없었다고 한다. 그 순간
하늘에서 비둘기가 내려와서 성유를 건네주었고, 이후
프랑스 왕들은 이 성유를 사용해서 대관식을 거행하게
되었다. 이를 기점으로 세속 권력과 종교 권력 간의 조
우가 시작된다.

클로비스와 레미기우스의 전설적인 관계는 시간을
더 거슬러올라간다. 《성 레미기우스 전기》에 따르면 클

로비스가 서고트족과의 결정적인 전투를 앞두고 있었을 때 레미기우스가 축복의 징표로 와인 한 병을 전해 주었다는 것이다. 그러면서 이 와인이 남아 있는 한 전쟁을 수행할 힘과 열정을 계속 얻게 될 것이라는 말도 잊지 않았다. 마치 마술이라도 걸린 듯 왕과 모든 사람들이 와인을 양껏 마셨는데도 와인은 줄어들지 않았으며, 샘에서 물이 솟아나듯 새 와인이 계속 채워졌다고 한다. 신의 축복과 와인으로 힘을 얻은 클로비스가 전쟁에서 승리를 거두었음은 당연한 일이다.

클로비스의 자손들은 조상인 메로비크의 이름을 따서 메로빙거 왕조로 불리게 된다. 프랑스 최초의 왕조였다. 클로비스는 511년에 빠리를 수도로 정함으로써 메로빙거 왕조의 권력 기반을 쌓기 시작했다. 기독교로 개종한 것은 정치적인 파급 효과가 있었다. 엘리트 계층의 지지를 이끌어냈기 때문이다. 당시 교회 교구는 행정 조직보다 훨씬 체계적으로 구성되어 있었다. 클로비스의 개종으로 프랑크 왕들은 교권의 힘을 등에 업고 보다 확고한 정치력을 발휘할 수 있었다. 클로비스 이후 가장 상징적인 대관식은 1429년에 열린 샤를 7세의 대관식일 것이다. 영국군의 말발굽 앞에서 프랑스는 일촉즉발의 위기에 처해 있었다. 이때 한줄기 빛처럼 등장한 영웅이 오를레앙의 처녀 잔 다르크였다. 잔 다르크는 병사들을 독려하면서 전투를 승리로 이끈 후 황태자를 설득해 랭스로 가서 대관식을 올리게 한다. 왕위 계승권을 인정받지 못했던 황태자는 샤를 7세로 즉위하면서 정통성을 인정받게 된다. 이후 잔 다르크를 중심으로 프랑스군은 전세를 역전시키고 백년전쟁을 승리로 이끌게 된다. 그녀의 영웅적인 행동을 기리는 의미에서인지 대성당 앞에는 말을 탄 잔 다르크의 동상이 세워져 있다.

랭스는 일찍이 주교좌가 설치된 교권의 중심이었다. 대주교는 왕의 대관식을 거행해야 했기 때문에 정치적으로 중요한 인물이 임명되곤 했다. 지중해 무역권이라는 좁은 시장에서 벗어나 북유럽 시장이 커지면서 그 중심에 위치한 랭스는 교역지로 발전했다. 연간 여섯 차례에 걸쳐 서는 정기 시장은 전 유럽의 상인들이 몰려드는 자리였다. 플랑드르의 양모, 이탈리아를 거쳐 들어온 동방의 향신료, 프랑스의 와인 등이 주요 교역물이었다. 이러한 지리적 장점을 바탕으로 랭스는 중세부터 부유한 도시로 자리를 잡았다. 랭스 대성당은 서기 400년경 첫 삽을 뜬 후 무려 8세기에 걸쳐서 공사가 이루어졌다. 성당의 실내 공사가 마무리된 것은 1285년의 일이었다. 안타깝게도 제1차 세계대전 중 전쟁의 포화로 성당은 심한 손상을 입었지만 록펠러 재단의 후원으로 대대적인 보수가 이루어진다. 제2차 세계대전 중에도 랭스는 격전이 벌어진 현장이었다. 폭격으로 거리가 대부분 파괴되었지만 대성당은 다행히도 피해를 입지 않았다. 웅장한 대성당은 2000개가 넘는 인물상들로 장식되어 있다. 그중 가장 유명한 조각은 서쪽 정문 옆에 있는 '천사의 미소' 상이다. 다른 조각상들은 전부 엄숙한 표정을 짓고 있는 데 반해, 날개 달린 천사만 미묘한 웃음을 짓고 있다. 중세에 이런 표정을 가진 조각상이 만들어졌다는 것은 신비로운 일이다. 천사는 성당을 찾아온 모든 이들에게 축복을 내린다고 한다. 제2차 세계대전이 끝난 후 독일군이 항복 문서에 조인한 도시도 바로 랭스였다.

크 리 스 탈 . 속 의 . 크 리 스 탈

랭스 대성당 앞에 있는 기념품 가게에는 하나같이 샴페인들이 진열되어 있다. 샴페인과 랭스를 떼어놓고 생각할 수는 없을 것이다. 대규모의 샴페인 하우스들은 대부분 두 군데의 도시에 나뉘어 있다. 본과 베를린처럼,

1995년 산 크리스탈 샴페인 라벨.

랭스가 행정적인 수도라면 생산의 수도는 에뻬르네 (Épernay)라고 할 수 있다. 랭스에는 루이 로드레, 크룩 (Krug), 뵈브 끌리꼬 같은 명가들이 있으며, 에뻬르네에 는 모엣 샹동, 뽈 로제(Pol Roger), 메르시에(Mercier) 등 이 위치해 있다. 특히 에뻬르네의 샴페인 하우스들이 백 악질 토양 아래 미로처럼 뚫어놓은 지하 셀라들은 장관 이다. 각 샴페인 하우스들마다 수 킬로미터에 걸쳐 지하 에 셀라를 만들고, 그 안에서 수백만 병의 샴페인을 숙 성시키고 있다. 다른 지방의 와이너리들에 비하면 샴페 인 하우스들의 규모는 큰 편이다. 샴페인은 오랫동안 포 도즙을 저장해두었다가 만들기 때문에 경제적인 여유 가 있는 회사들만이 대량으로 생산할 수 있기 때문이다.

루이 로드레 본사에 걸려 있는 현판.

샴페인 하우스 루이 로드레(Louis Roederer) 사의 역사는 뒤부아(Dubois) 가문이 회사를 설립하는 1776년으로 거슬러올라간다. 출발은 뒤부아 형제의 이름을 내건 회사였다. 1827년에 다른 지방에 살던 루이 로드레는 사장이던 삼촌을 돕기 위해 랭스로 온다. 그가 회사를 맡으면서 자기 이름을 붙여 회사 이름을 루이 로드레로 바꾼다. 이제 운영자의 이름이 회사와 동일화된 것이다. 루이 로드레는 급속도로 회사를 성장시켰고, 포도밭들을 사들여 직접 운영한다. 이렇게 기초를 다진 루이 로드레 사는 1860년대에 접어들면서 첫 전성기를 맞이한다. 당시 루이 로드레는 사세를 확장하면서 판매 규모를 250만 병까지 끌어올렸다. 당연히 프랑스에서 소비되는 양이 가장 많았지만 로드레는 수출에 주력했다. 샴페인 역사를 다시 쓸 만한 판매 기록이 수립되었다. 1869년의 통계를 보면 러시아에 67만 병, 미국에 38만 병을 판매했다. 가업을 물려받은 루이 로드레의 아들도 같은 이름을 사용했다. 그는 아버지의 성공 신화를 이어나갔으며 문화에도 관심이 많아서 도서와

샴페인의 수도 랭스에 있는 루이 로드레 본사 전경.

회화 외에도 사진 같은 예술품들을 수집했다. 그가 모은 18세기 예술품들은 아직도 샤또 드 샹띠이(Château de Chantilly)에 보관되어 있다.

러시아에서 선풍적인 인기를 끈 로드레 샴페인은 황실에 제공되기 시작했다. 루이 로드레 2세는 러시아 시장에 관심을 쏟으면서 상트페테르부르크를 자주 찾아갔다. 그는 성공을 믿어 의심치 않았다. 황제가 자신이 만든 샴페인을 맛보았기 때문이다. 드디어 1876년, 차르 알렉상드르 2세는 루이 로드레 2세에게 특별 주문을 한다. 황제 자신만을 위한 최고급 샴페인을 만들어 달라는 요청이었다. 이 주문으로 고급 샴페인 역사의 새로운 장을 연 크리스탈이 탄생하게 되는 것이다. 로드레 2세는 알렉상드르 2세를 위해서 셀라에 보관되어 있던 최상의 뀌베(cuvée)로 샴페인을 만들기로 결정한다. 차르의 취향을 고려해서 러시아 황실의 셀라 마스터가 로드레 본사가 있는 랭스로 파견되었다. 그는 일년 가까이 그곳에 머무르면서 황제의 식성에 어울리는 맛을 구현하는 일을 도왔다. 이렇게 공을 들여 만들어진 샴페인은 특별히 수송되어 황실에 진상되었다. 식탁 위에 올라온 샴페인을 본 차르는 소믈리에에게 명령을 내렸다. 자신과 손님들 사이에 있는 샴페인 병이 사람들 시야를 가리지 않도록 하라는 지시였다. 소믈리에는 아이디어를 내서 수정(crystal)으로 만든 병에 샴페인을 담았고, 잔에 따를 때만 하얀 냅킨으로 병을 감쌌다. 투명한 크리스탈 병을 통해 안이 들여다보이는 황금빛 샴페인과 힘차게 솟아오르는 거품은 황제와 식사를 나누던 모든 이들에게 환상적인 순간을 제공했다. 수정의 투명함은 이 샴페인의 상징과도 다름없었다. 이렇게 해서 러시아 황실을 만족시킨 크리스탈(Cristal)이 탄생한 것이다. 차르의 개인적인 요구로 만들어진 맞춤형 샴페인이었다. 알렉상드르 2세의 생애와 관련되어 크리스탈에는 또 다른 일화가 존재한다. 차르는 사람들을 믿지 않았고 독살을 두려워했다고 한다. 그래서 혹시나 독약이 들어갔을 때 알아챌 수 있도록 병을 투명하게 만들었다는 것이다. 이유야 어찌됐든 러시아 황제 개인을 위해 소량 생산되기 시작한 크리스탈은 샴페인 고급화의 선구자였다.

1917년에 러시아 혁명이 일어나면서 루이 로드레는 최대의 거래처를 잃어버린다. 사회주의 정권이 들어선 러시아에서 더는 고급 샴페인에 대한 수요는 일어나지 않았다. 그러나 세기가 바뀌어도 크리스탈이 지닌 개성은 변하지 않았다. 투명한 수정의 이미지는 사람들

브륏 프르미에 샴페인.

을 매혹시켰다. 황정이 몰락하자 루이 로드레에서는 대중을 위해 크리스탈을 생산하기로 결정을 내렸다. 소수의 고급 시장은 여전히 존재하고 있었던 것이다. 차르가 마시던 샴페인이라는 소문은 부르주아 소비자들에게 즉각적인 반향을 불러일으켰다. 크리스탈은 황제를 잃은 대신 날로 성장하던 부르주아 시장으로 파고들게 된다.

크리스탈의 비법은 루이 로드레에서 소유하고 있는 모든 포도밭에서 엄선한 최상의 포도즙만을 사용한다는 점이다. 그 포도들이야말로 로드레에서 갖은 정성을 기울여 가꾼 것들이다. 어떤 포도를 쓸 것인가를 미리 정하는 것이 아니라 전 포도밭에서 자란 포도라면 어느 것이나 크리스탈이 될 잠재력을 지니고 있는 것이다. 또 하나의 비결은 삐노 누아와 샤르도네를 거의 비슷한 비율로 블렌딩한다는 점이다. 크리스탈이 지닌 매력은 우아함에 있다. 섬세한 향기는 아름답고 화사하다. 강한 맛보다는 부드러움을 추구하기 때문이다. 크리스탈은 완벽한 균형감을 위해 존재하는 샴페인이다. 상자를 열면 노란빛이 도는 셀로판지에 크리스탈이 싸여 있다. 그 셀로판지를 걷어내면 2세기 전에도 같은 인상이었을 투명함이 다가온다. 크리스탈에서는 언제나 순수함과 깨끗함이 연상된다.

샴페인 역사에는 유난히도 여걸들이 많았다. 그들은 지금 유명을 달리했으나 아직도 샴페인 이름으로 남아 명성을 드높이고 있다. 밀레의 〈이삭 줍는 여인들〉을 구입해서 루브르 박물관에 기증한 것은 자그마한 샴페인 하우스를 이끌던 뽀므리(Pommery) 여사였다. 예술을 사랑했던 뽀므리 여사는 공익을 위해 박물관에 소중한 그림을 내놓았다. 그녀의 예술 애호 정신이 관광객들의 발길을 루브르로 끌어들이고 있는 것이다. 샴페인 역사상 가장 유명한 과부는 끌리꼬 여사일 것이다. 그녀가 만들어낸 샴페인들은 지금도 뵈브 끌리꼬(Veuve Clicquot), 즉 '과부 끌리꼬'라는 이름으로 판매되고 있다. 끌리꼬 여사는 경영자였을 뿐만 아니라 샴페인 생산 기술을 한단계 발전시켰다. 자신감 넘치는 당당한 풍모의 초상화는 모든 병에 그려져 있으며, 회사에서도 그녀를 기리며 최고급 샴페인에 '위대한 부인(La Grande

Dame)' 이라는 호칭을 붙였다. 볼랭제(Bollinger) 여사는 제2차 세계대전이 일어나도 꿋꿋하게 가족들과 함께 대지를 지켰다. 새벽이면 일어나 매일같이 자전거를 타고 포도밭을 둘러보았고 환한 미소로 농부들을 독려하면서 샴페인을 만들었다. 샴페인을 애호했던 황제들도 많았지만 예나 지금이나 샴페인이 여성들에게 인기를 끈다는 점을 감안한다면 샴페인 역사에서 중요한 인물들역시 여자였다는 사실이 결코 우연은 아닌 것 같다. 그녀들이 추구한 섬세한 세계가 샴페인의 매력을 지켜나갔던 것이다. 20세기 중반 루이 로드레를 이끌었던 사람도 1937년 남편을 잃고 미망인이 된 까미유 올리 로드레(Camille Olry Roederer) 여사였다. 그녀는 이후 40년 가까이 회사의 경영을 맡았다. 모두가 어려운 시절에도

까미유 올리 로드레 여사의 초상.

회사를 경쟁력 있게 키운 사업가들이자 훌륭한 어머니들이었다. 까미유 여사의 시대가 저물어갈 무렵 그녀의 손자 장 끌로드 루조 (Jean Claude Rouzaud)가 회사를 이어받게 된다. 5대째로 이어지는 가족경영의 시작이었다.

'랭 스 의 . 솔 로 몬 ' 이 . 이 끈 . 성 공

장 끌로드 루조는 스물다섯 살이던 1967년 수확철부터 루이 로드레에 합류했다. 2001년 영국의 와인 잡지 『디캔터(Decanter)』에서는 '올해의 인물'로 그를 선정했다. 보르도 와인의 명맥을 이은 양조자 에밀 뻬이노, 캘리포니아 와인의 선두주자 로버트 몬다비, 피에몬테 지방의 맹주 안젤로 가야, 크리스티 와인 경매를 총괄해 온 마이클 브로드번트, 영국의 저명한 와인 평론가 휴 존슨 등이 이러한 영광을 안았던 20세기 와인 역사의 빛나는 별들이다. 장 끌로드 루조 회장의 별명은 '랭스의 솔로몬(le Sage de Reims)'이다. 지혜롭게 어려운 시절을 극복했기 때문이다.

남편과 사별한 후 로드레 여사 혼자 이끌던 샴페인 하우스는 위기에 직면해 있었다. 러시아 혁명 때부터 몰아닥친 한파는 대공황, 제2차 세계대전 등으로 이어지면서 시장을 위축시켰다. 사람들은 로드레 여사를 따라 열심히 일했지만 상황은 여의치 않았다. 루이 로드레는 '잠자는 숲 속의 미녀'처럼 깊은 잠에 빠져들었다.

지금은 존경받는 경영자이지만 젊은 시절 장 끌로드 루조는 말썽꾸러기 학생에 지나지 않았다. 상파뉴 출신도 아니었다. 그는 샴페인과는 거리가 먼 에어버스

본사가 있는 뚤루즈에서 태어나고 자랐다. 사진에 관심이 많았던 그는 레종 도뇌르 훈장을 받는 할머니의 모습을 찍어주다가 우연히 랭스에 발을 들여놓게 된다. 그렇게 만나게 된 샴페인은 그의 운명을 바꾸어놓았다. 장 끌로드는 와인 양조학의 명문인 몽펠리에 대학에 진학한다. 양조 기법을 공부하면서 그 일이야말로 자신의 천직임을 깨닫게 된다. 이렇게 해서 장 끌로드는 가문의 사업인 루이 로드레에 합류하게 된 것이다. 그는 와인을 만들기 위해 로드레에 올 때까지만 해도 포도 재배와 양조에만 관심을 갖고 있었다. 그러나 모든 것이 변화하는 시기였던 데 비해 루이 로드레의 정책은 뒤처져 있었다. 할머니가 지켜온 가업을 이어받은 장 끌로드는 모든 일을 하나씩 자기 것으로 만들면서 회사를 장악해나갔다. 처음에는 포도밭에서 일하다가, 1970년에 셀라로 일자리를 옮기고, 1975년부터는 생산에 관여하게 된다. 한단계씩 전진해나가다가 드디어 1979년에 사업 전체를 총괄하게 된다.

모든 일이 순탄했던 것만은 아니었다. 심각한 위기는 1972년에 찾아왔다. 루이 로드레 샴페인이 상했다는 소문이 여기저기서 들려오기 시작했다. 엄청난 수량의 샴페인에서 코르크가 썩은 것 같은 냄새가 난다는 것이었다. 우아함이 생명인 샴페인이 이처럼 코르키되었다는 것은 치명적인 일이었다. 출시하기 전에 내부적으로 테이스팅을 할 때는 코르크 냄새를 발견할 수가 없었다. 샴페인 하우스의 모든 공정에 대한 실사가 이루어졌지만 명확한 이유를 찾아낼 수가 없었다. 전문 기관에 의뢰했지만 마찬가지로 원인을 알 수 없었다. 모든 내부 설비는 즉각 개선되었다. 나무로 된 시설들은 불태웠고, 코르크 제조업자도 교체했다. 이런 과정을 거치면서 겨우 코르크 냄새를 없앨 수 있었다. 위기에서 벗어나기 위해 폐기처분한 샴페인만 무려 80만 병에 달했다. 일 년 총생산량과 맞먹는 양이었다. 루이 로드레

1. 수확을 마친 삐노 누아 포도.
2. 수확한 포도송이를 압착하기 위해 옮기고 있다.
3. 포도를 압착하는 과정.
4. 압착한 포도 찌꺼기들을 제거하는 과정.

위. 셀라에 보관되어 있는 1961년 산 로제 샴페인.
아래. 1974년 산 블랑 드 블랑.

의 입장에서는 사운이 걸린 위기였으나 자신을 완전히
다시 돌이켜볼 수 있는 기회이기도 했다. 이때의 공로
를 인정받으면서 장 끌로드 루조는 루이 로드레를 이
끌게 된 것이다.

루이 로드레의 명성은 크리스탈에서 나왔다고 해도 과언이 아니다. 그러나 장 끌로드는 모든 것이 크리스탈에 달려 있다고 여기지 않았다. 크리스탈에만 집착하는 것은 과거에만 매달리는 것이기도 했다. 그는 과거의 편안함에 안주하려 들지 않았다. 장 끌로드는 브륏 프르미에(Brut Premier)의 개선에 전력을 다했다. 시장에서 자기 위치를 확고하게 점하려면 일반적인 샴페인부터 분발해야 된다고 믿었기 때문이다. 크리스탈이 최초의 최고급 샴페인으로 탄탄한 명성을 유지하고 있을 때 브륏 프르미에를 통해 논 빈티지[01] 샴페인을 제대로 만들어보려는 시도를 한 것이다. 이미 시장에서는 모엣 샹동의 브륏 임페리얼이나, 멈(Mumm)의 꼬르동 루즈(Cordon Rouge) 같은 대중적인 논 빈티지 샴페인이 인기를 끌고 있었다. 그는 작황이 떨어지는 해를 연상시키는 논 빈티지가 아니라 다수의 좋은 해를 암시하는 다년 빈티지(multi year vintage) 샴페인을 내세웠다. 그리고 배급 라인을 총동원해서 브륏 프르미에와 크리스탈을 같이 판매하기 시작한다. 업계의 시선은 부정적이었다. 그러나 브륏 프르미에는 보란 듯이 성공을 거두었

01__ **논 빈티지(Non vintage)** 샴페인은 여러 해에 걸쳐서 수확된 포도즙으로 만들어진다. 병에는 N.V.라고 표기한다.

고, 루이 로드레는 지난 30년 동안 가장 이익을 많이 낸 샴페인 하우스로 자리매김했다.

좋 은 . 포 도 가 . 좋 은 . 와 인 을 . 만 든 다

8도 정도로 차갑게 칠링된 샴페인은 언제나 매혹적이다. 차가운 샴페인을 글라스에 따라놓으면 뽀얗게 김이 서린다. 첫 한 모금이 주는 인상이 샴페인의 맛을 좌우하는 경우가 많다. 품질에 초점을 맞춰 개발한 브륏 프르미에는 샤르도네 3분의 1, 삐노 3분의 2를 블렌딩한다. 대부분 삐노 누아를 쓰지만 10퍼센트 가량의 삐노 뫼니에르가 포함되는 것이다. 투명한 황금빛을 띠는 브륏 프르미에는 구운 빵 냄새와 아몬드, 과일들이 농축된 향기가 세차게 퍼진다. 첫 인상은 상당히 강하게 와 닿으며 크리미한 느낌이 강하다. 브륏 프르미에의 강점은 신선함이 두드러진다는 점이다.

크리스탈은 삐노 누아 55퍼센트, 샤르도네 45퍼센트를 블렌딩의 기본으로 삼고 있다. 샤르도네 비율이 상대적으로 높은 편이다. 최소한 5년 이상 숙성시켜 부드러운 포도즙이 크리스탈의 맛을 창조해낸다. 색상부터 황금빛으로 찬연하게 반짝거리는 것 같다. 향을 맡고

위. 셸라에 잠들어 있는 1971년 산 샴페인.
아래. 먼지가 내려앉은 1962년 산 크리스탈 샴페인.

있으면 하얀 꽃들이 피어 있는 정원이 떠오른다. 거기에 감귤과 딸기류의 향기가 언뜻 스친다. 토스트와 나무 냄새도 스며들어 있다. 마치 꽃과 과일들의 향연을 보는 것 같은 느낌이 든다. 부드러우면서도 잔잔하게 향기와 맛이 퍼지지만 오랜 여운이 남는 우아함이 크리스탈의 매력이다. 좋은 샴페인이 추구하는 맛은 대부분 섬세함과 힘, 그리고 과실향이다. 단순한 목표 같지만 어려운 일이다. 그만큼 맛이란 민감하고 사소한 부분에까지 신경을 써야 한다는 얘기이기 때문이다. 브륏 프르미에는 힘에 중심을 두고, 크리스탈은 섬세함을 더 추구하는 편이다. 가격이나 품질을 놓고 본다면 이 두 가지 경우는 섬세함이 더 우위에 있다. 그러나 브륏 프르미에는 언제나 유사한 맛을 내기 위해 인간의 기술적인 면이 중시되는 편이며, 크리스탈은 작황에 따라 맛 차이가 심하다. 크리스탈 같은 고급 샴페인은 인간의 노력도 중요하지만 그만큼 자연에 대한 의존도가 더 높기 때문이다.

장 끌로드 루조는 '랭스의 솔로몬'이라는 별명에 걸맞게 다양한 경험들을 쌓아나가면서 루이 로드레를 확장시켰다. 윌리암 되쯔(William Deutz)는 1838년 아이[02] 마을에서 샴페인 하우스 되쯔를 설립했다. 장 끌로드는 샹파뉴 지방에서 세력을 넓히면서 되쯔를 인수했

02__ **아이**(Ay). 샹파뉴 지방의 작은 마을로 품질이 좋은 포도들이 생산되는 곳이다.

다. 루이 로드레와 한 식구지만 개성은 완전히 다르다. 서로의 생산 방식과 장점을 인정하면서도 상이한 스타일을 유지하고 있기 때문이다. 포르투갈에도 로드레의 포도밭들이 펼쳐져 있고, 론에서는 들라 프레르(Delas Frères) 포도원을 인수했다. 보르도에서 장 끌로드가 애정을 갖고 지켜보는 포도원은 샤또 드 뻬즈다. 드 뻬즈는 메독 북단의 생떼스떼프에서 가장 주목을 받는 샤또 중 하나다. 메독을 중심으로 분류된 그랑 크뤼 등급에는 거의 변화가 없었다. 1855년 그랑 크뤼에 끼지 못한 와인만을 대상으로 1932년 다시 분류한 등급이 크뤼 부르주아 체계다. 여기에는 총 247개의 샤또들이 포함되어 있었다. 2003년 보르도에서 열린 와인 엑스포(Vinexpo) 기간 동안 크뤼 부르주아 등급을 다시 정리한 결과가 발표되었다. 이때 드 뻬즈는 가장 상위 등급인 크뤼 부르주아 엑셉시오넬[03]로 분류되었다. 이 등급에는 드 뻬즈 외에도 그동안 그랑 크뤼 급이라고 평가를 받아오던 8개의 샤또가 더 포함되었다. 샴페인으로

03__ **크뤼 부르주아 엑셉시오넬(Crus Bourgeois Exceptionnel)**로 분류된 샤또는 모두 9개다. 드 뻬즈(de Pez), 샤스 스플렌(Chasse Spleen), 오 마르뷔제(Haut Marbuzet), 라베고르스 제데(Labegorce Zede), 오름 드 뻬즈(Ormes de Pez), 펠랑 세귀(Phelan Ségur), 뽀땅삭(Potensac), 뿌조(Poujeaux), 그리고 시랑(Siran)이다. 그 아래 크뤼 부르주아 쉬뻬리외르(Crus Bourgeois Superieur)로는 87개의 와인이 선정되었으며, 나머지 151개는 그대로 크뤼 부르주아라는 등급으로 남아 있다.

성공을 거둔 루이 로드레에서는 언젠가는 드 뻬즈를 꼬스 데스뚜르넬과 같은 반열에 올려놓기 위해 최선의 노력을 경주하고 있다.

루이 로드레는 '타협 없이'라는 경영 이념으로 회사를 이끌고 있다. 장 끌로드는 무척이나 신중한 성격이다. 긍정성을 갖고 있지만 내부적으로는 가장 비판적인 시각을 견지하고 있기 때문에 성공을 거둘 수 있었다는 것이다. 샹파뉴 지방에는 이런 경구가 있다. "다른 사람들의 포도밭이 우리 것보다 좋다. 하지만 포도나무가 60년 세월을 이기면 그들과 대적할 수 있을 것이다."라는 것이다. 모두가 샴페인의 품질은 포도와 숙성 과정에 있다는 것을 의심치 않는다. 좋은 결과를 얻기 위해 그들은 대지에 모든 신경을 기울인다. 이제 예순다섯 살이 된 장 끌로드는 그룹 전체는 관리하지만 루이 로드레의 경영은 10년 전부터 회사에 합류한 아들 프레데릭에게 맡기고 있다. 로드레의 생산 규모는 270만 병 정도로 전 세계 80여 개국에서 팔리고 있다. 150년 전에 비해 회사의 규모가 확연하게 바뀐 건 아니다. 그러나 로드레의 안정감은 더해졌다. 가족 단위로 운영되는 회사 조직이 보다 공고해졌기 때문이다.

샹파뉴 지방에서 가장 좋은 밭들은 랭스와 에뻬르네

루이 로드레의 포도밭 전경.

사이, 그리고 에뻬르네 주변으로 펼쳐져 있다. 이 밭들이 가장 좋은 품질을 보장하는 토양으로 구성된 그랑 크뤼 밭들이다. 그랑 크뤼 지대는 세 군데 지역으로 나뉜다. 북동쪽에 있는 '랭스의 산(Montagne de Reims)', 북서쪽에 위치한 '마른 계곡(Vallée de la Marne)', 그리

고 남쪽에 있는 '하얀 언덕(Côte des Blancs)'이다. 루이 로드레에서 소유하고 있는 포도밭은 2제곱킬로미터에 달한다. 로드레의 강점은 샴페인을 만드는 모든 포도가 자신들이 소유한 포도밭에서 재배된다는 점이다. 대형 샴페인 하우스들은 생산량을 유지하기 위해서 다른 농가에서 재배한 포도를 사들이는 것이 관행이기도 하다. 그래서 루이 로드레는 100퍼센트 자기 포도로만 샴페인을 만드는 것에 대해 강한 자부심을 드러내고 있다. 또한 70만 리터에 달하는 숙성된 포도즙을 보관하고 있다. 언제든 샴페인으로 변할 수 있는 저장된 포도즙을 통해 안정적인 생산량을 유지하고 있는 것이다. 막대한 양의 와인이 저장된 셀라야말로 루이 로드레 샴페인의 품질을 지켜주고 있는 버팀목이다.

루이 로드레가 소유한 밭들은 랭스의 산 지역에 0.65 제곱킬로미터, 마른 계곡에 0.6제곱킬로미터, 그리고 하얀 언덕에 0.75제곱킬로미터가 위치해 있다. 샹파뉴에서 포도 재배의 최적지인 곳에만 밭을 소유하고 있는 것이다. 랭스의 산과 마른 계곡에는 삐노 누아가 심어져 있으며, 하얀 언덕에는 샤르도네가 경작되고 있다. 다른 샴페인 하우스에 비하면 삐노 뫼니에르 품종은 무척 적은 편이다. 서로 다른 토양에서 자란 포도들이 섞이면서 샴페인은 몸체를 갖게 되고, 과실의 아름다움을 느낄 수 있으며, 우아함을 드러내게 된다. 보다 뛰어난 균형미를 추구하는 것이 루이 로드레가 지향하는 바다.

와이너리에서 _ 한 장의 사진처럼 남은 샴페인

해마다 날씨가 다르다는 것을 빼면 농가의 일 년은 언제나 한결같다. 작황이라는 측면에서 본다면 2005년은 지극히 전통적인 해였다. 포도밭을 바라본다는 것은 자연과 대지와 대화를 나누는 것과도 같다. 루이 로드레에서는 50명가량 되는 상주 직원들이 사시사철 포도밭을 돌본다. 추운 겨울이면 농부들은 가지치기를 한다. 농한기에 하는 아주 중요한 작업인 가지치기에는 다음과 같은 전설이 있다. 서기 345년 성 마르티누스는 포도나무에 당나귀를 묶어놓고 몇 시간 동안 일을 마치고 돌아왔다. 이듬해 당나귀가 가지를 뜯어먹은 자리에 가장 좋은 포도들이 열렸다. 최상의 포도를 얻기 위해 수도사들은 그 사실을 잊지 않고 겨울이면 가지치기를 하기 시작했다. 겨울도 단순히 휴식만을 위한 시기는 아니었던 것이다. 가지치기는 이렇게 해서 겨울철 농군들의 일상이 되었다. 성 마르티누스의 은혜를 잊지 않으며.

2004년 겨울은 건조하고 추웠으며 눈이 많이 내렸

다. 눈이 많이 오면 이듬해에 풍년이 온다는 말이 있다. 이런 겨울이 지나가면 일반적으로 좋은 빈티지를 맞이한다고 알려져 있다. 그래서 사람들은 기대를 가지고 2005년을 기다렸다. 4월 14일이 되자 포도나무에 싹이 트기 시작했다. 샤르도네, 삐노 누아, 삐노 뫼니에르의 순서로 발아한다. 품종이 다른 탓도 있지만, 대개 샤르도네가 가장 남쪽에 심어져 있기 때문이기도 하다. 하늘은 기대를 저버리지 않았다. 비는 지난 30년 평균 강우량에 비해서도 약간 적은 160밀리미터 정도가 내렸다. 5월 말부터 6월 초까지 온화한 날씨가 이어졌으며 6월 중순이 되자 꽃이 피었다. 쾌청한 날씨 속에서 열매도 빨리 맺기 시작했다. 7월 내내 더운 날씨가 이어졌으나 비는 내리지 않았다. 이제 막바지를 향해 다가가고 있었다. 8월은 건조하고 더웠으나 밤이 되면 서늘해졌다. 선선한 여름밤을 맞이하면서 사람들의 기대감은 커졌다. 모든 기상 조건이 순조로웠던 것이다. 이런 상황들은 포도에 안정감을 주고 건강하게 자랄 수 있도록 도움을 준다. 8월 말 찾아온 늦더위는 금상첨화였다. 포도송이가 농익어갔으며 사람들은 이른 수확에 나설 채비를 하기 시작했다. 9월은 대단했다. 초가을 햇살이 대지에 따사롭게 떨어졌고, 밤이 오면

즐거운 수확 과정. 샹파뉴에서는 모든 포도를 사람들의 손으로 수확하게끔 규정되어 있다.

초가을다운 선선한 기운이 샹파뉴 지방을 감쌌다. 9월 12일부터 하얀 언덕에 심어진 샤르도네를 수확하기 시작했다. 이어서 13일부터 마른 계곡의 삐노 누아, 15일부터는 랭스 산의 삐노 누아가 바구니에 담겼다. 이렇게 한 해가 지나간다. 언제나 자연 앞에 선 인간들이 행하는 일은 비슷하다. 모든 일들은 일상이고 생활이다. 수확을 마치면 포도 잎들은 초록을 잃고 빨간색으로 바뀌어간다. 농가월령가를 부르듯 와인 생산지에서의 생활은 한 해가 가고, 두 해가 지나도 변함이 없다. 작업 방식은 현대화되었을지 모르지만 자연에 순응하면서 살아가는 삶은 여전히 지속되고 있는 것이다.

수확은 대단원의 마무리다. 그 광경은 장관이다. 매년 9월이나 늦어도 10월 초에는 600명이 넘는 인원들이 포도를 따러 밭으로 나간다. 포도꽃이 핀 지 약 100일 정도 지난 후면 수확을 하게 된다. 가을 햇살 아래서 흘리는 땀은 탐스러운 와인을 약속한다. 수확을 마치면 샹파뉴 지방의 작은 마을들은 축제 분위기에 휩싸인다. 밤이 깊어가도록 그들만의 잔치가 벌어진다. 올해도 무사히 농사를 마친 것이다. 포도 4000킬로그램을 압착하면 약 2550리터의 포도 주스가 나온다. 그중 첫 2050리터는 뀌베(cuvée)라고 부른다. 상급 포도즙인 셈이다.

매일 샴페인을 약간씩 돌려주는 르미아쥬 작업을 하고 있는 광경.

나머지 500리터는 따이유(taille)라고 부른다. 랭스에 있
는 지하 셀라에서는 2주 동안 1차 발효를 시킨다. 이렇
게 샴페인을 만드는 과정이 시작되는 것이다. 봄이 오
면 셀라 마스터는 일일이 맛을 보면서 어떻게 블렌딩할
것인가를 결정한다. 샴페인을 만들 때는 어느 한 밭이
아니라 2, 30개의 서로 다른 구획(plot)에서 나온 포도
즙을 섞는 것이다. 극단적인 경우에는 40여 개 이상의
구획에서 수확한 즙들을 섞기도 한다. 이 일들은 루이
로드레를 비롯한 모든 샴페인 하우스에서 진행되는 은
밀한 작업들이다. 어두운 셀라 안에서 전통은 유지되
고, 노하우는 후대로 전수된다. 하지만 할머니의 손맛

루이 로드레의 셀라.

이 어머니에게 이어지듯이 맛을 내는 결정적인 방법은
하우스마다 갖고 있는 비밀들이다. 그렇게 내려온 손맛
이 맛과 품질을 지켜주는 것이다. 2차 발효를 위해서
약간의 설탕과 이스트가 첨가되면, 샴페인은 병에 담긴
채 6킬로미터에 달하는 랭스의 지하 셀라에 보관된다.
설탕은 알코올로 전환되고, 2차 발효를 거치면서 발생
한 가스는 힘이 넘치는 기포로 바뀐다. 병에 담긴 샴페
인은 10도가량 되는 최적의 온도에서 최소한 3년 이상
숙성된다. 빛이 없고 미동조차 없는 곳에서 미래를 기
약하며 서서히 익어가는 것이다.

　가을이 절정이던 무렵 루이 로드레에 찾아갔다. 보르

오래된 샴페인들이 보관되어 있는 루이 로드레 까브.

도 지방은 이제야 수확이 한참이었지만 샹파뉴의 수확
은 완전히 마무리된 후였다. 일찍 익은 포도는 안정을
찾아 셀라 안으로 옮겨지고 발효 과정을 거치고 있었
다. 사무실과 루이 로드레 저택은 서로 붙어 있었다.
셀라를 둘러보고 저택으로 향했다. 장 끌로드 루조 회
장이 거주하고 있는 집이기도 했다. 저택을 보고 있으
면 샹파뉴 지방의 화려했던 시절을 떠올리게 된다. 정
원에는 꽃들이 만발했다. 우거진 수목들은 그늘을 드
리우고 있었다. 잔디가 덮인 대지를 밟으며 주전부리
감과 함께 브륏 프르미에로 점심식사를 시작했다. 따
뜻한 햇살 아래서 마시는 차가운 샴페인 한 잔은 소풍

을 나온 듯한 분위기를 만들어준다. 선선한 대기 속에서 입맛을 돋우며 대화를 나눈다.

　가리비로 만든 샐러드는 브륏 프르미에와 잘 어울렸다. 가리비와 야채, 샴페인의 싱싱함이 하나가 되었다. 그날의 절정은 매그넘 병에 든 1983년 산 크리스탈이었다. 입에서 가벼운 탄성이 나왔다. 큰 병에 보관하는 와인일수록 숙성이 더디게 진행된다. 아마도 일반 크기의 병이라면 80년대 후반 빈티지에서 느낄 수 있는 맛을 보여줄 것이다. 1983년 크리스탈에서는 부드러운 꿀 향기가 풍겼다. 어디 꿀뿐일까. 화사한 꽃향기는 화반에서 나오는 것인지, 크리스탈에서 나오는 것인지 방 안을 가득 채우고 있었다. 아직 힘을 잃지 않은 샴페인에서 올라오는 규칙적인 기포. 몇 년 지나지 않은 샴페인처럼 세차지는 않지만 천천히, 천천히 올라오는 거품은 마치 최면을 거는 것 같았다. 오래 숙성된 샴페인이 드러내는 원숙한 아름다움이었다.

　샹파뉴 지방에 방문하면 식사와 더불어 풀코스 샴페인을 마시게 되는 경우가 있다. 2005년 9월 23일 점심 식사도 그렇게 진행되었다. 매그넘 브륏 프르미에에 이은 매그넘 크리스탈 1983, 그리고 1999년 로제 샴페인이 이어졌다. 이렇게 샴페인이 연이어지다 보면 누

루이 로드레의 본사.

구나 지속적으로 솟아오르는 기포 때문에 레드 와인이 그리워질 것이다. 샴페인에 이어서 치즈와 함께 등장한 와인은 1996년 산 샤또 드 뻬즈였다. 드 뻬즈가 생산되는 생떼스떼프 마을 와인들은 전반적으로 남성적이고 거친 편이다. 메독의 주요 마을들 중 가장 북쪽에 위치한 생떼스떼프 마을의 기후와 토양의 미세한 차이가 생떼스떼프 와인의 특징을 이루는 것이다. 그러다보니 과거의 생떼스떼프 와인은 출시된 후에도 꽤 오랜 숙성을 필요로 했다. 요즘 추세는 메를로 품종의 비율을 높임으로써 보다 부드러운 와인을 만드는 것이다. 루이 로드레에서 드 뻬즈를 인수한 이후 품질이 향상되었다. 드 삐즈가 추구하는 맛은 과거의 스타일과는 다르다. 크리스탈이 보여주는 것처럼 힘보다는 균형 감각이 중시되고 있었다. 샴페인은 물론이고, 자신들이 만들고 있는 레드 와인조차 모난 느낌을 자제하기 위해서 애쓰고 있었다. 브륏 프르미에로 시작해서 끝까지 이어지는 전체적인 부드러움은 이렇게 드 삐즈로 마무리된다.

샴페인이 아닌 예술 분야에서도 루이 로드레는 유명하다. 19세기는 빛의 시대였다. 광학 기술이 발달하면서 사진이 나오고 영화가 등장했다. 샴페인의 전성시대이기도 했다. 루이 로드레는 그때부터 지금까지 유독 사진이라는 장르에 깊은 관심을 가지고 있다. 현재 루이 로드레에서 수집해놓은 방대한 사진 수집품은 무려 500만 장에 달한다. 역사, 기록, 예술 사진 등 전 분야에서 수집이 이루어졌다. 2003년에 루이 로드레는 프랑스 국립도서관의 후원자로 나서기 시작했다. 이미 다수의 사진 전시회들을 후원하고 있던 차였다. 루이 로드레는 국립도서관의 리슐리외 관에 사진 갤러리를 만드는 데 투자를 아끼지 않았다.

샴페인은 언제나 예술과 문화와 함께한다. 고급스러운 소비 문화임과 동시에 생산적이기도 한 것이다. 맛은 입 속을 지나면서 사라진다. 그러나 여운이나 기억은 오래도록 남는다. 사진처럼 형상화되어 기록되지는 않지만 뇌리에 남아 있는 기억은 영원하다. 여러 군데에서 마셨던 크리스탈 맛이 떠오른다. 마치 아름다운 기록사진처럼, 튤립 글라스 안에서 올라오는 자그마한 기포들이 어느 한순간에 멈추어 있는 것 같다. 마시지 않고 단지 바라보는 것만으로도 아리따운 것이 바로 샴페인이 아닐까.

ANTINORI

IV. Toscana 토스카나

7.
600년 전통의 와인 명가,
안티노리

안티노리

피 렌 체 의 . 명 물 , 안 티 노 리 . 궁 전

토스카나! 얼마나 많은 이들이 토스카나의 햇살을 찾아 이곳으로 몰려들었던가. 신이 지배하던 중세의 어둠 속에서 인간의 세계를 구현했던 르네상스 문화의 본산이자 레오나르도 다 빈치, 보티첼리 등을 배출한 피렌체, 중세 내내 피렌체의 강력한 경쟁자였으며 미로 같은 골목길들이 얽혀 있는 아리따운 도시 시에나, 기울어진 사탑의 도시 피사, 〈인생은 아름다워〉를 찍은 중세 풍경의 도시 아레초, 오페라의 거장 푸치니의 고향이자 고대 로마의 자취가 남아 있는 루카, 13세기에 건축된 탑들이 여전히 자리를 지키고 있는 산 지미냐노, 미켈란젤로가 대리석을 채취했다는 카라라. 어느 도시를 방문해도 개성이 넘친다. 토스카나에서는 도시

마다 바뀌는 다양한 인상들을 만날
수 있다. 도시를 벗어나 좁은 국
도로 접어들면 풍경은 판이
하게 바뀐다. 갑자기 인간은
사라지고 자연만 남아 있다는 느낌이
든다. 어디서나 사시사철 푸르른 사이프
러스나무, 겨울이면 자취를 감추었다가
연두에서 초록을 거쳐 붉게 물들어가는 포도나무, 그
리고 햇살에 반사되어 온갖 초록색들이 너울거리는 올
리브나무들을 만날 수 있다. 울창한 나무들이 우거진
시골길에서는 갑자기 야생 동물들이 튀어나오기도 한
다. 이처럼 토스카나에서는 인간과 자연의 조화를 접
할 수가 있다.

토스카나 지방의 중심은 피렌체다. 피렌체는 넓지 않
아 걷기에 좋은 도시다. 도시 곳곳에 르네상스 문화가
살아 숨쉰다. 가끔 사람이 뜸한 새벽이나 밤 시간에 혼
자 거리를 걷고 있으면 몇백 년 전으로 돌아간 느낌이
들곤 한다. 그때의 공기 색깔은 어땠을까 궁금해진다.
산타 마리아 노벨라 역에서 내려 두오모로 향한 대로
를 따라가다 보면 오른쪽으로 명품 가게들이 늘어서
있는 거리로 꺾어지게 된다. 길 초입은 론디넬리

(Rondinelli) 거리지만 계속 내려가면 토르나부오니 (Tornabuoni) 거리로 이름이 바뀐다. 이 두 거리가 만나는 지점에 작은 교회와 버스 정류장이 있는 광장이 하나 있다. 지도에는 안티노리 광장이라고 표기되어 있다. 교회 맞은편에는 르네상스 시대에 지어진 3층짜리 저택이 하나 있다. 안티노리 궁전(Palazzo Antinori)이다. 원래 이 광장의 이름은 산 미켈레 베르텔데[01]였으나 이름이 바뀐 것이다. 왜 역사적인 자취가 남아 있는 광장과 저택에 지금도 와인을 만들고 있는 집안의 이름이 붙게 된 것일까. 충무로나 을지로처럼 대부분 거리나 지명에는 옛 위인들의 이름이 붙는 것이 관례가 아니던가.

중세 이탈리아 반도에서는 다른 나라와 비교할 때 특이한 정치적 상황을 발견할 수 있다. 왕이나 귀족이 도시를 지배한 것이 아니라 일찍부터 시민 중심의 사회가 형성되었기 때문이다. 금융업으로 부를 모은 은행가들은 가문의 영광을 과시하기 위해 예술 작품 창작을 후원하거나 대저택을 지어 궁전이라고 명명했다. 다른 도

01__ 원래 산 미켈레 베르텔데(Piazza San Michele Bertelde) 교회가 있어서 광장도 그렇게 불렸으나 파괴되었고, 그 이후 지금의 산 가에타노(San Gaetano) 교회가 지어졌다.

안티노리 광장과 궁전을 그린 19세기의 석판화.

시의 궁전이 왕과 귀족들이 사는 곳이었던 데 비해 피렌체의 궁전은 부유층들의 호화저택이었던 것이다. 안티노리 궁전은 원래 1461년에 보니(Boni) 가문[02]의 요구를 받은 줄리아노 다 마이아노(Giuliano da Maiano)가 설계했다. 줄리아노는 브루넬레스키의 영향을 받은 건축가였으며 아레초, 나폴리 등지에도 작품을 남겼다. 이

[02]__ 안티노리 궁전 건축을 의뢰한 이는 조반니 디 보노 보니(Giovanni di Bono Boni)였다. 은행가 집안의 아들이었던 그는 결혼해서 거주할 목적으로 이 건물을 짓기 시작했다.

시기는 르네상스의 황금기였다. 도시는 평화로웠고 경제적으로 넉넉했으며 교회의 벽은 아름다운 프레스코화로 장식되고 있었다. 그러나 안타깝게도 자금이 달린 보니 가문은 저택을 유지할 수 없었다. 피렌체가 번성하던 시절, 실질적인 지배자는 '위대한 로렌초(Lorenzo Il Magnifico)'라고 불리던 로렌초 데 메디치였다. 위대한 로렌초는 1474년에 이 궁전을 잠시 사들였다가 이듬해 친구였던 카를로 마르텔리(Carlo Martelli)에게 넘기게 된다. 그러나 불행히도 마르텔리 집안에는 자식이 없었다. 건물을 상속받을 만한 후사가 없었던 것이다. 대인관계가 원만했던 위대한 로렌초는 마르텔리 집안과도, 안티노리 집안과도 막역한 사이였다. 그래서 위대한 로렌초는 안티노리 집안의 수장이었던 니콜로에게 이 건물을 살 것을 권유한다. 그러나 위대한 로렌초가 숨을 거두자 피렌체에는 혼란한 시기가 찾아온다. 프랑스 군대가 알프스를 넘어서 침공해왔으며, 도미니크회 수사였던 사보나롤라의 신권정치가 이루어지기도 했다. 이런 어수선한 상황들이 다 지나가고 피렌체가 안정을 되찾은 후에 궁전의 소유권은 안티노리 집안으로 넘어간다. 1506년에 니콜로 안티노리는 4000플로린을 지불하고 이 저택을 손에 넣었다. 위대한 로렌초가

죽고 나서 강산이 한 번 변
한 후에야 거래가 마무리
된 것이다.

다른 궁전들에 비하면
안티노리 궁전은 사람 사
는 냄새가 난다. 피티 궁
전과 스트로치 궁전은 박물관으로, 메디치 궁전은 피
렌체 시청사로 사용되고 있지만 안티노리 궁전에는 사
람들이 거주하고 있기 때문이다. 무엇보다 믿기 어려
운 사실은 안티노리 가문에서 궁전을 매입한 이래 500
년 동안 안티노리 사람들이 살고 있다는 점이다. 와인
생산자로서 안티노리 집안은 1385년부터 현재에 이르
기까지 단 한 번도 대가 끊기지 않고 와인을 만들어왔
다. 우리나라로 치면 조선 건국 이전부터 한 집안이 그
들의 가업을 계속 유지해오고 있는 셈이다. 그렇게 흘
러간 세월이 무려 620년에 달한다. 궁전에, 거리에 그
들의 이름이 붙어 있는 것은 한 도시의 역사를 생각한
다면 어쩌면 당연한 일일 것이다. 다른 거리에도 피렌
체를 빛냈던 위인들의 이름이 붙어 있으니까 말이다.

바로크풍의 화려한 철 대문을 열고 안티노리 궁전으
로 들어가면 정문 오른쪽에는 가문에서 직접 운영하는

13세기부터 사용되던 피렌체 와인 생산자 조합의 문장.

아담한 식당 칸티네타가 있다. 그 입구에 중세에 사용되던 피렌체 와인 생산자 조합(Arte Fiorentina dei Vinattieri)의 문장이 걸려 있다. 궁전 파사드를 비롯해서 내부 곳곳에도 안티노리 가문의 문장이 보인다. 입구 쪽으로 트인 공간을 제외하면 정원은 벽으로 둘러싸여 있다. 정원 사면은 아치들이 늘어선 개랑(loggia)으로 구성되어 있다. 무더운 여름이면 사람들은 바람이 잘 통하는 개랑 그늘에 앉아서 휴식을 취하곤 했다. 아치의 원주 장식은 레온 바티스타 알베르티[03]가 모범적인 형태라고 이야기했던 대로 이오니아와 코린트 양식의 절충형이다. 현관 입구에는 왕관과 다이아몬드 문양으로 구성된 가문의 문장이 걸려 있다. 이 문장은 16세기부터 사용해오고 있는 것으로 조각과 테라코타로 유명했던 델라 로비아(Della Robbia) 집안에서 만든

03__ 레온 바티스타 알베르티(Leon Battista Alberti: 1404~1472)는 르네상스 시대의 시인, 철학자, 건축가였다. 레오나르도 다 빈치에 앞선 만능인으로 불린다. 《건축론》 등의 저서를 남겼으며, 그의 무덤은 피렌체 산타 크로체 성당에 남아 있다.

것이다. 궁전은 회사 사무실과 안티노리 가족이 거주하는 아파트로 나뉘어 있다. 1층은 회사 사무실이다. 문을 열고 들어가면 볕이 잘 드는 응접실이 있다. 벽에는 조상들의 초상화가 걸려 있으며 피에로 안티노리 후작의 사무실로 연결된다. 응접실에

2006년 피렌체 시내 곳곳에는 소를 주제로 한 예술 작품들이 전시되어 있다. 안티노리에서도 오크통으로 몸통을 장식한 소를 만들어서 궁전 입구를 장식하고 있다.

서 뒷문을 열면 후원으로 연결된다. 후원에는 너른 잔디밭과 비너스 분수가 있으며 담쟁이덩굴과 목련꽃들이 심어져 있다. 겨울에는 메말라 있다가, 봄이면 화사한 토스카나 풍 정원으로 되돌아온다. 가족들은 3층에 살고 있고, 2층에는 17세기 분위기를 흐트러뜨리지 않은 공간들이 있다. 골동품들이 놓여 있는 식당은 부유한 집안치고는 소박한 편이다. 딱딱한 나무 탁자, 수 세기가 지난 찬장, 화려하지 않은 샹들리에가 안정적으로 자리를 잡고 있다. 피에로 후작의 아버지가 사용하던 서재도 고스란히 보존되어 있다. 한가운데에는 17세기부터 사용해오던 책상이 놓여 있고 서가에는 오래된 책들이 빽빽하게 꽂혀 있다. 북쪽 벽은 폭이 3미터에 달하는 대형

 유화가 채우고 있다. 틴토레토
(Tintoretto)가 그린 펠레그리니
(Pellegrini) 가족의 초상화다.
고개를 돌리면 동쪽 창으로
멀리 두오모가 보인다.

" 거 기 에 . 안 티 노 리 . 와 인 이 . 있 네 "

안티노리 가문은 르네상스 시대부터 안정되고 유력
한 가문이었다. 그 시대에는 권세가 높았으나 혼란한
역사의 풍파 속에서 메디치나 파치처럼 완전히 소멸해
버린 집안들도 많다. 메디치처럼 대가 끊어진 경우도
있고, 파치처럼 정권을 장악하기 위해 음모를 꾸몄다
가 완전히 몰락해버린 경우도 있다. 안티노리는 영향
력이 있던 집안이라서 시의원과 대주교 등을 배출하기
도 했다. 그러나 정치에 가운을 걸지는 않았다. 그보다
는 꾸준히 자기 영역을 지키고, 견실하게 사업을 확장
하면서 오늘에 이르고 있는 것이다. 안티노리는 메디
치 가문과도 교류가 많았다. 도시 내에서 명망이 높았
지만 두 집안 다 피렌체 출신은 아니었다. 처음에는 경
제적으로 번영하던 피렌체로 찾아온 외지인들이었다.

아무리 발달했다고 해도 지금의 대도시에 비하면 피렌체는 규모가 작았다. 가장 인구가 많이 살던 때가 20만 명 정도였으며 귀족들이 쫓겨난 탓에 시민 사회가 발달했다. 중세 기독교 사회였지만 사업을 통한 경제적 행위는 사회적으로도 인정을 받았다. 도시 전반에 걸쳐 몹시 개방적인 분위기가 흘렀던 것이다. 이러한 경제적 발전을 바탕으로 예술에 대한 투자가 이루어졌고, 결국 르네상스라는 거대한 물결로 이어진 것이다.

1180년 기록상에 처음 등장하는 안티노리의 조상은 리누초 디 안티노로(Rinuccio di Antinoro)라는 이름을 가지고 있었다. 당시에 대부분의 사람들은 이름만 있고 성은 없었다. 이후 몇 세기 동안에도 유명한 인물들은 레오나르도 다 빈치처럼 이름만 있고 성은 출신지를 사용하는 것이 일반적이었다.[04] 12세기 말에 안티노로라는 성을 가지고 있었다는 것은 꽤나 성공한 집안이었다는 증거이기도 하다. 원래 안티노로 집안은 피렌체와 프라토 사이에 위치한 칼렌차노(Calenzano)라는 작은 마을에 살고 있었다. 1202년 전쟁 중에 마을이 파

04__ 레오나르도 다 빈치(Leonardo da Vinci)는 빈치(Vinci) 출신 레오나르도라는 뜻이다. 중세 이탈리아에서는 이처럼 이름만 있고 성은 출신지를 붙이는 경우가 많았다. 미켈란젤로 부오나로티(Michelangelo Buonarroti)처럼 성을 갖고 있는 경우는 출신 성분이 더 좋았다는 사실을 알려준다.

괴되자 안티노리 집안은 번영하고 있던 피렌체로 이주하기로 결정을 내린다. 이후의 행보를 보면 꽤나 능력 있는 가문이었다는 사실을 알 수 있다. 그들은 1285년 실크 직공조합에 가입하고, 이어서 은행가조합에도 가입한다. 이즈음부터 성도 안티노리로 바꾸었다. 비단과 은행, 두 조합은 이미 국제적인 양상을 띠고 있었다. 비단과 직물은 인기가 높은 상품이라 다른 도시로 진출해서 가게를 열면 대개는 돈을 벌어들였다. 그 자금을 바탕으로 진출한 도시에서 융자를 해주는 식으로 금융업을 병행하는 것이 많은 집안들의 관행이었다. 교회의 입장에서 보면 돈을 벌기 위한 목적으로 사업을 하는 것이 반길 만한 일은 아니었다. 그러나 사업으로 돈을 번 사람들은 가족 예배당을 만들거나 조각상을 세워주거나 실내 장식에 투자를 해주었다. 교회도 십일조를 많이 내는 부자들이 돈을 버는 행위에 대해서는 관대한 입장을 취했다. 15세기 중반에 이르면 안티노리 집안은 프랑스의 리용, 벨기에의 브뤼즈 등 주요 도시에 분점을 열기 시작한다. 1293년 피렌체에서는 와인 생산자조합이 결성되었다. 당시 조합은 모두 21개였다. 7개의 주요 조합이 있었고, 나머지 14개 조합은 그에 비하면 규모가 작은 하위 조합이었다. 와인

조합은 하위 14개 조합 중 하
나로 분류되었다. 신분의 차
이는 존재했지만 다양한 조
합들이 설립되었다는 것은
중세 피렌체의 생산 활동이
왕성했다는 얘기이기도 하다.

　피렌체의 부유한 가문들은 기본적으로 영지에서 와
인을 생산하고 있었다. 물건을 사고파는 시장은 존재
했지만 자급자족이 근본이었기 때문이다. 부자들은 피
렌체 교외에 포도밭이 딸린 빌라를 소유하고 있는 경
우가 많았다. 안티노리 집안도 마찬가지였다. 와인 조
합이 설립된 지 100년가량 지난 1385년 조반니 디 피
에로 안티노리(Giovanni di Piero Antinori)는 조합의 도제
로 가입한다. 형식상 어느 조합이나 도제 과정을 거쳐
야 장인이 될 수 있었다. 궁전 입구에 새겨진 와인 조
합 문장은 이런 역사를 되새기게 한다. 당연히 이 문장
은 지금은 사용되지 않는다. 하지만 남아 있는 문장이
상징하는 것은 다른 사업들은 내리막길을 걸었지만 와
인 사업만큼은 가족들이 힘을 모아 꾸준히 지켜왔다는
사실을 일깨워준다.

　안티노리 가문은 부를 획득한 만큼 정치적인 의무를

치러야 했다. 중세 피렌체에서 노블리스 오블리제는 당연한 일이었다. 보수는 없었지만 정부의 중요 직책을 맡는 것은 명예로운 일이었다. 금융과 직물, 와인으로 돈을 번 안티노리 집안은 정치적인 직무를 수행해야 했다. 당연히 메디치 가문과는 여러 방면에서 만날 수밖에 없었다. 위대한 로렌초가 죽은 후 메디치 가문은 피렌체에서 추방당했고 사보나롤라의 시대는 그가 화형을 당하면서 종말을 고했다. 시의회가 중심이 되어 피렌체를 통치하지만 메디치의 영광이 끝난 것은 아니었다. 16세기에 접어들면서 메디치 가문의 코시모가 돌아와 스무 살의 젊은 나이에 정권을 장악한다. 사람들은 젊은 코시모를 이용하려 들었지만 그는 대공의 지위에 오르면서 철권통치를 이끌게 된다. 코시모 대공은 농업을 장려하고 경제 정책을 성공적으로 이끌면서 현재 토스카나의 기반을 확립했다. 시에나를 합병하면서 토스카나를 통일한 것도 코시모 대공 때의 일이었다. 알레산드로(Alessandro) 안티노리는 당대 피렌체에서 10대 부자에 속했다. 그가 가진 재산은 금화 10만 플로린에 달했다. 1543년 알레산드로는 코시모 대공에게 편지를 쓴다. 합스부르크의 카를 5세(Charle V)가 자신들의 배에 실려 있던 말바시아(Malvasia) 와인을 압수해버렸다는 내용이었다. 아주 큰 사건은 아니었기에 그 후 어떻게 처리되었는지는 알려지지 않았지만 편지는 아직도 피렌체 문서 보관소에 남아 있다. 경제적인 면에서 안티노리 가문은 이때 가장 전성기를 맞이했다. 궁전도 바초 다뇰로(Baccio d'Agnolo)에게 의뢰해 후원을 넓히고, 세부 시설을 개축하는 등 현재의 모습으로 완성되었다. 그러나 흥할 때가 있으면 망할 때도 있는 법, 피렌체의 금융업은 내리막길을 걷고 있었다. 1552년 많은 피렌체의 은행가들이 몰락할 무렵 안티노리 집안도 파산 사태를 겪고 만다.

비록 과거의 주력 사업은 망했지만 16세기를 거치면서 가문의 와인 사업은 성장하고 있었다. 그들의 사업 영역은 토스카나 지방에만 한계를 둔 게 아니었다. 이미 외국에 다양한 거래 선을 갖고 있었다. 언제부턴가 와인은 가족 사업으로 완전히 자리를 잡고 있었던 것이다. 17세기 후반 니콜로 안티노리는 시의원이 된다. 당시에 가장 유명한 시인은 프란체스코 레디[05]였다. 그는 단테와 폴리치아노에 이어 르네상스 정신을 계승한

05__ 프란체스코 레디(Francesco Redi, 1626~1698)는 메디치 가의 페르디난도 2세(1610~1670)와 코시모 3세(1642~1723) 치하에서 일했다. 당시 피렌체를 지배하던 메디치 가문은 대공(Grand Duke) 작위를 갖고 있었다. 의사이기도 했던 프란체스코 레디는 탁월한 문필 활동을 통해 시인으로서 명성을 떨쳤다.

시인이라고 할 수 있을 것이다. 우피치 미술관 회랑에는 단테, 보카치오 같은 문인들과 더불어 그의 동상이 서 있다. 프란체스코 레디는 대공의 주치의였으며 지금으로 치면 와인 평론가이기도 했다. 과거에 와인은 약으로 여겨져서 환자에게 자주 처방되기도 했다. 의사였던 레디는 와인 예찬론자였다. 그는 코시모 3세를 위해 시집을 헌정했다. 《토스카나의 바쿠스(Bacco in Toscana)》라는 제목의 시집이었다. 안티노리 와인에 대한 대목도 눈에 띈다. "거기에 안티노리 와인이 있네. …… 잘 익은 카나이올로 포도로부터, 압착한 순수한 주스가 뿜어져 나오네. 글라스에서 거품이 일고 반짝거리네." 그는 유명한 의사이기도 했으므로 주변에 자문을 해주는 경우가 많았다. 항구 도시 리보르노에서 약사 일을 하던 체스토니(Cestoni)에게 프란체스코 레디는 다음과 같은 내용의 편지를 써서 보내기도 했다. "안티노리에서 나를 대신하여 보낸 네 병의 와인이 마음에 들었다면, 그리고 당신의 사제께서 그 와인을 좋아하셨다면 기쁘겠습니다. 그 와인을 좋아한다는 사실은 결코 사소한 일이 아닙니다. 사제께서 훌륭한 기호를 갖고 있다는 것이기 때문입니다. 페르디난도 대공께서는 좋은 와인 맛을 음미하지 못하는 사제는 미친 것과 다름없다고 말씀하시곤 했습니다."

19세기에 접어들었을 때 이탈리아는 주
변 강국들의 영향력 아래 놓여 있었다. 그
중에서도 특히 프랑스와 오스트리아의 간
섭이 심했다. 심지어 합스부르크 왕
가와 나폴레옹 군대는 이탈리아 영토
에서 격돌하기도 했다. 국가 개념이 존재하지 않았고 도
시 중심으로 구성되어 있던 이탈리아는 외세로부터의
독립과 통일을 꿈꾸기 시작했다. 피렌체도 오스트리아
에 대항해서 독립 투쟁을 벌이고 있었다. 가리발디와 마
치니 같은 통일 영웅들이 등장해서 민중들을 이끌면서
분위기를 고조시켰다. 결국 1861년에 사보이 왕국이 중
심이 되어 이탈리아는 통일이라는 감격을 맞이하게 된
다. 통일 초기 피렌체는 잠시 이탈리아의 임시 수도가
된다. 초대 국왕인 비토리오 에마누엘레 2세는 통일 운
동(Risorgimento)에 공헌한 가문에 귀족 작위를 수여한
다. 피렌체를 이끌어오던 가문 중 하나인 안티노리도 이
때 후작이 되면서 '미덕에의 추구(Te Duce Profico)'를 좌
우명으로 삼게 된다. 이때부터 이 좌우명은 집안 문장의
하단에 표기되기 시작했다.

'제우스의 . 피', 키안티 . 클라시코

와인 사업은 영속적인 것이었다. 세계 박람회에 출품하면서 안티노리 와인의 존재는 지속적으로 알려지고 있었다. 19세기 후반에 시장은 국제적으로 확대되었다. 런던은 물론 뉴욕, 부에노스아이레스, 상파울로 등 대서양 너머까지 와인이 수출되었다. 국제화의 과정에 발맞추어 1898년에 안티노리 형제는 자신들의 이름을 따서 '로도비코와 피에로 후작의 와인 회사(Fattoria dei Marchesi Lodovico e Piero Antinori)'를 설립한다. 드디어 현대적인 개념의 와인 비즈니스가 시작된 것이다. 이 집안에서 자주 물려받는 이름은 니콜로와 피에로, 그리고 로도비코 혹은 루도비코다. 회사가 설립된 지 100년이 지난 현재, 안티노리 가문의 수장은 당시의 조상과 같은 이름의 피에로다. 그의 동생인 루도비코는 토스카나 서부 볼게리 지역을 중심으로 와인을 만들고 있다. 두 형제의 아버지 이름은 니콜로이며, 안티노리 궁전을 매입한 조상도 니콜로였다. 이처럼 이탈리아에서는 조상들의 이름을 반복해서 사용하는 경우가 많다. 지금도 안티노리에서는 스파클링 와인을 만들지만 최초의 시도는 20세기 초에 이루어졌다.

샹파뉴 지방을 방문했다가
감탄한 안티노리 형제는
1905년에 양조 전문가를
초빙해서 샴페인을 본뜬
와인을 만든다. 현재 이
탈리아를 대표하는 스파클링

와인인 스푸만테의 시작이었다. 오페라 〈나비 부인〉으로 유명한 작곡가 푸치니는 이 와인 맛을 보고 난 후 피에로 안티노리에게 '당신은 대단히 귀족적인 훌륭한 샴페인을 만들었네.' 라고 쓴 편지를 보낸다. 안티노리 집안과 푸치니는 같은 토스카나 출신인 만큼 막역한 사이였다. 안티노리는 와인을 통해 국제적인 사업을 진행하고 있었고 푸치니가 작곡한 오페라 〈서부의 처녀(La Fanciulla del West)〉는 안티노리 집안에서 제안한 대본이었다고 한다.

  20세기 초반 안티노리는 왕실에 와인을 공급하고 있었다. 그런 와중에 회사를 물려받은 니콜로 안티노리(Niccolò Antinori, 1898~1991)는 와인의 현대화를 추구하면서 과감하게 행동했다. 1924년에 그는 보르도 품종을 써서 와인을 만들면서 키안티 클라시코 지역에서 파란을 불러일으켰다. 그러나 아직 시기상조였고, 첫 잔 속의 폭풍으로 끝나고 말았다. 전통적이고 폐쇄적인 분위기가 토스카나를 지배하고 있었다. 1928년에는 자신들이 살고 있는 빌라를 라벨에 디자인한 빌라 안티노리 키안티 클라시코가 탄생한다. 그러면서도 니콜로는 외래 품종에 대한 관심을 소홀히 하지 않고, 까베르네 소비뇽과 세미용 같은 품종에 대한 연구를 지속적으로 이어나갔다. 그와 동시에 토스카나에만 머무르지 않고 움브리아 방면까지 포도밭을 넓혀나갔다.

제2차 세계대전 동안 전장이었던 이탈리아는 폐허가되었다. 이탈리아 군대를 대신해서 독일군이 도처에 주둔하고 있었다. 미국 해방군은 반도를 따라 북진했다. 토스카나 곳곳에서 격전이 벌어졌다. 안티노리 빌라는 폭격으로 파괴되었고, 어린 피에로와 루도비코 형제는 아버지를 따라 티냐넬로 포도원으로 피신했다. 와인 생산 시설들은 독일군이 퇴각할 때 큰 타격을 입었고 피렌체 시내도 마찬가지로 포연에 휩싸였다. 전쟁이 끝나자 모든 걸 처음부터 다시 시작해야만 했다. 셀라는 개축되었고, 새로운 키안티 클라시코를 만들면서 산타 크리스티나(Santa Cristina)라는 이름을 붙인다. 전후의 빈곤에 시달리긴 했지만 이탈리아에서 전쟁의 상처는 서서히 치유되기 시작한다. 1957년에 니콜로

안티노리는 궁전 1층 입구에 칸티
네타(Cantinetta)라는 가게 겸 주점
을 개장한다. 이는 중세에 피렌체
부유층들이 와인과 치즈 등 영지
에서 만든 가내 생산품들을 자신
의 주택에서 시민들에게 직접 판매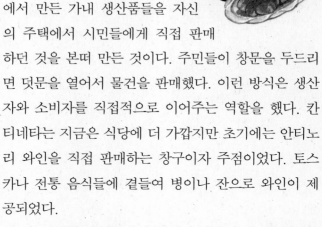
하던 것을 본떠 만든 것이다. 주민들이 창문을 두드리
면 덧문을 열어서 물건을 판매했다. 이런 방식은 생산
자와 소비자를 직접적으로 이어주는 역할을 했다. 칸
티네타는 지금은 식당에 더 가깝지만 초기에는 안티노
리 와인을 직접 판매하는 창구이자 주점이었다. 토스
카나 전통 음식들에 곁들여 병이나 잔으로 와인이 제
공되었다.

1960년대에 접어들면서 세대가 바뀐다. 20세기 전반
부를 이끌었던 니콜로는 은퇴를 결심한다. 후계자는
장남인 피에로 안티노리 후작이었다. 아들에게 물려주
기 직전인 1961년, 니콜로는 양조자 자코모 타키스
(Giacomo Tachis)를 영입한다. 그는 물러설 때까지도 안
티노리 와인을 어떻게 발전시킬 것인가 하는 화두를
잊지 않고 있었던 것이다. 포도밭과 생산 시설 전반에
걸쳐 혁신의 바람이 불어닥쳤다. 소비자들의 취향은

현재 안티노리 사를 이끌고 있는 피에로 안티노리 후작.

급속도로 바뀌고 있었다. 이에 부응하기 위해서는 재배와 생산에 관한 모든 방법들을 개선할 필요성이 부각되었다. 이전에 어수선하게 심어졌던 포도나무들은 토양을 고려해서 재편성되었으며, 자연적인 조건에만 의존하던 셀라에는 인공적인 온도 조절장치가 설치되었다. 다양한 크기의 오크통을 사용하면서 실험을 거듭했다. 어떤 오크통이 와인 맛을 발전시키는 데 어울리느냐가 관건이었다. 이런 과정을 거치면서 색깔이 짙고 풍부한 아로마를 지닌, 그러나 부드러운 타닌을 지닌 와인들이 만들어졌다. 일반적으로 프렌치 바리끄라고 부르는 225리터짜리 오크통을 써서 와인을 처음 숙성시킨 것도 이 무렵이었다. 이전의 토스카나 생산자들은 주로 크기가 큰 대형 배럴을 사용하고 있었다. 프렌치 바리끄를 사용함으로써 국제적인 취향에 맞는 아로마가 생성되었고, 와인은 훨씬 견고한 구조감을 지니게 되었다.

안티노리 궁전은 사업에 관한 모든 행정적인 일들이 진행되는 본사 건물이라 할 수 있다. 이곳 피렌체를 중심으로 동맥들이 뻗어 있다. 안티노리는 토스카나 전역을 비롯해서 움브리아, 풀리아, 그리고 피에몬테에 이르기까지 여러 지역에서 포도밭을 일구고 있다. 그중 와인 생산의 심장부는 키안티 클라시코 (Chianti Classico) 지역이다. 키안티 클라시코는 전 세계에서 가장 대중적인 와인의 이름이자, 피렌체와 시에나 사이에 위치한 거대한 와인 생산지역을 일컫는 말이다. 이탈리아에는 이처럼 와인 생산지와 와인 이름이 같은 경우가 많다. 1554년 맞수였던 시에나를 정벌하기 위해 코시모 대공이 이끄는 피렌체 군사가 남쪽으로 향했다. 토스카나의 맹주임을 자처하던 피렌체의 입장에서 볼 때 시에나는 목에 걸린 가시 같은 존재였기 때문이다. 이때부터 2년에 걸쳐 두 도시에 사이에 있는 모든 것들을 폐허로 만들어버릴 만한 대격전이 벌어지게 된다. 오랜 공방전 속에서 피렌체 군대에 포위당한 시에나 주민들은 굶주림에 시달렸고 결국 백기를 들고 만다. 악정이 펼쳐질 것이라고 예상했지만 의외로 코시모 대공은 적극적인 유화정책으로 시에나 주민들을 끌어안았다. 이때부터 두 도시를 중심으로 강력한 토스카나 공국이 건설되기 시작한다.

전투는 피비린내가 났다. 전장에 살아남은 것은 아무것도 없었다. 치열했던 전투를 미화시키려는 의도일까, 아니면 키안티 클라시코 와인에 정통성을 불어넣기 위함일까. 이 전투에서 한 가지 재미있는 일화가 전해진다. 피렌체와 시에나 군사들은 연일 이어지는 전

새로 개축된 티나넬로 포도원의 지하 셀라.

투에 지쳐 있었다. 그때 누군가가 좋은 아이디어를 냈다. 더 싸우지 말고 닭을 한 마리씩 준비했다가 내일 아침 닭이 먼저 우는 쪽이

이기는 것으로 하자는 의견이었다. 두 편 다 그 생각에 동의하고는 닭을 준비했다. 시에나 쪽에서는 아침 일찍 힘차게 울라는 의미에서 실컷 먹인 후 잠을 재웠고, 피렌체에서는 닭을 쫄쫄 굶겼다. 결국 배가 고픈 닭이 먼저 일어나 울었고 승리는 피렌체로 돌아갔다. 드디어 평화가 찾아온 것이다. 이렇게 해서 까만 수탉은 평화의 상징이자, 전장이었던 키안티 클라시코 와인을 의미하는 표식이 되었다. 원래부터 까만 수탉은 전투력이 강한 것으로 알려져 있다. 이 지역을 돌아다니다 보면 곳곳에서 까만 수탉으로 간판을 만들거나 장식한 모습을 볼 수 있다. 키안티 클라시코 와인을 보면 많은 와인들의 병목에 까만 수탉이 인쇄된 작은 라벨이 붙여져 있다. 1924년부터 시작된 이 전통은 지금도 이어지고 있고, 마시는 사람들로 하여금 농담 삼아 '닭표 와인'이라는 호칭으로 부르게 만들기

도 한다.

  작은 마을들이 모여 있는 키안티 클라시코 지역으로
들어가보자. 피렌체에서 남쪽으로 30분가량 좁은 국도
를 따라 달리다 보면 키안티 클라시코의 초입에 다다
르게 된다. 안티노리 와인 생산의 중심지라 할 수 있는
페폴리(Peppoli) 마을이다. 수확된 포도들은 상당수 이
곳에서 발효되고, 숙성된 후 한 병의 와인으로 완성되
어 나간다. 페폴리는 키안티 클라시코 지역에서도 온
화한 곳이다. 1988년 토스카나 지방에 갑작스런 한파
가 몰아닥친 적이 있었다. 다른 마을에 심어진 올리브
나무들이 동사했을 때도 페폴리에 심어진 나무들은 맹
추위에서 살아남았다. 사람들은 추위를 묘사할 때 온
도가 얼마나 떨어졌다고 하는 식의 포괄적인 표현을
하지만 실제로는 작은 동네 안에서도 더 추운 곳과 덜
추운 곳이 있게 마련이다. 농사란 이런 사소한 자연 현
상에 의지하며, 자연과 항상 함께 호흡하는 행위다. 안

티노리는 페폴리에 광활한 토지를
소유하고 있다. 0.62제곱킬로미터의
땅에 포도나무가, 0.27제곱킬로미터의 땅에는 올리브
나무 5500그루가 심어져 있다. 포도나무는 대부분 키
안티 클라시코의 주 품종인 산조베제다. 산조베제라는
이름은 '제우스의 피(blood of Jove)'에서 유래했다. 그
외에 메를로와 시라 같은 프랑스 품종들도 간간이 재
배되고 있으며, 그중에는 수령이 100년이 넘는 나무들
도 있다. 포도든, 올리브든 유기농을 원칙으로 삼고 있
다. 일일이 사람들의 손을 거친 양질의 열매가 향기로
운 와인과 올리브오일로 바뀌는 것이다.

페폴리 포도원은 원래 수도원 소유였다. 14세기에 수
도원이 파괴되면서 폐허가 된 곳에 피렌체의 부호들이
빌라를 건축하면서 포도 농사가 재개되었다. 피렌체에
살던 사람들은 언제나 이처럼 목가적인 생활을 추구해
왔다. 직물과 은행 사업으로 전 유럽에서 돈을 벌어들
였지만, 그들의 삶의 원천은 풍요로운 자연과 농업에
있었기 때문이다. 안티노리에서는 페폴리 포도원을
1985년에 구입했다. 가문에서 와인을 만들기 시작한
지 600년을 기념하는 해였다. 이때 수확한 포도를 갖고
페폴리 키안티 클라시코를 출시하기 시작한 것은 1988

년의 일이다.

티 냐 넬 로 와 . 솔 라 이 아

페폴리를 중심으로 안티노리의 주력 포도원들이 펼쳐져 있다. 남동쪽으로 5킬로미터 내려가면 안티노리의 명성을 세계에 알린 티냐넬로(Tignanello) 포도밭과 마주치게 된다. 불과 10여 년 전까지만 해도 이탈리아 와인에 대한 소비자들의 평가는 과히 우호적이지 않았다. 아니 국제적인 시각에서 보면 싸구려 와인을 양산하는 국가라는 오명을 뒤집어쓰고 있었다고 해도 과언은 아니다. 안티노리를 비롯한 토스카나의 생산자들은 오명을 명성으로 바꾼 장본인들이다. 『와인 스펙테이터(Wine Spectator)』는 매년 그해의 100대 와인을 선정하고 있다. 미국 잡지답게 캘리포니아 와인에 점수가 후한 편이지만 언제나 친 프랑스적이었다. 그러나 지속적으로 발전하는 이탈리아 와인을 무시할 수는 없었다. 결국 프랑스나 미국 와인을 중시하던 관례를 깨고 2000년 최초로 이탈리아 와인이 1등을 차지했다. 그 와인이 바로 안티노리에서 생산한 1997년 산 솔라이아(Solaia)였다.

티냐넬로 포도원 입구.

솔라이아에 대해서 이해하려면 티냐넬로라는 와인에 대해서 먼저 알아야 한다. 티냐넬로는 1900년 키안티 클라시코 지역에서 세력을 확장해나가던 안티노리 집안에서 매입한 밭이다. 취득 당시보다 포도밭 면적이 넓어져서 현재는 0.47제곱킬로미터에 달한다. 고도가 350~400미터에 달하는 높은 지대라서 여름이면 낮에는 무덥고 밤에는 서늘하다. 산중에서 야영을 하는 것과 비슷한 느낌이다. 경관은 그림처럼 아름답고, 동네를 둘러보면 오래된 빌라들이 보인다. 그중에는 메디치 가문이 소유했던 건물도 있다. 티냐넬로를 둘러싸고 옹기종기 모여 있는 건물들은 안티노리에서 사들인 후 개축되었고 호텔로 사용되고 있다.

티냐넬로는 안티노리 가문이 가장 아끼는 밭이다. 솔라이아는 애정 어린 티냐넬로 밭의 일부분을 따로 구획지어서 재배한 포도로 만들어진다. 원래 무똥과 라피뜨 로칠드도 처음에는 같은 밭이었으나 서로 다른 개성에 따라 두 개의 샤또로 나뉜 것이다. 무똥과 라피뜨의 개성이 다르듯, 솔라이아와 티냐넬로도 같은 땅이지만 서로 다른 특성을 지니고 있었던 것이다. 대지는 영원히 그 자리를 지키고 있으면서 와인의 근간을 이룬다. 유서 깊은 티냐넬로 밭에는 산조베제가 경작되고 있었다. 그중 0.1제곱킬로미터가량을 분할해서 솔라이아라는 이름을 붙이고 까베르네 품종을 주력으로 심었다. 다른 품종을 사용하지만 같은 밭이었기에 두 와인은 여러 면에서 이란성 쌍둥이 같은 느낌을 받게 된다. 티냐넬로는 산조베제를 기초로 만들고, 솔라이아는 까베르네 소비뇽이 주인공이다. 굳이 느낌을 들자면 티냐넬로는 여자아이 같고, 솔라이아는 소년다운 인상을 풍긴다. 약간씩 다른 토양의 성격이 고스란히 반영된 것이다.

솔라이아는 '태양 같은 것(Sunny one)'이라는 뜻이다. 햇살이 그리운 북유럽 사람들이 '토스카나의 태양'이라는 표현을 관용적으로 사용하듯이 솔라이아는 따

가을날 찍은 티냐넬로 포도원 건물. 지하로 셀라가 연결되어 있다.

안티노리에서 티냐넬로로 포도원을 취득하기 전 소유주가 사용하던 건물.

사로운 햇살의 축복이다. 밭에는 큼직한 하얀 자갈들이 깔려 있는데 밤이 되어 서늘해져도 낮의 열기를 간직하고 있다가 포도나무에 나누어준다. 솔라이아는 까베르네 품종을 많이 쓰면서 보다 대중적이고 세계인의 입맛에 어울리는 맛을 추구했다. 토스카나의 전형성에서 벗어나 보르도에 가까운 스타일을 추구한 것이다. 일반적으로 까베르네 소비뇽 75퍼센트, 까베르네 프랑 5퍼센트, 나머지 20퍼센트는 산조베제를 사용하는 편이다. 약간의 산조베제가 토스카나 특유의 개성을 지켜주고 있는 것이다. 1978년 첫 빈티지는 실험적으로 이탈리아 국내에서만 출시를 했다. 작황이 나쁜 해에는 솔라이아를 생산하지 않는 고집도 보였다. 1980, 1981, 1983, 1984 그리고 1992년은 출시하지 않았다. 이런 품질 관리를 통해 명성을 유지했고, 『와인 스펙테이터』에서 그해의 와인으로 선정되는 영예를 차지하게 된 것이다. 솔라이아는 블랙커런트
와 체리 같은 과실, 그리고 오크
향이 두드러진다. 허브와 향신료
냄새들도 느껴진다. 처음에는 강
한 느낌이 들지만 완만하게 퍼지
면서 부드러움을 드러내는 균형미
가 좋은 와인이다. 입 안에는 은은
한 잔미(殘味)가 오래 남는다. 2002년처럼 날씨가 최악
이었던 경우에는 블렌딩 비율이 완전히 바뀐다. 산조
베제가 엉망이었던 빈티지라 90퍼센트 까베르네 소비
뇽, 10퍼센트 까베르네 프랑을 써서 '다른 해(Annata
Diversa)'라는 이름을 붙인 솔라이아를 만들었다. 최근
에는 세 가지 품종을 블렌딩하고 있었지만 처음에 솔
라이아는 두 가지 까베르네 품종으로만 만들곤 했다.
2002년처럼 산조베제가 나쁜 해를 맞이하면서 처음 생
산할 때와 흡사한 블렌딩을 하게 된 것이다. 산조베제
가 허약해지자 까베르네만을 써서 강건한 스타일을 유
지하고 있는 것이다. 국내에 솔라이아가 처음 소개된
빈티지는 1998년 산이었다. 최근에 각광을 받았던
1997년 산 솔라이아가 소량 수입된 적이 있다. 좋은 와
인은 시간이 지나면 가격이 상승한다. 이미 유명세가

1998년 산 솔라이아 라벨.

절정에 달한 터라 1997년 솔라이아의 값은 천정부지로 오른 뒤였다.

산조베제의 작황이 최악이었던 2002년 빈티지 티냐넬로는 만들지 않았다. 이미 1972, 1973, 1974, 1976, 1984, 1992년 여섯 번에 걸쳐 생산하지 않은 적이 있다. 티냐넬로는 원래 키안티 클라시코를 만들던 밭이었다. 2002년처럼 농도가 떨어지는 산조베제 포도는 다른 키안티 클라시코 와인을 만드는 데 첨가된다. 작황이 좋지 않은 해에 하위 등급 와인들이 가끔 좋은 맛을 발휘하는 이유는 고급 포도들이 섞이기 때문이다. 티냐넬로와 솔라이아의 블렌딩 비율은 완전히 정반대다. 티냐넬로는 일반적으로 산조베제를 80퍼센트가량 쓰고 약간의 까베르네 소비뇽과 프랑을 섞는다. 멀리서 보면 포도밭은 하트 모양으로 생겼다. 안티노리의 심장부나 다름없다는 표현에 너무나 어울리는 외양을 하고 있는 것이다. 반으로 나누어 하트 오른쪽 작은 밭은 솔라이아고, 왼쪽 큼직한 밭은 티냐넬로다. 티냐넬로는 제비꽃과 체리 같은 과일향이 두드러진다.

티냐넬로 포도밭. 왼쪽에 하얀 부분이 많은 밭이 티냐넬로, 오른쪽에 초록빛이 많이 감도는 밭이 솔라이아다.

균형미가 좋으며 부드러운 느낌으로 입 안을 화사하게 채워준다. 나무향이 느껴지는 여운이 오래도록 남는다. 19세기 이후 키안티 클라시코는 쇠락해왔다. 와인의 신선함을 살리기 위해 화이트 품종을 섞어야 한다는 규정 때문이었다. 이렇게 청포도를 블렌딩해서 만든 와인들은 견고하지 않아서 장기 숙성을 할 수가 없었다. 티냐넬로는 키안티 클라시코 지역에서 화이트 품종을 쓰지 않고 까베르네 품종을 추가한 최초의 와인이라는 의의를 지닌다. 판에 박힌 관습을 과감하게 깨고 프렌치 바리끄로 숙성시키면서 농후한 맛을 창조해낸 것이다.

지금은 와인을 만드는 데 있어 많은 방식이 개방되었지만 토스카나에는 여러 가지 강제적인 규정들이 많았다. 제한된 조건을 지키지 않으면 아무리 좋은 와인을 만든다 하더라도 등급 인정을 받지 못하는 것이 토스카나의 법칙이었다. 그러나 많은 와이너리들은 등급 외 와인이 되더라도 그것을 감수하면서 좋은 와인을 만들기 위한 시도를 계속해왔다. 이전 규정들은 너무나 시대에 뒤떨어져 있었기 때문이다. 와인 평론가와 매체들은 이렇게 해서 등장한 새로운 스타일의 와인에 대해 '슈퍼 토스카나' 라는 별명을 붙여주었다. 티냐넬로는 사시카이아와 더불어 새로운 명성과 전통을 만들어내는 데 공헌한 와인이다.

1960년대까지 이탈리아는 고답적인 규정 하에서 우물 안 개구리처럼 토착 품종으로만 와인을 만들고 있었다. 세계는 하루가 다르게 변하고 있었지만 이탈리아 와인 산업은 매너리즘에 빠져 있었다. 외국인들이 마시기에 이탈리아 와인은 너무나 낯설었고 전형적이었다. 와인 애호가들은 그런 와인들을 외면했다. 현재 1세대라 할 수 있는 당시의 젊은 와인 메이커들은 외국으로 유학을 떠나 선진 기술을 배우면서 구습을 타파할 방법을 찾으려 했다. 돈이 되지 않는 와인 생산은 젊은이들에게도 인기를 잃고 있었다. 희망이 필요한 시기였고 새로운 시도가 절실했다. 그중 가장 중요한 시도는 보르도 품종을 토스카나에 옮겨다 심은 것이었다.

　슈퍼 토스카나의 탄생에 선구적인 역할을 한 사람은 피에로 안티노리의 외가 쪽 친척인 인치자(Incisa della Rocchetta) 후작이었다. 그는 토스카나 서부 해안가 볼게리 마을에 광활한 토지를 소유하고 있었다. 인치자 후작은 자신의 소유지가 포도나무의 생장에 어울리지 않을까 생각하고 보르도에서 까베르네 소비뇽 묘목을 구해다 심기 시작했다. 그는 토스카나 와인보다는 보르도 와인을 즐기고 있었기 때문이다. 그때까지만 해도 볼게리는 와인 생산지로 전혀 알려지지 않은 지역이었다. 1968년 첫 빈티지를 생산하면서 사시카이아(Sassicaia)라는 이름을 붙였다. 자갈을 뜻하는 토스카나 사투리 사소(Sasso)를 이름으로 차용해서 쓸 만큼 돌이 많은 토양이었다. 경사가 급한 포도밭에 서면 티렌티노 해협이 정면으로 내려다보이는 고도가 높은 지대였다. 사시카이아는 바로 슈퍼 토스카나라는 새로운 신

사시카이아 밭 전경과 사시카이아에서 사용하는 오크통.

화의 시작이었다. 양조자는 안티노리와 함께 일하고 있던 자코모 타키스였다. 인치자 후작의 성공을 바라보면서 피에로 안티노리도 다시 보르도 품종에 관심을 기울였다. 티냐넬로 밭에도 보르도 품종이 있었으나 제2차 세계대전을 거치면서 황폐화되고 말았던 것이다. 다시 까베르네 소비뇽을 심고 자코모 타키스의 도움을 받았다. 오랫동안 산조베제를 심어온 땅을 완전히 갈아엎고 까베르네 소비뇽만을 심는 것은 무리였다. 피에로는 타협점을 찾았다. 그래서 자신이 아끼는 산조베제를 주 품종으로 삼되 까베르네 소비뇽을 조연으로 삼는 방법을 택했다. 키안티 클라시코 지역에서 생산 규정을 어겼기 때문에 최하위 등급이라 할 수 있는 '테이블 와인(Vino da Tabola)' 판정을 받았지만 개의치 않았다. 결국 피에로 안티노리의 뚝심은 성공을 거두었고, 티냐넬로는 사시카이아와 함께 새로운 이탈리아 와인의 탄생을 알리게 된 것이다.

피에로 안티노리가 새로운 와인들을 내놓는 사이, 다른 생산자들의 동시다발적인 노력과 더불어 토스카나 와인은 질적 전환의 시기를 맞이했다. 피에로는 그 모든 과정을 피렌체 중심가에 위치한 안티노리 궁전에서 지켜보았다. 한 병의 좋은 와인이 만들어지기까지 가

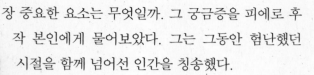

장 중요한 요소는 무엇일까. 그 궁금증을 피에로 후
작 본인에게 물어보았다. 그는 그동안 험난했던
시절을 함께 넘어선 인간을 칭송했다.

"토스카나 와인이 변화하는 최근 30년 동안 일
을 할 수 있었다는 건 행복한 일이었어요. 와인을
만드는 데 있어서는 대지와 포도나무와 인간의
역할이 가장 중요하죠. 하지만 그중에서도 가장
중요한 요소는 인간이라고 생각해요. 좋은 와인
일수록 자기만의 개성을 갖고 있잖아요? 그것은
인간이 원하는 대로, 노력하는 대로 나오는 거니
까요."

피에로가 사랑하는 고향의 포도 산조베제를
개량한 결과가 그 자신의 개성을 담고 티냐넬로
로 탄생했던 것이다.

바 디 아 . 아 . 파 시 냐 노

티냐넬로의 주변 경관을 둘러보면서, 비포장도로
를 타고 오르락내리락 하는 구릉들을 따라 남쪽으로
3킬로미터가량 내려가다 보면 오래된 수도원 하나
를 만나게 된다. 이곳은 바디아 아 파시냐노(Badia a

Passignano)라는 이름으로 불린다. 늦가을이면 수도원 뒷마당에는 우리나라 경치와 비슷하다 싶을 정도로 감들이 대롱대롱 매달린 감나무가 보인다. 유럽 사람들은 감을 거의 먹지 않는다. 실제로 따서 먹어보면 우리나라 감에 비해 훨씬 떫은맛이 강하게 다가온다. 이곳은 키안티 클라시코 지역 중에서도 아름다운 풍광으로 손꼽히는 곳 중 하나다. 석회암 토양이 주조를 이루는 이 포도밭 지대는 해발 250~300미터의 높은 고도에 위치해 있다. 1983년에는 이 동네에서 수천 년 전에 심어졌던 것으로 여겨지는 오래된 비티스 비니페라(Vitis vinifera) 품종이 발견되기도 했다. 비티스 비니페라는 오늘날 와인 양조를 위해 재배되는 포도들의 조상과도 같은 품종이다. 그리스와 같은 시기에, 로마 문명 이전에 이미 토스카나에 문명을 형성하고 있던 에트루리아인들의 장구한 포도 재배의 단면을 알 수 있는 곳이다. 0.5제곱킬로미터가 넘는 넓은 포도밭에는 키안티 클라시코를 만들기 위해 주로 산조베제가 경작되고 있으며, 군데군데 올리브나무들이 심어져 있다. 묵직한 열쇠 뭉치로 수도원 뒤쪽 몇 개의 문을 열고 들어가면 대형 셀라가 있다. 그 안에는 헤아릴 수 없을 정도로 많은 오크통들이

바디아 아 파시냐노 수도원 전경과 마을을 둘러싸고 있는 포도밭.

즐비하게 늘어서 있다. 와인이 익어가는 냄새가 물씬
풍긴다.

　바디아 아 파시냐노라는 와인 이름은 수도원 이름을
그대로 붙인 것이다. 바디아는 수도원이라는 뜻이다.
이 수도원은 성전 기사단의 운영을 위해 쓰였으며, 지
금도 교단 소유로 되어 있다. 넓은 수도원에서는 여섯
명의 수사들이 생활하고 있다. 이탈리아는 전통적인 가
톨릭 국가였지만 지금은 남미에서 온 수도사들이 더 많
다고 한다. 수도사들이 만들었던 와인은 남미까지 수출
되고 있지만, 외국의 수도사들은 신학 공부를 위해서

이탈리아로 유입되고 있는 것이
다. 견고하게 쌓아올린 벽을 보고
있으면 중세의 어느 한 지역으로
타임머신을 타고 돌아간 듯한 착각
이 든다. 안티노리에서는 그중 일부를 빌려 셀라로 사
용하고 있는 것이다. 파시냐노 수도원은 이미 10세기
이전에 지어지기 시작했다. 1049년에는 발롬브로사노
기사단이 사용했고, 이후에는 베네딕트 교단에서 포도
재배지와 삼림지로 이용했다. 교단에서는 성찬식용 와
인을 필요로 했고, 겨울을 나기 위한 땔감도 자체적으
로 조달해야 했기 때문이다. 다른 지방에 가도 포도밭
주변에 숲이 남아 있는 이유는 이처럼 모든 물자를 자
급자족해야만 했던 과거의 생활환경 때문이다. 세력을
확장해가던 기사단은 피렌체와 맞붙었고, 결국 원래의
수도원은 완전히 파괴되었다. 현재의 건물은 1266년에
재건된 것이며, 대 식당은 도메니코 기를란다요[06]가 그
린 프레스코화 〈최후의 만찬〉으로 장식되어 있다. 파시
냐노 수도원에서는 주로 신학과 과학에 대한 연구가 이

06__ **도메니코 기를란다요(Domenico Ghirlandaio, 1449~1494).** 르네상스 전성기의 화
가. 본명은 도메니코 디 토마소 비고르디(Domenico di Tommaso Bigordi)지만 기
를란다요(꽃 장식가)라는 이름으로 불린다. 금은 세공으로 화관을 만들었다는 데
서 유래한 이름이다. 미켈란젤로의 초기 스승이기도 하다.

루어졌다. 전성기 때는 100명이 넘는 수도사들이 머무르면서 수많은 필사본을 남겼다. 이 수도원은 방대한 양의 장서를 소장하고 있는 것으로 유명했으며, 갈릴레오 갈릴레이가 와서 수학을 가르치기도 했다. 그러다가 나폴레옹 시대에 소유하고 있던 귀중품들을 대부분 소실했다. 수도원 옆에는 라 보테가(La Bottega)라는 작은 와인숍과 시골 간이식당이 있다. 테라스에 앉아 가벼운 식사를 하고 있으면 한가로운 시골의 정취는 물론 세월을 거슬러올라온 듯한 느낌을 지울 수가 없다.

브 루 넬 로 . 디 . 몬 탈 치 노

시에나를 지나 남쪽으로 한 시간가량 더 내려가면 몬탈치노(Montalcino)라는 산마을이 보인다. 토스카나를 여행하다 보면 몬탈치노처럼 산 위에 마을들이 있는 색다른 풍경을 접하게 된다. 고대 문명은 대부분 강가에서 생겨났다. 나일 강이나 유프라테스 강은 농사를 짓기에 부족함이 없도록 사람들에게 물을 공급해주었다. 그러나 에트루리아인들은 특이하게도 산 위에다 도시를 세웠다. 아르노 강가에 자리 잡은 피렌체는 로마인들이 건설한 도시다. 에트루리아인들은 피렌체 북

쪽에 위치한 피에졸레
(Fiesole) 언덕에 자신
들의 거주지를 구축
해서 살았다. 이처럼 토스카나의 독특한 풍경은 고대
로부터 영향을 받은 것이다. 해발 600미터에 위치한 몬
탈치노는 토스카나에서 가장 높은 산마을 중 하나다.
옴브로네(Ombrone)와 오르치아(Orcia) 강이 휘감고 흐
르는 이 산악지역은 풍요로운 환경 덕에 농축산업이
발달했으며, 와인 외에도 올리브오일, 치즈, 살라미,
햄, 야생 버섯, 꿀, 샤프란 등이 특산품으로 생산되고
있다. 몬탈치노 근처에는 공업지대도 없고, 큰 도로들
도 멀리 떨어져 있다. 오로지 백화만발한 들판과 울창
한 삼림으로 둘러싸여 있으며 멧돼지, 토끼, 오
소리 등과 다양한 야생 조류들이 자연과 함께
살아가고 있다.
　시에나가 피렌체에 패하자 짐을 싸들고 피난을 떠난
곳도 몬탈치노였다. 피렌체 정권을 거부한 자존심 강
한 시에나 사람들은 이곳에서 끝까지 항전했다. 꼬불
꼬불한 언덕길을 따라 마을 꼭대기까지 올라가면 삼엄
한 성채가 있다. 요새를 지어 주민들 스스
로 자신들을 지키며 살았던 것이다. 그러나

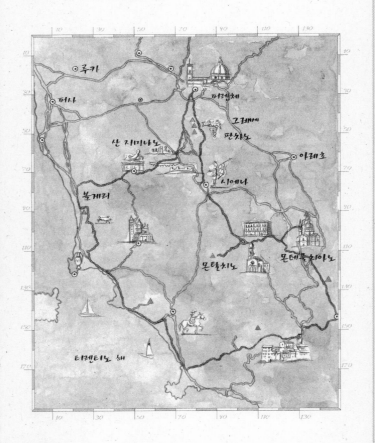

루카

피사

피렌체

그레베

판차노

산 지미냐노

아레초

시에나

볼게리

몬탈치노

몬테풀치아노

티레니노 해

성채는 과거의 피비린내 나
는 역사를 잊은 채 빼어난
경관을 제공하고 있다. 날씨
가 맑아서 시야가 좋은 날이
면 아름다운 경치가 끝없이
펼쳐진다. 르네상스 예술품
에도 반하지만 무한히 펼쳐
진 자연이 사람을 감동시키
는 것이다.

1999년 아르자노에서 생산한 브루넬로
디 몬탈치노 와인 라벨.

작은 산골 마을 몬탈치노 주변에서 토스카나를 대표
하는 최고급 와인들이 나온다. 브루넬로 디 몬탈치노
(Brunello di Montalcino)라는 와인이다. 이 이름 또한 이
탈리아 와인의 특징을 고스란히 드러내고 있다. 이탈
리아에는 마을 이름과 품종 이름을 병행해서 부르는
와인들이 많기 때문이다. 몬탈치노 마을과 브루넬로
품종이라는 고유명사 두 개가 나란히 붙어서 하나의
와인 이름이 되는 것이다. 메디치 가문 출신 교황 클레
멘스 7세는 몬탈치노 마을에 대해 이렇게 묘사했다.
"무화과가 익는 철이면 산에서 나오는 재료로 스프를
끓이고, 거기에 좋은 와인을 곁들여 마신다." 풍요로운
자연과 와인이 익어가는 향기가 느껴지지 않는가. 매

년 2월에 새 빈티지 와인이 출시될 때면 토스카나 최고의 와인을 마시기 위해 전 유럽에서 관광객들이 줄을 잇는다. 작은 마을이지만 워낙 비싼 와인이기 때문에 이때만큼은 몇 잔 마시는 것만으로도 초호화판 축제가 벌어지는 것이다.

몬탈치노는 덥고 건조한 지중해성 기후대에 속해 있다. 석회암과 모래가 많은 토양은 양질의 포도를 재배하기에 적합하다. 토스카나의 유명 와인 생산지 중에서 가장 남쪽에 위치해 있어서 기후는 상대적으로 온화한 편이다. 지금은 와인으로 막대한 수입을 올리는 동네지만 과거에는 그렇지 않았다. 몬탈치노에 살던 사람들에게 가난은 친구나 다름없었다. 브루넬로 디 몬탈치노 와인은 그 유래가 명확한 와인이다. 이 와인이 만들어진 지는 150년이 채 되지 않았다. 그래서 몬탈치노 생산자들은 처음으로 브루넬로 디 몬탈치노를 만들었던 비온디 산티(Biondi Santi) 집안에 존경심을 지니고 있다.

브루넬로의 역사는 클레멘테 산티(Clemente Santi)라는 한 개인과 더불어 시작된다. 약학을 전공한 그는 땅

과 자연에 대해서도 관심이 많았다. 클레멘테 산티는 몬탈치노 인근에 위치한 포도밭에서 실험을 거듭하면서 와인을 개량했다. 그가 이 좁은 동네에서 다른 생산자들에 비해 얼마나 특별한 와인을 만들었는지는 1867년 빠리 국제박람회에서 '모스카텔로(Moscatello)' 상을 받는 것으로 입증되었다. 클레멘테 산티의 딸은 피렌체의 의사였던 야코포 비온디와 결혼한다. 산티와 비온디 집안이 혼인 관계를 맺으면서 오늘날의 비온디 산티라는 이름이 탄생한 것이다. 두 사람 사이에서 태어난 페루초(Ferruccio)는 와인과 포도 재배에 대한 할아버지의 열정을 고스란히 물려받았다. 당시에 유럽의 포도밭들은 필록세라와 같은 시련 속에서 타격을 받고 있었다. 할아버지는 이미 산조베제 변종의 존재에 대해서 정확히 알고 있었으리라는 것이 통설이다. 페루초는 알이 작고 껍질이 두꺼운 변종을 찾아 가족 소유의 포도밭에 재식(再植)했다. 주변 생산자들은 대부분 신선하고 가벼운 와인을 만들고 있었지만 그는 유행을 따라가지 않았다. 생산량 또한 일부러 제한했다. 최상의 포도송이들을 골라서 와인을 담금으로써 타닌은 강화되었고, 집중도가 높고 풍부한 와인이 만들어졌다. 싸구려 와인이 양산되던 시절에 이러한 생산 방식은 무모한 행위나 다름없다고 여겨졌지만 비온디 산티 와인은 주목을 받았으며 명성과 부를 동시에 가져다주었다. 이 산조베제 변종이 바로 브루넬로였다. 할아버지는 자신이 발견한 최고의 포도를 가족만을 위해 심었지만 손자는 이 품종의 장점을 다른 포도원에도 알렸다. 이후 몬탈치노에서는 브루넬로가 광범위하게 재배되었으며, 브루넬로 디 몬탈치노라는 토스카나 와인의 새로운 장이 열렸다.

브루넬로 디 몬탈치노는 토스카나 지방에서 생산되는 전통적인 와인 중 맛과 향이 가장 풍부한 와인이다. 1964년 이탈리아 최초로 DOC 등급이 되었으며, 1980년에는 바롤로, 바르바르세코와 더불어 DOCG 등급으로 지정되었다. 비온디 산티 집안은 장기 숙성을 시키면서 정성들여 와인을 만들었다. 포도를 따자마자 와인을 만들던 현실 속에서 장기간의 공정을 거친 후 시장에 내놓은 것이다. 비온디 산티에서 했던 것처럼 이후 브루넬로는 최소한 4년, 그보다 상위 등급인 리제르바는 5년 동안 숙성시켜야 한다는 강제 규정을 따르게 된다. 매년 2월이면 새로운 와인이 출시되는데, 2006년에 나오는 빈티지는 2001년산이다. 병에 담은 후에도 보르도 와인처럼 4개월가량 다시 숙성서킨다. 현실의 시간은 빠르게 지나가지만 브루넬로는 셀라 안에서 오랜 기간을 기다린 후에 그 모습을 드러내는 것이다. 포도 품종은 브루넬로 100퍼센트의 순수한 와인이어야 한다. 비온디 산티 가문에서 자발적으로 브루넬로로만 만들었던 와인은 지금은 강제적인 규정이 되어서 지켜지고 있는 것이다. 이런 노력 덕분에 브루넬로 디 몬탈치노의 품질이 유지되고 있다. 지금은 최고의 와인을 만들기 위해 시간이 오래 걸리더라도 갖은 어려움을 마다하지 않는다. 토양과 양조 방법 등 모든 어울리는 요소들을 찾아나가는 것이 일반화되었다. 그러나 19세기 이탈리아의 가난한 현실을 떠올려보면 비온디 산티 와인은 이상향만을 좇는 것 같았을 것이다. 그러나 꿈을 이루기 위해 부단한 노력을 기울인 행동은 결실을 이루었다. 한 가족의 굳건한 의지가 빈궁한 마을을 부유한 마을로 탈바꿈시킨 것이다.

1950년대까지만 해도 몬탈치노 마을에는 포도원이 몇 군데 존재하지 않았다. 비온디 산티를 제외하면 바르비(Barbi)와 코스탄티(Costanti) 정도가 명맥을 유지하고 있었다. 1970년대에 접어들면서 본격적인 투자 분위기가 형성된다. 미국에서 이탈리아 와인 장사를 하면서 돈을 번 마리아니 형제는 고국으로 돌아와 카스텔로 반피를 설립했다. 현재 반피는 최대의 브루넬로 생산자로 성장했다. 토리노에서 베르무트로 성공한 친자노 가문은 콜 도르치아(Col d'Orcia)와 아르자노를 사들였다. 그들은 몬탈치노 남서부에 투자를 집중하고 있다. 피렌체의 거물들도 가만히 있지 않았다. 안티노리는 피안 델레 비녜를, 프레스코발디는 카스텔조콘도 밭을 일구며 브루넬로를 생산하기 시작했다. 피에몬테의 맹주 안젤로 가야도 몬탈치노에 입성했다. 그 외에도 생산량은 적지만 시로 파첸티(Siro Pacenti) 같은 몇몇 부띠끄 와이너리들이 자신들의 개성을 담고 있다.

이렇게 몬탈치노는 이탈리아 최고수들이 총집결한 군웅할거의 격전장으로 탈바꿈했다. 몬탈치노에서는 언제 어디서 어떤 와인이 등장할지 모를 정도로 한치 앞을 내다볼 수 없다. 이런 선의의 경쟁을 통해 브루넬로의 품질은 계속 높아지고 있고, 토스카나 최고의 와인이라는 명성을 고수하고 있는 것이다.

와이너리에서 _ '포도나무의 고원', 피안 델레 비녜

서쪽 하늘로 해가 넘어갈 무렵 몬탈치노 마을은 황금의 도시처럼 보인다. 햇살에 반사되면서 마을 전체가 금빛으로 반짝거리기 때문이다. 현대 문명과는 멀리 떨어진 마을이다 보니 몬탈치노에서는 산촌의 정겨움을 만끽할 수 있다. 몬탈치노 남서쪽으로 한 시간 가까이 표지판조차 없는 낯선 길들을 헤매다 보면 아르자노(Argiano)를 찾을 수 있다. 이곳에 방문했던 다른 이들의 추억담을 들어보았지만 웬만큼 길눈이 밝아도 워낙 후미진 데 숨어 있어서 찾기가 어려운 곳이다. 아르자노로 들어가는 길은 비포장도로를 따라서 한참이나 들어가야 한다. 길을 제대로 찾았어도 도착할 때까지 과연 이 길이 맞나 하는 의구심이 들 정도다. 그러다가 언덕 멀리 고요하게 자리를 잡고 있는 아르자노 빌라를 발견하게 된다.

아르자노의 대지는 몬탈치노 남서부 두메산골에 1제곱킬로미터에 걸쳐 펼쳐져 있다. 그중 0.48제곱킬로미

터의 밭에서 포도나무들을 가꾸
고 있다. 석회암, 이회토, 약간
의 진흙이 이상적으로 섞여 있
는 밭에서 포도가 자란다. 땅에는
미네랄 성분이 충분히 포함되어 있어서 뿌리는 자양분
을 충분히 빨아들인다. 좋은 포도밭들은 전부 남향이
라 한낮의 태양이 뜨겁게 떨어진다. 주변에는 올리브
나무들이 적당한 간격을 두고 심어져 있으며, 지중해
의 떨기나무 숲이 포도원을 둘러싸고 있다. 남동쪽에
있는 아미아타(Amiata) 산은 궂은 날씨로부터 자연적인
보호막이 되어주며 겨울을 제외하면 연중 맑은 날씨가
이어진다. 서쪽에는 청정지역인 마렘마 국립공원이 있
다. 자연 공원의 신록들 사이를 지나온 지중해의 따뜻
한 바람이 온화한 미세 기후를 형성해준다. 포도는 전
부 아르자노에서 소유하고 있는 밭에서 자라며, 수확
철이 되면 일꾼들이 나가서 작은 바구니에 잘 익은 포
도를 담아서 돌아온다.

아르자노는 고대 로마의 신화를 떠오르게 한다. 야누
스의 제단을 뜻하는 이름이기 때문이다. 야누스는 열
두 달을 수호하는 신이기도 했다. 계절이 바뀌는 열두
달은 농경사회에서는 중요한 의미를 지니고 있었다.

과거의 현자들은 야누스의 제단에서 삶의 해답을 구하고자 했다. 시에나의 귀족 가문들은 현재의 아르자노의 땅에서 1500년경부터 와인을 생산해왔다. 이곳에서 만들어진 와인은 품질이 좋아서 내다팔지 않고 집안에서 다 소비하곤 했다. 언덕 위 밭 한가운데에 우뚝 선 빌라 건물은 1581년 발다사레 페루치(Baldassare Peruzzi)가 짓기 시작했다. 일부러 손을 대지 않아서 옛 모습이 고스란히 남아 있는데, 셀라도 사계절의 흐름을 그대로 받아들여야 한다는 생각에서다. 그런 생각에 따라서 인공적인 설비를 전혀 하지 않았다. 중세에나 지금이나 똑같은 자연 속에서 똑같은 공기를 받아들이고 있는 것이다. 이 건물은 시에나의 귀족인 페시스(Peccis) 가문이 르네상스의 문화적 유산을 이어받아 건축한 것이다. 상업적으로 판매하기 위해 와인을 처음 생산한 것은 1879년부터다. 건물과 포도밭은 여러 귀족 가문의 손을 거치다가 1980년대에 친자노 그룹으로 넘어간다. 이미 친자노 가문에서는 인근의 유명한 브루넬로 포도원 콜 도르치아를 소유하고 있었다. 친자노 백작이 죽으면서 와이너리는 1992년부터 딸 노에미 마로네(Noemi Marone Cinzano) 백작부인이 물려받게 된다. 노에미 백작부인은 베르무트를 만드는 유서 깊은 술도가 집안에서 자랐다. 그러나 젊은 시절에는 가업과 관계없이 자신이 원하는 길을 찾아서 항공산업에 종사했다. 그러나 가족들의 관심사는 그녀의 몸에도 똑같이 흐르고 있었던 모양이다. 외국에 살면서도 이탈리아 와인에 대해 자부심을 갖고 있었던 노에미 백작부인은 아르자노라는 최선의 선택을 하게 된 것이다. 그녀는 몬탈치노에 정착하면서 볼게리에 있던 인치자 후작의 도움을 받게 된다. 사시카이아로 성공을 거둔 인치자 후작의 국제적인 사업 감각을 전수받은 것이다. 양조자 자코모 타키스와 함께 일하게 된 것도 그가 관심을 쏟은 결과였다.

이탈리아의 작은 와이너리에 가면 오래된 와인을 찾아보기 어렵다. 과거에는 와인을 한 병도 남기지 않고 다 팔아버렸기 때문이다. 많은 생산자들은 가난해서 와인 한 병 남겨둘 마음의 여유조차 없었던 그 시절에

대해서 아쉬움을 가지고 있다. 아르자노는 넉넉한 환경 덕이었는지 1970년대 와인부터 전부 보관하고 있다. 셀라에 쌓아놓은 와인 병에는 먼지가 두껍게 내려앉아 있었다. 그중에서 묵어가고 있던 1979년 산 브루넬로 디 몬탈치노 리제르바를 꺼내서 한 잔 그득하게 따랐다. 세월이 흘러, 찬연히 빛나던 빨간색은 밤색으로 바뀌어가고 있었다. 와인은 색이 바래 불그스레한 홍조를 띠고 있었다. 외양이 바뀌듯이 맛도 변화해간다. 장미 향기가 매혹적으로 퍼졌고 부드러운 가죽 같은 느낌이 더해졌다. 여타 토스카나나 프랑스 와인과는 전혀 다른 스타일이었다. 비단결 같은 맛의 여운이 나긋나긋했다. 1979년 산 브루넬로 리제르바는 오래된 와인의 잘 익은 풍미를 보여주고 있었다. 농염한 맛이 지나가고 나서 완만한 타닌이 편안하게 끝맛으로 남았다. 브루넬로는 1980년에 DOCG 등급이 되었지만 이 와인은 1979년 산임에도 DOCG 표시가 되어 있다. 규정상 리제르바는 일반 브루넬로보다 일 년 더 숙성시키게 되어 있다. 1979년 산 브루넬로 디 몬탈치노 리제르바는 42개월 동안 숙성을 거쳤기 때문에 출시되는 시기는 1980년 일반 브루넬로와 같았다. 그래서 1979년임에도 미묘한 시기적 차이로 DOCG가 붙은 특별한 와인인 것이다.

아르자노의 브루넬로는 전통적인 스타일을 중시한다. 1985년 그해 이탈리아 최고의 브루넬로로 선정되면서 주목을 받기 시작했다. 아르자노의 철학은 보르도의 샤또 와인들처럼 집중도가 높고 깊이가 있는 와인을 만드는 데 최선을 다한다는 것이다. 첫 일 년은 프렌치 바리끄에서 숙성시키다가 2년째부터 토스카나의 전통적 대형 배럴인 보티(Botti)에서 숙성한다. 보티에서 익은 와인은 프렌치 바리끄와 달리 부드러운 향과 맛이 드러난다. 프랑스적인 선진성과 브루넬로 고유의 전통성이 교차되는 것이다. 짙은 루비 빛깔과 우아한 면모를 갖추고 있으며 연간 13만 병 정도 생산된다.

최근 아르자노가 각광을 받는 이유는 슈퍼 토스카나 와인 솔렝고(Solengo) 때문이다. 1988년부터 아르자노는 최상급 와인을 만들기 위해 준비해 왔다. 1992년에는 슈퍼 토스카나의 대부 자코모 타키스를 자문역으로 영입했으며, 1995년 첫 빈티지 솔렝고를 출시하자마자

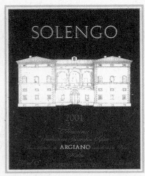
아르자노의 슈퍼 토스카나 와인인 솔
렝고 2001년 산 라벨.

와인 애호가들의 격찬을 받
았다. 이탈리아의 와인 평가
지 『감베로 로쏘(Gambero
Rosso)』에서 최고의 와인으
로 선정되었으며, 일본 와인
전문지 『와인 아트』에서도 1
위의 영예를 안았다. 솔렝고
라는 이름은 고독함을 연상
케 한다. 이름을 지을 때 연

상한 것은 야생에서 홀로 돌아다니는 수컷 멧돼지였
다. 몬탈치노 산중에서 살아가는 뚝심 좋은 야생 멧돼
지의 이미지가 와인에 담겨 있는 것이다. 연간 4만 병
가량 생산되는 솔렝고는 다른 슈퍼 토스카나 와인들처
럼 현대적이다. 프렌치 바리끄에서 15개월 동안 숙성
시키며 토착 품종인 산조베제는 한 방울도 들어가지
않는다. 까베르네 소비뇽, 메를로, 시라를 각각 3분의
1씩 블렌딩하는 것이다. 보르도와 론 지방을 대표하는
품종들이 자아내는 맛은 화려하다. 향기부터 다양하게
퍼진다. 오크에서 오는 바닐라, 까베르네 소비뇽에서
오는 블랙커런트, 시라에서 오는 후추처럼 매콤한 향
기는 만드는 과정에서 기본적으로 배어든다. 풍부한

과실향과 오크 향이 어우러지면서 초콜릿의 달콤함이 퍼진다. 모든 향기는 잘 짜인 듯하며, 맛은 상당히 안정된 구조를 지니고 있다. 우아하면서 유연함을 지니고 있는 것이 솔렝고의 특징이다.

몬탈치노에서 남쪽으로 6킬로미터 내려가면 안티노리에서 소유하고 있는 광대한 브루넬로 밭을 볼 수 있다. 이 밭은 피안 델레 비녜(Pian delle Vigne)라는 이름으로 불린다. 밭 옆에는 19세기에 만들어져 지금도 사용되고 있는 기차역이 있다. 이 시골 간이역은 바로 피안 델레 비녜, 즉 '포도나무의 고원'이라는 이름을 가지고 있다. 0.186제곱킬로미터의 넓은 대지 중 0.06제곱킬로미터에는 포도를 심었고, 나머지는 올리브나무와 삼림지대로 구성되어 있다. 토양은 석회석과 진흙이 주종을 이루고 있다. 몬탈치노와 키안티 클라시코 지역은 아주 멀리 떨어져 있지 않지만 기후대가 다른 탓에 수확은 몬탈치노 쪽이 2주 가량 빨리 시작된다. 9월 중순이면 이미 포도밭 곳곳에서 열매를 따는 농부들의 모습을 볼 수 있다.

브루넬로는 맛이 워낙 강해서 오랜 숙성 기간을 거친 후 시장에 출시된다. 안티노리에서는 1995년에 이 포

1997년 산 브루넬로 디 몬탈치노 피안 델레 비네 라벨.

도밭을 사들였고, 첫 빈 티지인 1995년 산은 2000년을 맞이해서 시장에 나왔다. 피안 델레 비네가 주목을 받게 된 것은 1997년 산 때문이라고 해도 과언이 아닐 정도로 이 빈티지 와인은 출중하다. 2002년 겨울에 피렌체를 여행하고 있었다. 우연히 가게 된 식당이 바로 안티노리 궁전 안에 있는 칸티네타였다. 그때까지만 해도 관심은 온통 프랑스 와인에만 있었을 뿐, 이탈리아 와인은 대수롭지 않게 생각하던 때였다. 저녁 시간이었으니 잘 먹어보자는 생각에 와인 리스트를 들여다보다가 거의 100달러에 가까운 1997년 피안 델레 비네를 주문했다. 이 와인이 이탈리아 와인에 대한 편견을 완전히 바꾸어주었다. 코르크를 뽑아내자 전혀 예상치 못했던 감각적이고 화사한 향기가 코 앞에 맴돌기 시작했다. 갓 출시된 어린 와인이 자신의 존재를 증명이라도 하려는 듯이 강한 향을 내뿜고 있었다. 잠

시 당혹감을 감출 수가 없었다. 그때까지 알아왔던 이탈리아 와인 맛이 아니었기 때문이다. 지금이야 수백 가지 이탈리아 와인이 수입되지만 그때까지만 해도 국내에 들어오던 이탈리아 와인은 그다지 종류가 많지 않았다. 이전에 맛보았던 몇몇 키안티 클라시코가 이탈리아 와인의 전부가 아니었다. 후에 들은 얘기지만 같은 해에 로라 부시 여사가 텍사스의 한 레스토랑에서 이 와인을 마신 후 그동안 가지고 있었던 이탈리아 와인에 대한 선입견을 버렸다고 한다. 1997년 산 피안델레 비녜는 그녀에게 강렬한 인상을 주었고, 결국 로라 부시 여사는 이탈리아를 방문했을 때 안티노리 사까지 찾아왔다고 한다.

안티노리에서 항상 강조하는 점은 꾸준히 명맥을 이어온 전통에 있다. 그렇게 흐른 시간이 무려 620년에

달한다. 백 년을 채 살지 못하는
인간으로서 600년이 넘는 시
간에 대해서 정확한 감을 잡
기란 무척이나 어렵다. 글로 쓰인 역사책과는 다른 살
아 있는 삶의 이야기들이기 때문이다. 피에로 후작이
안티노리를 이끈 시간만 40년이 지났다. 그에게는 세
딸들이 있다. 세 딸 모두 각자의 영역에서 와인을 만들
면서 가업을 전수받고 있다. 이로써 가문의 와인 생산
은 26대째로 이어졌다. 언제까지 이 일이 계속 이어질
까를 따지는 것은 아무런 의미가 없을 것이다. 다만 그
들은 그들의 땅에서 대지를 바라보면서 와인을 만들고
있을 뿐이니까.

이탈리아 와인의 선두주자라는 말이 피에로 안티노
리 앞에서는 낯설지가 않다. 지나간 시간이 노력의 시
간이었다면 앞으로 다가올 시간들은 그에게 어떤 의미
를 지닐까.

"우리는 지난 30년 동안 포도를 심고, 연구하고, 투
자했죠. 그걸 확고히 다지는 것 이외에는 다른 게 없어
요. 확고히 다진다는 건 우리가 최고라서가 아니라, 와
인을 만드는 사람으로서 가져야 할 올바른 자세이기
때문일 뿐이죠. 해가 바뀔 때마다 항상 새로 시작한다

는 자세로 하지 않으면 금방 허물어지고 말
아요."

피에로 안티노리는 조상들이 살아왔고, 자
신이 살고 있으며, 앞으로도 후손들이 살아
갈 피렌체를 사랑한다. 그의 말에는 르네상
스의 본거지 피렌체에 대한 자부심이 담겨
있다.

"토스카나는 멋있는 지방이에요. 다른 지방과는 역
사도 다르고, 경관도 아름다운 곳이죠. 각 지역마다 개
성이 넘쳐요. 르네상스 시대에는 피렌체가 지금의 뉴
욕과 같은 역할을 했죠. 뛰어난 사람들이 다 몰려들었
어요. 다 빈치나 미켈란젤로, 라파엘로 등 천재들이 다
모인 거죠. …… 도시의 은행가들은 돈을 벌어서 그걸
후원했고, 그러면서 현대 문화의 출발점이 되었죠. 게
다가 와인, 올리브오일, 미식 등 세상에서 가장 좋은 것
들이 다 있는 동네예요. 피에몬테나 베네치아는 경관
이 많이 파괴되었지만 토스카나에는 그 모든 것들이
다 그대로 있잖아요? 그런 점에서 보면 피렌체 사람들
은 행운아죠."

키안티 클라시코를 한나절 동안 가볍게 둘러볼 수 있
는 관광버스는 매일 역 앞에서 떠났다가 저녁 무렵이

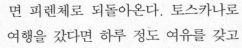

면 피렌체로 되돌아온다. 토스카나로 여행을 갔다면 하루 정도 여유를 갖고 떠남직한 짧은 여정이다. 겨우 한나절만 투자해도 사람들이 살아가는 모습을 눈앞에서 볼 수가 있다. 마을들을 다니다 보면 여러 포도원들이 와이너리 근처에 작은 와인숍들을 차려놓고 있는 걸 발견할 수가 있다. 와인이며, 올리브오일, 꿀, 버섯 등 자연에서 나온 먹을거리들이 널려 있다. 시음을 할 수 있는 곳도 있고, 비교적 저렴한 가격에 와인을 구입할 수 있는 곳도 있다. 차를 빌려서 키안티 클라시코 깊은 산골을 구석구석 누비다가 발길이 머무는 곳에 차를 세우고 펜션을 빌려서 잠을 청하는 것도 즐겁다.

피렌체에서 출발하면 도자기로 유명한 임푸르네타를 지나 시에나 북쪽까지 이어지는 작은 마을들, 그레베, 라몰레, 판차노, 라다, 카스텔리나, 아마, 가이올레, 발 디 페사, 발 델사, 산 카시아노, 카스텔누오보 베레르뎅가……. 이름조차 처음 들어보는 낯선 마을들이 너무나 많다. 하지만 그 모든 마을 마을마다 각자의 개성이 담긴 키안티 클라시코 와인을 만들고 있다.

사람들은 토스카나를 사랑한다. 그중에서도 특히 영

국인들은 따사로운 햇살을 찾아 토스카나로 왔다. 저렴한 와인을 마시면서 잊혀져가던 르네상스 문화를 재발견한 것은 바로 그들이었다. 태양은 밝게 빛나고, 아르노 강은 흐르고, 베키오 다리는 관광객들로 북적거린다. 토스카나에 살던 사람들은 세대가 바뀌었고 현대화되었다. 그래도 토스카나의 시골들을 둘러보면 여전히 푸근한 정취가 남아 있고, 인심 좋은사람들을 만날 수 있다.

알프스 . 끝자락에 . 자리 . 잡은 .
와인 . 산지 , 피에몬테

흔히 이탈리아 와인의 왕이라면 바롤로, 여왕이라면 바르바레스코를 말한다. 토스카나의 브루넬로 디 몬탈치노와 더불어 이 세 가지는 이탈리아의 전통을 이어가는 삼총사라고 할 수 있을 것이다. 지금이야 누구나 그 명성에 공감하지만 바롤로와 바르바레스코를 비롯한 피에몬테 와인이 알려진 것은 지난 몇십 년 사이의 일이다. 그 중심에 안젤로 가야라는 인물이 있다. 안젤로 가야 한 사람만 거명하는 것은 미안한 일이지만, 그의 강력한 카리스마로 품질이 향상된 피에몬테 와인은 이탈리아에서 가장 품격 높은 와인이 되었다.

피에몬테는 2006년 토리노 동계 올림픽을 통해 우리에게 그 이름이 친숙해졌다. 이렇게 하나의 사건을 통해서 피에몬테 지방에 대해 알게 된다는 것은 와인을 이해하는 데도 도움이 된다. 동네 이름을 알면 그만큼 와인도 쉽게 다가온다. 와인을 알아나가는 데 있어서 언제나 가장 힘든 부분은 와인과 관련된 지명을 외워야 하는 일이기 때문이다. 올림픽 선수들이 스키 경기를 했던 스키장은 알프스 산맥 어귀에 위치해 있다. 여기에서 발(pie)과 산(monte)의 합성어인 피에몬테라는

피에몬테의 전경. 알프스 산맥 끝에 자리한 산악지대다.

지명이 나왔다. 굳이 해석하면 '알프스 산맥의 끝자락'
이라고 보면 어울릴 것이다.

축구를 좋아하는 이들에게도 토리노는 낯선 도시가
아니다. AC 밀라노나 인터 밀라노처럼 도시 이름이 붙
어 있지는 않지만 언제나 세리에 리그에서 세 손가락
안에 꼽히는 유벤투스의 홈 구장이 토리노다. 토리노
와 밀라노의 축구 팀이 강한 이유로는 여유 있는 자금
력을 들 수 있다. 경제적인 면에서 이탈리아의 남북 지
역은 항상 사회적인 갈등을 불러일으킨다. 남과 북의
빈부 격차는 극단적으로 심하다. 전체 공업 생산의 40
퍼센트가 피에몬테와 롬바르디아에서 이루어지며 남

부에서는 농업 이외에 이렇다 할 산업을 찾기가 어렵다. 북부 도시에서는 말쑥하게 차려입은 신사들과 마주치게 되지만, 남부 농업지대는 고령화되어 마을 입구에 하릴없이 앉아 있는 노인들을 흔히 볼 수 있다. 밀라노, 토리노, 제노바를 잇는 선은 북부 공업 삼각지대를 형성하면서 이탈리아의 경제 발전을 이끌어왔다. 밀라노가 패션으로 유명하다면, 토리노는 자동차 산업으로 유명하다. 이탈리아를 대표하는 자동차 피아트와 란치아 공장이 토리노에 있다. 유벤투스의 모기업도 바로 피아트다.

이탈리아 북부 지방은 지중해 무역권이 북유럽 시장으로 확대되면서 발달했다. 토리노와 밀라노는 알프스 산맥을 넘어가는 교통의 요지에 있었다. 신성 로마제국의 '빨간 수염' 프리드리히 황제는 이 지역을 공략했으나 토리노, 아스티, 알레산드리아로 이어지는 도시 동맹에 패배하고 말았다. 아무도 예상치 못한 결과였으나 이로 인해 북부 도시들의 세력은 더욱 강화되었다. 움베르토 에코의 소설 《바우돌리노》는 당시의 상황을 배경으로 하고 있다. 에코의 고향이 바로 알레산드리아다. 이때부터 북부 자치 도시들은 지속적인 발전을 이루게 된다. 그리고 《바우돌리노》에 화이트 와인

가비(Gavi)가 등장하듯이, 토리노 인근에서 포도 재배도 활성화된다.

토리노는 교통의 요충지였으므로 프랑스는 이 지역에 대한 영향력을 지속적으로 강화하고자 했다. 지금은 알프스를 관통하는 프레쥐스 터널이 프랑스와 이탈리아를 단숨에 연결시켜주고 있다. 옛날에는 험한 고갯길을 넘어야 했던 행로가 토리노에서 리용 방면까지 직선으로 이어진 것이다. 프랑스를 통해 선진 문명을 받아들인 사보이 왕조는 토리노에 거점을 두고 있었다. 통일 이탈리아의 기초를 쌓은 곳도 바로 토리노였다. 토리노는 통일 직후 5년 동안 이탈리아의 임시 수도였으므로 산업에 대한 투자가 쉽게 이루어졌다. 정치적 중심지였던 만큼 일찍 공업화될 수 있었던 여건이 마련되었던 것이다.

일찍부터 정치와 산업의 중심지로 자리 잡은 도시답게 토리노에 가면 안정되어 있다는 느낌이 든다. 도시에는 100년이 넘은 아르누보 양식의 카페들이 남아 있어서 사람들의 발길을 끈다. 카페들이 단순히 많기만한 것은 아니다. 토리노는 라바차(Lavazza) 커피의 본산이며 초콜릿으로 유명한 도시이기도 하다. 중세에 지어진 건물들 사이를 걷고 있으면 정적인 느낌이 든다.

중세에는 많은 순례자들이 이 도시로 찾아왔다. 십자
군 전쟁 때 발견되었다는 '토리노의 수의'를 사보이 왕
가에서 소유하고 있었기 때문이다. 가로 1미터, 세로 4
미터의 아마포에는 예수의 형체가 찍혀 있어서 기적으
로 여겨지곤 했다. 진위 여부에 대한 논란이 있지만 일
반적으로 가장 잘 알려진 레오나르도 다 빈치의 자화
상도 토리노에 보관되어 있다.

바 롤 로 와 . 바 르 바 레 스 코

토리노에서 남동쪽으로 60킬로미터가량 달려가면
소읍 알바(Alba)로 접어들게 된다. 꼬불꼬불 산골 마을
들을 따라 가는 길이라 알바까지 가려면 한 시간 정도
가 소요된다. 기차를 타도 접근이 쉽지는 않다. 제노바
행 기차를 타고 아스티(Asti)에서 내려서 완행열차로 갈
아타고 30분이 넘게 들어가야 한다. 그러나 와인과 미
식을 사랑하는 이들에게 알바는 결코 무관심하게 지나
칠 수 없는 마을이다. 다른 음식들은 차치하더라도 와
인과 송로버섯 산지로 이탈리아에서 가장 중요한 곳이
기 때문이다. 이탈리아 와인의 왕과 여왕이 알바 인근
의 작은 마을 바롤로와 바르바레스코에서 나오며, 이

지역을 둘러싼 참나무 숲에서는 다이아몬드보다 비싸다는 백송로버섯이 채취된다. 매년 늦가을이면 전 세계 미식가와 레스토랑들이 참여하는 경매가 열린다. 하나는 바롤로 와인 경매고, 다른 하나는 송로버섯 경매다. 큼직한 송로버섯 한 덩어리가 1억 원에 팔린 적도 있다. 미국과 독일의 부유한 미식가들은 관광 삼아 알바로 찾아온다. 향긋한 와인과 더불어 땅속에서 갓 캐낸 송로버섯 향기를 맡기 위해서다. 식당마다 채취자들이 가져온 송로버섯을 사서 강판으로 갈아준다. 음식 값은 다른 데와 별반 차이가 없지만 송로버섯을 약간 얹으면 10유로 정도를 추가로 내야 한다.

송로버섯을 채취하는 시기와 바르바레스코를 만드는 포도인 네비올로(Nebbiolo)를 수확하는 시기는 비슷하다. 이때 알바를 둘러싼 전 지역에는 새벽 안개가 낀다. 네비올로라는 이름도 안개를 뜻하는 라틴어 네비아에서 파생된 것이다. 안개를 보고 있으면 비가 오지 않을까 하는 걱정이 든다. 와이너리에 방문해도 가을철에 비가 쏟아지면 난감하다. 괜히 작황도 안 좋은데 찾아가는 게 아닌가 하는 조바심이 들기 때문이다. 그러나 안개가 혹시나 비로 바뀌지 않을까 하는 생각은 기우에 지나지 않는다. 아침나절에는 가까운 데도 보이지 않을 정도로 자욱하던 안개는 정오 무렵이면 사라지고 날씨가 갠다. 언제 우중충했냐는 듯이 완전히 다른 날씨가 된다. 화창한 날씨, 높은 가을 하늘이 천고마비의 계절임을 실감케 한다. 아침에는 안개를 뚫고, 낮에는 뜨거운 햇살을 맞으며 돌아다니는 게 알바에서의 와이너리 방문이다.

피에몬테와 부르고뉴 와인은 흡사한 점이 많다. 맛이나 스타일에서 유사한 풍미를 느낄 수 있으며, 같은 모양의 글라스를 쓰기도 한다. 피에몬테에서 최상의 와인인 바롤로와 바르바레스코는 와인 이름이자 마을 이름이기도 하다. 부르고뉴 와인들이 삐노 누아를 쓰듯이 바롤로와 바르바레스코는 100퍼센트 네비올로만 쓰도록 규정되어 있다.[01] 이처럼 순수하게 단일 품종을 쓰는 것을 중시하기 때문에 맛에 있어서도 공통 요소들을 찾을 수가 있는 것이다. 바롤로가 출발부터 최고의 와인이었다면 바르바레스코는 그보다 한단계 떨어지는 와인이었다. 그래서 바르바레스코는 바롤로의 '못난 동생' 취급을 받았다. 19세기에는 바롤로를 만

01__ 바롤로와 바르바레스코를 만들 수 있는 품종은 네비올로밖에 없다. 세분하면 몇 가지 변종으로 와인을 만들 수 있는데, 미셋(michet), 람피아(lampia), 그리고 로제(rose), 이렇게 세 가지다.

들 때 바르바레스코 마을에서 난 포도를 쓰기도 했다. 일반적인 인식도 바르바레스코는 바롤로보다 가볍다는 것이다. 그러나 지금 바롤로와 바르바레스코를 놓고 본다면 그렇게 쉽게 단정을 짓기는 어려울 것이다.

네비올로라는 품종이 처음 등장하는 것은 11세기로 거슬러올라간다. 그 후 18세기에 접어들면서 '바롤(Barol)'이라는 와인이 나타난다. 아마도 바롤로의 효시일 테지만 아직 정확하게 명명된 이름은 아니었다. 진정한 바롤로는 통일 운동 시절에 나타난다. 비토리오 에마누엘레 2세의 아버지인 카를로 알베르토 왕과 카부르 대신은 와인을 좋아했다고 한다. 이들과 친했던 귀족 중에 팔레티 후작이 있었다. 그는 알바 근처에 광대한 영지를 소유하고 있었고 포도를 재배했다. 팔레티 후작은 와인을 만들면서 부인의 고향인 바롤로를 와인 이름으로 붙이기를 원했다. 그렇게 해서 바롤로 와인이 등장하게 된다. 카밀로 벤조 콘테 디 카부르(Camillo Benso Conte di Cavour, 1810~1861)는 토리노에서 태어났다. 후일 그는 통일 이탈리아 왕국의 초대 총리가 되지만 정치 경력은 시골에서 시작했다. 1832년에 알바 인근에 있는 그린차네의 시장이 되었던 것이다. 이탈리아의 주요 도시에는 카부르를 존경하는 뜻에서 거리에 그의 이름을 붙인 경우가 많은데, 이 마을도 나중에는 그린차네 카부르로 이름이 바뀌게 된다. 카부르는 성과 포도밭을 소유하고 있었고 거기에 삐노 누아를 심기 시작했다. 본인이 부르고뉴 와인을 워낙 좋아했던 탓이었다. 그리고는 부르고뉴 출신의 양조자를 초빙해서 부르고뉴 스타일의 와인을 만들게 했다. 이렇게 해서 부르고뉴를 닮은 바롤로가 탄생하게 된다. 곧, 바롤로 마을 인근에 심어진 네비올로를 부르고뉴의 선진 기술로 양조한 와인이 오늘날 바롤로 와인의 근간이 된 것이다. 흔히 비스마르크에 비교되곤 하는 재상 카부르가 와인에 대해 가졌던 관심 덕에 바롤로는 이탈리아를 대표하는 와인으로 우뚝 서게 되었다.

바롤로가 등장하면서 알바 지역을 둘러보니 바르바레스코 근처에서 재배하는 네비올로만이 바롤로에 견줄 만했다. 아직 체계적인 규정이 없던 시절이라 바르바레스코에서 수확한 양질의 포도는 바롤로를 만드는 데 쓰였다. 바르바레스코 마을 사람들 입장에서는 죽 쒀서 개 주는 격이었다. 와인을 만들어서 팔면 돈이 되지만 그냥 포도만 파는 것은 바롤로 사람들 배만 불리는 것이기 때문이었다. 그래서 1894년에 도미치오 카바차(Domizio Cavazza)라는 사람이 바르바레스코 협동

조합(Cantina Sociale di Barbaresco)을 결성한다. 모두가 힘을 합쳐 처음으로 10톤의 포도를 와인으로 만들고 거기에 바르바레스코라는 라벨을 붙였다. 비록 손으로 써서 붙인 것이었지만 바르바레스코에게는 역사적인 사건이었다. 드디어 바르바레스코 사람들도 바롤로와는 다른 최고급 와인을 단독으로 만들게 된 것이다.

이탈리아의 고급 와인은 품질을 유지하기 위해서 까다로운 생산 규정을 지켜야 한다. 1980년 10월 3일 DOCG 등급에 오른 바르바레스코도 예외는 아니다. 첫번째 원칙은, 지극히 당연한 얘기지만 무조건 네비올로만을 써서 와인을 만들어야 한다는 점이다. 생산량도 엄격히 제한된다. 0.01제곱킬로미터에서 8000킬로그램까지 수확하는 게 허용되지만 그중에서 65퍼센트 이하로만 와인을 만들어야 한다. 0.01제곱킬로미터 당 대략 5000리터 이상 와인을 만들면 안 되는 것이다. 포도를 수확한 지역을 벗어나서 양조를 하거나 숙성을 시켜서도 안 된다. 다만 규정이 발효되기 전에 아스티, 알레산드리아 등지에서 만들어오던 생산자들은 예외적으로 포도 재배 지역을 벗어날 수 있다. 알코올 도수는 12.5도가 넘어야 한다. 와인은 최소 2년 동안 숙성시켜야 하며 수확한 지 3년이 지난 해 1월에 출시하면

된다. 특이한 점은 다른 빈티지의 와인을 섞을 수 있다는 것이다. 그러나 최대 15퍼센트까지 허용될 뿐이다. 이런 규정을 준수해야만 강렬하고 화려한 면모를 드러내는 바르바레스코 와인이 될 수 있는 것이다.

바르바레스코 마을은 알바에서 아스티로 가는 길에서 동쪽으로 빠져 꼬부라진 산길을 따라가면 나온다. 마을은 언제나 조용한 편이다. 거주하는 사람은 겨우 250명, 농번기 때라고 해봐야 600명 정도가 바르바레스코를 중심으로 일할 뿐이다. 마을 초입에 있는 술집의 이름은 바르 바레스코(bar Baresco)다. 글 장난이지만 그럴싸해서 웃음이 나온다. 관광객들은 언덕 너머에서 불어오는 산들바람을 맞으며 한가롭게 에스프레소를 마신다. 계곡을 타고 바람이 올라온다. 길 옆은 모두 경사가 급한 포도밭들이다. 바르바레스코는 끝에서 끝까지 걸어가도 겨우 5분이면 다 둘러볼 수 있을 정도로 좁은 마을이다. 견고한 사각 탑이 마을의 상징처럼 우뚝 서 있다. 알바를 거쳐 흘러온 타나로(Tanaro) 강이 마을을 휘감으면서 북쪽으로 올라간다. 아주 오래전에는 이 지역도 바다였다. 그래서 땅에서는 종종 조개 화석이 발견되곤 한다. 로마 시대에는 야만족들의 침입을 자주 받았다. 정치력이 미치지 못하는 곳이라 해적들이 자주 출몰했던 것이다. 게다가 10세기에 접어들면서 리구리아 해를 따라서 사라센족이 해안 지방을 약탈하는 경우가 많았다. 이 마을도 피해가 심했고, 점령당한 적이 많았다. 그래서 야만족(barbareschi)을 뜻하는 바르바레스코가 마을 이름이 된 것이다. 36미터 높이의 탑과 마을 중앙에 있는 성은 이민족의 침입을 방어하기 위해 만든 것이다.

현재 바르바레스코에서 가장 주목받는 와이너리는 가야와 라 스피네타다. 이탈리아에서 가장 유명한 요리 및 와인 잡지라면『감베로 로쏘』가 손꼽힐 것이다. 『미슐랭 가이드』가 유럽 전역의 레스토랑들을 상대로 별점을 매기듯이, 『감베로 로쏘』에서는 매년 《이탈리아 와인》이라는 제목으로 단행본을 낸다. 이탈리아 전역에서 생산되는 와인들을 테이스팅하면서 최고로 선정된 와인에는 글라스 세 개를 부여하는 것이다. 지금까지 쓰리 글라스(three glasses)를 가장 많이 받은 와이너리는 가야(Gaja), 두번째로 많이 수상하면서 가야의 명성을 맹렬하게 추격하고 있는 와이너리는 라 스피네타(La Spinetta)다. 가야는 37번, 라 스피네타는 그 뒤를 이어 27번 쓰리 글라스를 받았다. 이탈리아에 헤아릴 수 없을 정도로 많은 포도원이 있지만 두 회사는 품질

바르바레스코 마을 전경. 왼쪽에 마을의 상징인 사각탑이 보인다.

면에서 최강의 면모를 보여주고 있는 것이다.

가야가 사자라면, 라 스피네타는 바르바레스코의 명성을 이을 새끼 사자 같은 느낌이 든다. 같은 동네에 가야라는 피에몬테 최강의 와이너리가 있다는 사실이 라 스피네타에게는 좋은 자극이 되었을 것이다. 최고와 함께 와인을 만든다는 의지, 최고가 되려는 희망이 서로 최상의 와인을 만들어내는 촉매 작용을 하면서 상승 효과가 일어나는 것이다. 가야는 이미 전 세계에서 최고의 명성과 전통을 유지하고 있으나 라 스피네타는 이제 걸음마를 내딛는 단계나 다름없다. 역사는 다르지만 한눈에 주목을 받으면서 과감한 행보를 보이고 있다. 두 집 모두 좋은 와인을 추구하며 나아가는 걸음걸이가 예사롭지 않다. 이렇게 해서 피에몬테 최강의 와인들이 나오고 있는 것이다.

가야를 이끌고 있는 사람은 예순여섯 살의 안젤로 가야(Angelo Gaja)이고, 라 스피네타를 진두지휘하는 사람은 마흔여덟 살의 조르조 리베티(Giorgio Rivetti)다. 안젤로 가야는 피에몬테의 맹주라고 불러도 과언이 아닐 정도로 최정상급 바르바레스코 와인과 동의어다. 조르조 리베티는 최근 가장 각광받는 바르바레스코를 만드는 떠오르는 별이다. 과장이 아니라 두 사람을 직접 만나보면 영화 〈대부〉를 보는 것 같은 생각이 든다. 마피아의 본고장 시칠리아와는 거리가 먼 피에몬테에서의 만남이지만, 안젤로의 카리스마는 돈 코를레오네(말론 브란도)를 닮았고, 딴딴한 성격의 조르조는 마이클(알 파치노)을 연상시킨다. 아마도 일을 하는 현장에서 만나면 말을 하지 않더라도 강한 프로 의식이 드러나기 때문일 것이다. 두 와인 메이커는 완전히 다르게 출발했다. 가정 환경부터 너무나 달랐다. 그러나 두 사람 사이에는 공통점이 존재한다. 쉬지 않고 일한다는 점, 포도밭에 나가서 대지와 호흡하는 일을 너무나 좋아한다는 점, 토착 품종인 네비올로를 끔찍이도 사랑한다는 점, 양조할 때 프렌치 바리끄를 사용하면서 현대성을 추구한다는 점 등이다.

대를 이어 만드는 전통의 와인, 가야

가야 가문은 17세기 중반 스페인에서 이주해와서 피에몬테 지방에 정착했다. 이탈리아의 통일 운동이 한참이던 1859년, 가장이었던 조반니(Giovanni Gaja)는 와이너리를 설립한다. 그는 마부였으며 번성하는 운송회사를 갖고 있었지만 본격적으로 와인 생산에 나섰다. 와이너리를 설립할 때만 해도 생산량은 적었고, 그 지역에서 자그마한 규모의 포도 재배자에 불과했다. 현재 사장인 안젤로 가야는 조반니의 4대 후손이다. 설립자인 조반니는 안젤로의 고조할아버지고, 그 뒤를 이어 할아버지 안젤로, 아버지 조반니, 그리고 할아버지와 이름이 같은 안젤로가 지금의 회사를 이끌고 있다. 그에게는 아들이 한 명 있는데 역시 조반니다. 가야 집안은 조반니와 안젤로라는 이름을 번갈아가면서 쓰고 있다.

고조할아버지 조반니에게는 5남 2녀의 자식들이 있었다. 그중 아래서 두번째인 안젤로가 포도원을 물려받게 된다. 가야에 행운이 찾아온 것은 결혼을 통해서였다. 아마도 똑똑한 며느리를 맞이하면 집안이 융성해진다는 말은 이 집안에 너무나 어울리는 표현일 것이다. 안젤로는 1905년 클로틸드 레이(Clotilde Rey, 1880~1961)와 결혼했다. 초등학교 교사를 하던 똑똑하고 엄격한 여자였다. 가야 집안은 복덩어리 클로틸드 할머니가 들어오면서 명성을 쌓기 시작했다. 바르바레스코 사람들은 모두 그녀를 '마돈나'라고 부를 정도였다. 집안을 위해서 클로틸드는 오스테리아 델 바포레(Osteria del Vapore)라는 작은 식당을 차려 가족들과 함께 운영했다. 억척스럽게 일하는 그녀를 보면서 가족이나 손님들은 친근하게 '틸딘(Tildin)'이라는 애칭으로 불렀다. 틸딘은 음식을 맛깔스럽게 했을 뿐만 아니라 와인을 생산하는 데도 관심을 기울였다. 그녀는 고집스럽게 좋은 품질을 유지해나갔다. 음식 맛이나 와인 맛이나 그녀에게는 매한가지였다. 훌륭한 맛을 내려면 좋은 재료를 쓰면서 누구보다도 열심히 일해야 한다는 것만이 정직한 과정이자 결론이었다.

1908년 아들 조반니(1908~2002)가 태어났다. 틸딘은 아이들을 알바로 보내 공부시켰다. 5킬로미터가량 떨어진 거리는 먼 게 아니었다. 초등학교 교사였던 틸딘은 교육열이 높았다. 어머니의 열성 덕인지 조반니는

1. 당나귀를 끌고 가는 안젤로 가야(1866~1944)와 그 옆에 서 있는 어린 시절의 조반니 가야(1908~2002). 지금 가야를 이끌고 있는 안젤로의 할아버지와 아버지다.
2. 안젤로 가야의 할머니 클로틸드 레이.
3. 가야 와인의 병목에는 가야라는 이름과 설립 연도가 새겨져 있다.

와인 사업에 합류하기 전에 측량사 자격을 따게 된다. 그는 사람들과 잘 어울렸으며 진취적인 인물이었다. 사업 감각도 뛰어났다. 그 당시에 측량사를 하려면 원만한 인간 관계를 필요로 했다. 무언가 자격증을 가지고 있으면 동네에서 유식한 사람 취급을 받던 시절이었다. 농부들이 곤란한 일을 겪을 때 조언을 해주고, 경제 문제를 자문해주었으며, 이웃들 사이에 분쟁이 일어나면 조정자 역할을 떠맡았다. 그러다 보니 누구네 집에 숟가락이 몇 개 있는지까지 마을 돌아가는 상황을 시시콜콜히 알 수 있었다. 측량사로서의 전력은 후일 그가 좋은 포도밭들을 구입하는 데 도움이 된다. 이런 과정을 겪으면서 조반니는 정치적인 힘도 가지게 된다. 파시즘 정권 아래서 조반니는 바르바레스코 시장 직을 맡게 되었다. 마을 단위로 자치적인 개념이 강한 이탈리아에서 시장은 동네 유지들이 맡는 직책이었다. 제2차 세계대전이 발발하자 여러 마을 시장들은 파시스트로 낙인 찍혀 해코지를 당했지만 파르티잔들도 조반니는 건드리지 않았다. 누구나 그동안 사람들을 도와준 조반니의 행동을 인정했던 것이다. 그는 전쟁이 끝난 후에도 일흔다섯 살이 될 때까지 바르바레스코 마을의 시장으로서 사람들을 이끌었다. 포도원에서 보낸 시간은 많지 않았지만 그는 가야라는 이름을 바르바레스코 사람들에게 존경받는 이름으로 기억시켰다. 가야의 명성은 이렇게 작은 동네에서부터 시작된 것이다.

틸딘은 1944년 남편과 사별했다. 그녀는 집에서 생산한 와인들을 시장에 내놓지는 않았다. 식당을 운영하면서 개인 고객들에게만 와인을 팔았다. 그래도 맛이 뛰어난 가야 와인들은 골수 단골들을 보유하고 있었다. 밀라노의 유력 가문들이 앞 다투어 가야 와인을 사갔던 것이다. 폭이 넓지는 않았지만 명성은 조용히 퍼져나가고 있었다. 와인은 틸딘이 손수 요리한 음식들과 함께 큰 유리병에 담겨서 제공되었다. 요즘 이탈리아의 시골 마을에서 하우스 와인을 주문하면 카라프에 담아서 내온 와인을 마시는 것과 비슷한 상황이었던 것이다. 피에몬테는 미식으로 유명한 지방이었고, 와인들도 널리 알려져 있었다. 저렴하게 판매되는 가야 와인은 이미 만드는 만큼은 팔 수 있는 충분한 시장을 확보하고 있었던 것이다. 이런 모든 과정에서 틸딘이 항상 주장한 것은 와인의 품질이었다. 품질은 아무리 강조해도 지나치지 않는다. 식당 셀라 안에는 프랑스 와인들로 가득 채워져 있었다. 피에몬테에서 와인을 만들어 팔면서도 보르도 와인들을 소장하는 국제적인 감각을 가지고 있었던 것이다. 조반니는 다른 직업이 있었으므로 와인에 모든 것을 걸지는 않았지만 집안 분위기 때문에 좋은 와인을 만들 수 있었다. 그의 바르바레스코는 최고로 인정받았고, 시장이라는 명예를 얻었을 뿐만 아니라 와인에 있어서도 피에몬테, 아니 이탈리아 전역에서 주도적인 위치를 점하게 되었다.

안젤로 가야가 와인 사업에 합류한 것은 1961년이었다. 그해에 존경하던 할머니 틸딘이 사망한다. 포도밭을 지켜보던 안젤로는 재정적 상황을 안정시킨 후 본

테이스팅을 준비하는 안젤로 가야.

격적으로 공격적인 경영에 나서기 시작한다. 아버지와 함께 포도밭을 사들였고, 집안에서만 팔던 와인을 레스토랑에도 내놓으면서 시장을 확장해나갔다. 이전까지는 포도를 직접 경작하지 않고 포도만 사들여서 와인을 만드는 경우가 많았다. 아버지는 마을 남쪽에 붙어 있는 세콘디네(Secondine) 밭에서 포도를 사들이곤 했다. 소유주의 이름이 세콘도(Secondo)여서 그런 이름이 붙었다. 어느 땅에서 좋은 포도가 자라는지는 오랫동안 바르바레스코 마을에 살면서 경험으로 알고 있었던 것이다. 세콘디네는 밭 전체가 남쪽으로 향하고 있어서 소리 세콘디네라고 불리곤 했다. 그만큼 태양을 잘 받는 밭이었다. 1964년 가야 가문은 처음으로 세콘디네 한가운데 위치한 밭을 구입해서 소리 산 로렌초라고 명명했다. 이제 자신들이 소유하고 있는 밭에서 최상의 바르바레스코를 만드는 신화가 시작된 것이다.

도전과 고집,
조르조 리베티의 라 스피네타

조르조 리베티의 집안은 가난했다. 특히 1800년대 후반 이탈리아의 가난은 비참할 지경이었다. 당시에는 이탈리아 인구의 60퍼센트가량이 농업에 종사하고 있었다. 지금과 달리 가장 큰 도시는 나폴리였고, 북부에서는 공업화가 이루어지기 전이었다. 농업은 전 유럽에서도 생산량이 가장 빈약할 정도로 열악했다. 농민들은 식료품을 사고 나면 남는 돈이 없었다. 기근이라도 들면 삶은 막막해졌다. 사람들은 옥수수죽인 폴렌타(polenta)로 연명했다. 고기는 구경조차 하기 어려웠다. 지금이야 널린 게 와인이지만 당시에는 구하기가 쉽지 않았다. 조르조의 할아버지 조반니 리베티는 어려운 현실을 이기지 못하고 1890년 아르헨티나로 이민을 떠난다. 당시에 토지가 없는 가난한 농민들은 계절 일감을 찾아서 떠돌아다니는 게 다반사였다. 값이 싼 증기선을 타고 아메리카로 일을 찾아 나섰다가 눌러앉는 경우도 많았다. 이 시기에 이탈리아에서만 해마다 10만 명 이상이 일자리를 찾아서 대서양 너머로 이민을 갔다. 〈엄마 찾아 삼 만 리〉에서 가련한 마르코가 엄마를 찾아 배를 타고 찾아간 나라도 아르헨티나였다. 돈을 벌기 위해 아르헨티나까지 가야 할 정도로 이탈리아 역사에서 가장 비참하고 가난했던 시기였다. 할아버지는 돈을 벌어서 고향으로 다시 돌아오기를 꿈꾸었다. 그는 언젠가 좋은 와인을 만들고 싶다는 희망을 갖고 있었다. 그러나 그의 꿈은 실현되지 못하고 먼 이국 땅에서 유명을 달리하고 만다. 아들 주세페(Giuseppe)는 이탈리아로 영구 귀국하고 바롤로 근처에 살고 있던 처녀 리디아와 결혼하면서 포도밭을 사들인다. 이렇게 소규모로 시작해서 1977년 설립된 무명의 와이너리가 라 스피네타였다.

피에몬테의 주요 와인 생산 마을은 알바와 아스티로 나뉜다. 알바에서 고급 와인이 생산되는 데 비해, 아스티에서는 약(弱) 발포성 와인인 모스카토 다스티(Moscato d'Asti)가 주종을 이룬다. 알코올 도수가 5도 정도에 불과해서 그냥 시원하게 마시는 화이트 와인에 가깝다고 할 수 있다. 나무를 많이 심고 수확량을 늘려서 대량 생산하는 경우가 많기 때문에 땅값은 아스티 쪽 포도밭이 알바에 비하면 훨씬 싼 편이다. 리베티 집안은 처음부터 주류로 편입될 수는 없었다. 그래서 정착한 곳이 아스티 지역에 속한 카스타뇰레 란체(Castagnole Lanze)라는 작은 동네였다.

조르조 리베티는 셋째 아들이었다. 핀(Pin)이라는 별명으로 불리던 아버지 주세페가 아르헨티나에서 돌아와서 처음 포도밭을 산 것은 1929년의 일이었다. 와인을 만들고는 있었지만 품질은 고만고만했다. 알바의 와인 양조 학교는 이탈리아에서 가장 괜찮은 수준을

우리나라에 방문해서 테이스팅 행사에 참석한 라 스피네타의 사장 조르조 리베티.

유지하고 있었다. 이 학교에서 양조학을 배운 조르조는 집안 일을 거들기 시작했다. 그때 집안에서 주력으로 만들던 와인이 모스카토 다스티였다. 조르조는 경쟁력을 갖추려면 처음부터 품질이 좋은 와인을 만들어야 한다고 생각해서 싸고 무난한 와인으로 알려진 모스카토의 품질을 향상시키는 일에 주력했다. 그는 모스카토가 훨씬 더 신선하고 강한 맛을 낼 수 있으리라고 믿고 있었다. 흔히 모스카토를 마실 때 굳이 회사이름도 보지 않고 대충 아무것이나 주문하던 시절의 일이었다. 조르조는 300병을 따로 빼서 실험적으로 자기 와인을 만들었다. 10월 저녁의 차가운 기온 속에서 바깥에서 발효를 시킨 것이다. 조르조가 만들기 시작한 모스카토는 기존과는 다른 놀라운 반응을 얻어냈다. 이것이 브리코 콸리아(Bricco Quaglia)라는 모스카토이고, 점차 이 와인의 맛과 품질에 호응하는 소비자들이 늘어났다. 이때부터 라 스피네타는 고급 모스카토 다스티의 생산자를 뜻하는 말이나 다름없게 되었다. 그래봐야 전체 모스카토 생산량은 10만 병에 불과했다. 서서히 성공을 거두면서 조르조는 포도밭을 하나씩 하나씩 구입해나갔다. 라 스피네타는 설립된 지 아직 30년도 채 지나지 않았다. 그렇지만 피에몬테를 대표하는 확고부동한 생산자로 알려져 있다. 역사는 짧으나 가난을 이겨내고 자수성가한 집안이 바로 리베티라 할 수 있을 것이다.

바르바레스코에 가면 산마을이라는 지형이 실감난
다. 강원도 깊은 산골짜기를 돌아다니는 듯한 기분이
든다. 알프스 산맥이 뻗어 내려와서 복잡한 능선들을
만들어낸다. 그 모든 언덕들에 포도나무가 심어져 있
다. 날씨가 맑은 날이면 멀리 알프스 언저리가 보인다.
고도가 아주 높은 것은 아니다. 주로 200~300미터 사
이지만, 이 동네에 들어와 있으면 무척이나 험해 보인
다. 바르바레스코는 북향 밭에서는 만들 수 없다. 일조
량이 모자라기 때문이다. 햇살이 가장 잘 드는 지점에
는 네비올로가 심어져 있고, 그 아래 위로 다른 품종들
이 심어져 있다. 하지만 태양의 축복을 많이 받아도 네
비올로는 만생종이라서 가장 늦게 수확된다. 바르바레
스코를 생산할 수 있는 마을은 바르바레스코를 비롯해
서 네이베(Neive), 트레이조(Treiso) 그리고 산 로코 세
노 델비오(San Rocco Seno d'Elvio), 이렇게 모두 네 군데
마을이다. 전체의 절반 이상은 바르바레스코에서 나오
며, 그 뒤를 이어 네이베에서 30퍼센트가량이 생산된

다. 가장 중요한 마을은 두 군데로 압축되는 셈이다. 바르바레스코를 자세히 알려면 부르고뉴처럼 마을 이름 다음에 밭 이름까지 들어가야 한다. 바르바레스코를 둘러싸고 물결치는 능선을 따라 아실리(Asili), 몬테스테파노(Montestefano), 라바야(Rabaja)처럼 유명한 밭

바르바레스코

N

타라노 강

· 스타르데리

오벨로 ·

알바

· 갈리나

바르바레스코 마을
세폰디네 ·   · 몬테스테파노
          · 브리코
파에 ·   네이베 마을
          · 론키
아실리 ·
      · 라바야

· 리오 소르도

트레이조

들이 펼쳐져 있다. 네이베는 그에 비하면 지명도가 떨어지는 편이다. 같은 이름으로 와인을 만들지만 바르바레스코에 비하면 변두리인 셈이다. 여기에서 가장 유명한 와인이 나오는 곳은 갈리나(Gallina)와 스타르데리 같은 밭들이다.

바르바레스코에 대해서 제대로 알려면 대지를 이해할 필요가 있다. 그 대지는 환경에 따라 조각조각 나뉘어 밭이 되고 그 밭마다 서로 다른 이름들이 붙어 있는 것이다. 어릴 때 부르던 시골 지명들이 외국인들에게 얼마나 낯선 이름일지 돌이켜 보라. 하다못해 말죽거리 같은 지명도 서울에 있지만 쓰지 않다 보니 위치가 어딘지 점점 감이 멀어지지 않는가. 게다가 와인 생산지들은 대부분 촌구석에 있다 보니 사투리를 많이 사용한다. 와인 라벨에는 이탈리아어를 알아도 뜻을 알수 없는 단어들이 많다. 예를 들면 소리(Sori)는 정남향 언덕, 로케(Rocche)는 경사가 급한 언덕, 브리코(Bricco)는 언덕을 뜻한다. 이 와인 이름들은 바로 피에몬테 지역 사투리다. 라 스피네타라는 회사 이름도 언덕 꼭대기라는 뜻의 사투리다.

안젤로 가야가 와이너리를 맡으면서 자체 소유의 포도밭 면적은 늘어났다. 1964년에 사들인 소리 산 로렌초(Sori San Lorenzo)는 가야의 첫 싱글 빈야드 와인[02]이다. 가야는 이 포도밭을 알바 교회로부터 구입했다. 아버지가 항상 포도를 구입하던 세콘디네 밭에서 가장 좋은 입지 조건을 가진 밭이었다. 산 로렌초는 알바 교회의 수호성인 이름이다. 여기에 남향 밭이라는 의미의 소리를 붙인 것이다. 첫 소리 산 로렌초가 출시되던 해인 1967년 다시 최상의 포도밭을 구입한다. 두번째로 구입한 남향 밭에는 할머니의 애칭을 붙였다. 이것이 소리 틸딘이다. 마지막으로 1978년부터 생산한 싱글 빈야드 와인은 코스타 루시였다. 이 세 가지가 가야를 대표하는 세 개의 싱글 빈야드 바르바레스코다.

밭에서부터 시작해보자. 안젤로 가야는 누구보다도 자기 밭에 대한 애정을 많이 가진 사람이다. 별다른 일이 없어도 그냥 지나가는 길에 잠시 차를 멈추고 포도나무를 바라볼 정도다. 가족들이 사는 집도 바르바레스코에 있다. 항상 가까이서 애정을 갖고 포도들을 관찰하고 있는 것이다. 안젤로가 모는 차를 타고 코스타 루시(Costa Russi) 밭으로 나갔다. 청명한 가을이었고, 아직 수확하기 직전이었다. 어찌나 빨리 달리는지 뒷

02__ **싱글 빈야드 와인**(single vinyard wine). 하나의 포도밭에서만 생산한 와인.

위. 바르바레스코 마을 주변의 경사진 언덕을 따라 펼쳐진 포도밭.

아래. 가을철 수확을 기다리고 있는 코스타 루시 밭의 네비올로 포도.

좌석에 앉은 미국인 레스토랑 주인은 손잡이를 움켜쥐고 잔뜩 긴장하고 있었다. 좁은 산골 도로를 빠른 속도로 질주하는 탓이었다. 카레이서 같다고 하자 돌아오는 안젤로의 대답은 단순 명쾌했다. "시간이 없거든요." 그러면서도 와이너리에서 벌어지는 모든 일들을 일일이 챙기는 것이 안젤로 가야의 방식이다.

코스타 루시는 원래 론칼리에테(Roncagliette) 밭에 속해 있지만 가야에서는 싱글 빈야드의 의미를 더 강화하기 위해서인지 이름을 따로 붙였다. 소리 틸딘을 만든 해인 1967년 이 밭을 사들이면서, 산비탈을 뜻하는 코스타와 이전 주인의 별명인 루시를 붙여서 밭 이름으로 붙인 것이다. 포도나무들은 널찍한 간격을 두고 줄을 맞추어 서 있다. 나무 사이의 거리는 2.8미터에 달한다. 사람이 양팔을 쫙 벌려도 여유가 있을 정도의 간격이다. 아무리 양질의 땅일지라도 네비올로 품종은 강력하게 자양분을 흡수해버리기 때문에 좋은 밭에서도 나무들을 띄엄띄엄 심는 것이다. 이 밭은 석회석이 많은 토양이고, 한낮의 햇살이 강렬하게 내리쬔다. 가을 햇살에 땅은 말라붙어 있다. 여름이면 그린 하베스트를 한다. 자라서 다른 포도송이의 자양분을 빼앗기 전에 품질이 떨어지는 송이들을 잘라버리는 것이다.

하지만 그것으로 끝은 아니다. 지속적으로 생장 상태를 파악하면서 검게 물들어가는 포도송이를 잘라내는 경우가 많다. 와인을 만들 때 사용되는 우량한 포도에 맛을 몰아주기 위해서이다. 그러다가 수확하기 보름 전이 되면 열매 주변의 잎들을 다 제거해버린다. 이렇게 포도송이는 마지막 태양빛을 받으면서 당도를 높이고, 최후까지 영양분을 흡수해나간다. 사람들은 종종 안젤로 가야에게 왜 그렇게 일부러 일을 만들어서 하냐고 물어본다고 한다. 역시 안젤로 가야의 대답은 단순하다. "그것이 바로 가야의 개념일 뿐입니다." 능선을 따라 줄을 이어 심어진 포도나무들은 사람 키보다도 크다. 나무 위쪽은 이파리들이 무성하지만, 나무 아래쪽 포도송이들이 매달린 곳에는 잎이 하나도 없다. 그 나무들 사이에서 안젤로 가야는 어깨를 움츠리고 있다. 잡지에 실린 어떤 사진을 보더라도 자신감에 넘치는 과감한 자세를 취하고 있는 이가 안젤로다. 사무실에서는 거칠기 그지없는 독재자 같은 인상을 풍기는 그이지만 포도밭에 선 안젤로는 자연에 순응하는 농군의 모습이다. 세월이 흐르면서 바르바레스코를 호령하던 그도 이제 늙어가고 있다. 항상 화려한 연회 자리에서나 보던 안젤로가 대지와 함께 있는 모습이 낯설지만, 대지와 포도나무와 함께 있는 그의 표정은 너무나 편안해 보인다. 안젤로 가야의 주요 포도밭들은 전부 바르바레스코 마을 안에 있다. 당연히 다른 마을에 비하면 비싼 밭들이다.

출발이 늦은 라 스피네타의 밭은 네이베와 트레이조에 나뉘어 있다. 조르조가 밭을 살 무렵에는 값이 무척 올랐으므로 선택의 폭이 좁았던 것이다. 그래서 조르조는 무척이나 신경을 써서 밭을 골랐다. 하지만 원칙은 단순했다. 남쪽으로 내리막이어야 한다는 것이었다. 스피네타에서는 총 세 군데의 싱글 빈야드 바르바레스코를 소유하고 있다. 그중 가장 대표적인 것이 스타르데리(Starderi)다. 조르조 리베티는 이 밭에서도 후발주자로 시작했지만 강건한 와인을 만들면서 대표적인 바르바레스코 생산자로 발돋움한 것이다. 싱글 빈야드 와인 라벨에는 코뿔소가 선명하게 그려져 있다. 밭마다 바탕 색깔만 다르다. 그래서 스타르데리는 레드 라벨, 갈리나는 그린 라벨, 발레이라노(Valeirano)는 블루 라벨이라는 간편한 별칭으로 불린다. 스피네타 포도원에서 조르조의 차를 타고 점심을 먹으러 나섰다. 안젤로만 차를 험하게 모나 했더니 조르조도 만만치 않다. 외지에서 온 사람이 차에 타서 낯설고 비좁은

도로를 거침없이 달리는 걸 보면 가슴이 쿵쾅거리며 뛸 정도로 거칠다. 하지만 이런 난폭 운전이 밭에 갈 때 모는 방식이다. 안젤로와 마찬가지로 시간은 없고 할 일은 많기 때문이다. 왜 두 사람이 이토록 비슷할까 하는 생각이 든다. 차도 빨리 몰고, 말도 기관총처럼 쉴 틈 없이 내뱉는다.

와인을 만드는 조르조의 철학 역시 명쾌하다. "우리 와인의 90퍼센트는 포도밭에서 이루어져요. 셀라에서 하는 일은 10퍼센트 정도일 뿐이죠." 조르조는 좋은 와인을 만드는 방법은 아주 간단하다고 한다. "포도밭에서 더 많은 시간을 보내는 것!" 그러고는 개구쟁이처럼 깔깔 웃는다. 스타르데리 밭은 남쪽을 향해 완만한 경사가 이어진다. 포도나무는 평균 수령이 35년이 넘는다. 그런 나무에서 복합적인 맛을 낼 수 있는 포도가 자라기 때문이다. 수확하기 전인데도 포도송이가 별로 많지가 않다. 하도 많이 따서 그렇다. 여름이면 세 번에 걸쳐서 그린 하베스트를 한다. 생산량을 줄이는 이유는 품질을 최대한 끌어올리기 위해서다. 최적의 조건을 만들어주려면 숙련된 솜씨를 필요로 한다. 그래서 생산되

← 막 수확한 포도가 담겨 있는 바르바레스코의 포도밭.

는 와인은 터무니없이 적다. 0.01제곱킬로미터 당 2500병 정도밖에 나오지 않는다. 일반적인 바르바레스코의 절반도 되지 않는 양이다. 대신 집중도가 높고 오래 숙성할 수 있는 와인을 만들어내는 것이다. 자신이 세운 원칙을 지키려면 아끼면서 가꾼 포도를 버리는 냉정함이 있어야 한다. 안타까워도 읍참마속(泣斬馬謖)의 심정으로 포도를 버리는 것이다. 이런 과정을 거치면서 자양분을 맘껏 빨아들인 포도는 대지와 동질감을 지니게 된다. 포도송이가 적은 만큼 대지의 성격을 더 명확하게 받아들이는 것이다. 수확이 가까워지면 조르조는 포도밭을 누비면서 산다. 다른 일이 있어도 포도밭에 들르는 일이 최우선이다. 마찬가지로 여기에는 단순한 논리가 있다. "셀라에 가버리면 이미 너무 늦잖아요." 밭에서 모든 것이 판가름 나는 것이다.

1900년 이전까지 바르바레스코의 농부들은 대부분 와인을 직접 만들지 않았다. 포도를 재배해서 와인 생산자들에게 파는 게 고작이었다. 제2차 세계대전이 끝난 후부터 재배자들은 와인 생산자로 변모하기 시작했다. 현재 바르바레스코와 바롤로에는 대략 450군데의 와이너리들이 있다. 각 포도원마다 특징이 다른 와인을 만든다. 안젤로 가야는 말한다. "와인을 만드는 데 비밀은 없어요. 다만 헌신할 뿐이고, 잔손이 많이 갈 뿐이죠." 땅에는 성격이 있다. 좋은 포도밭을 고르는 것은 생산자의 임무다. 세부적인 일들은 포도를 재배하면서 발생한다. 인간은 거기에 변화를 준다. 땅의 개성을 받아들이면서 포도에 어울리는 다양한 방법을 적용시키는 것이다. 그래서 땅의 의미를 파악하는 것이 중요하다. 땅을 잘 이해할 때 와인의 깊이감이 드러나고, 다채로움이 나오기 때문이다.

안젤로 가야는 알바에서 와인 양조를 공부한 후 토리노 대학에서 경제학을 전공했다. 대학을 마친 후 그는 와인으로 유명한 지역을 돌아다녔다. 보르도, 부르고뉴 외에도 독일과 미국 등지의 포도원과 셀라를 보면서 견문을 넓혔다. 전 세계 최고급 와인들 사이에서 자기 고향 알바의 와인이 도대체 어떤 위치에 있는가를 눈으로 직접 확인하기 위함이었다. 그가 볼 때 피에몬테의 생산자들은 편협했다. 조상들이 만들어오던 대로 관습적으로 와인을 만들고 있었다. 네비올로는 그루당 수확량이 적을 때 더 좋은 맛을 내지만, 농부들은 포도를 많이 따는 데만 관심을 기울였다. 셀라에서의 작업도 능률적이지 않았다. 과거의 병폐들은 깊어져가고 있었다. 안젤로 가야를 직접 만나보면 알 수 있지만 그의 빛나는 파란 눈은 강하고 도전적인 그의 성격을 고스란히 보여준다. 그는 와인을 잘 만들기 위해 부단하게 관습에 도전했다. 과거의 바르바레스코 와인은 거칠고 떨떠름하기만 했다. 세련미가 부족했다. 안젤로 가야는 국제적인 최고 수준에 맞는 네비올로 와인을 만들기 위해 집중했다. 네비올로가 지닌 기본적인 힘과 깊이는 유지한 채 선명한 색깔, 풍부한 과실 맛, 더욱 완벽한 균형 감각 등을 이끌어내기 위해서였다. 기존의 바르바레스코는 한마디로 촌스러웠다. 현대적인 취향을 맞추는 것이 중요했다. 앞서 있는 프랑스 와인을 따라잡으려면 개혁이 필요했다. 1960년대를 거치며 안젤로는 아버지와 함께 포도밭들을 사들였다. 와인을 제대로 만들기 위해서는 포도를 사들이는 걸로는 부족했다. 밭에서부터 모든 걸 통제하고 관리해야만 했다. 그러면서 면적당 생산량을 제한하기 시작한 것이다. 안젤로는 믿을 수 있는 사람이 필요했다. 1970년 와인을 함께 공부한 귀도 리벨라(Guido Rivella)가 합류해 포도원에서 거주하면서 함께 와인을 만들기 시작했다.

이때 안젤로 가야는 오크통에 대한 실험을 거친다. 유고슬라비아 산 참나무로 만드는 대형 오크 배럴은 와인 맛을 과감하게 이끌어내지 못한다는 판단에서였

다. 갓 잘라낸 오크로 통을 만들면 와인에서는 떫은맛
이 너무 진하게 배어나왔다. 그래서 오크를 바깥에 3년
동안 두면서 나무 자체에 자연적인 변화를 주었다. 서
서히 대형 오크 배럴보다 프렌치 바리끄의 사용 비율
을 높여나갔다. 프렌치 바리끄에서의 숙성을 통해 안
젤로 가야는 원하는 맛을 구현할 수 있었다. 이렇게 만
들어낸 바르바레스코는 과실 맛이 선명하게 드러났고,
나긋나긋하면서도 복합적인 맛을 보여주었다. 일반적
으로 이렇게 국제적인 취향에 맞는 맛을 '국제적인 맛
(international taste)'이라고 표현한다. 안젤로는 이 표현
을 싫어한다. 땅의 성격을 반영한 바르바레스코의 개

현대적으로 개축한 가야의 와인 숙성 셀라.

성을 더 살려내기 위한 행동이었다는 것이 그의 표현이다. 대형 오크 배럴을 쓰는 것이 전통이었지만, 그건 사람들이 더 좋은 와인을 만들지 못하던 시절의 구습이라는 것이다. 안젤로 가야는 피에몬테에서 프렌치 바리끄를 이용해서 와인을 숙성시키는 것이 얼마나 좋은 결과를 이끌어낼 수 있는지 스스로 보여주었다. 그가 개혁한 와인들은 전 세계 평자들과 애호가들에게 즉각적인 반응을 불러일으켰다.

안젤로 가야는 안하무인인 데가 있다. 관습에 반항하는 그의 면모를 잘 알려주는 일화가 있다. 달마지라는 와인에 관한 이야기다. 안젤로의 아버지 조반니는 토착 품종에 대한 애정이 강했다. 특히 레드 와인 품종에 대해서는 집착에 가까울 정도였다. 아들이 프랑스 품종을 심는 것이 어떻겠냐고 제안을 했을 때도 대답은 단호하게 "안 돼."였다. 바르바레스코 마을 바로 옆에 있는 브리코 밭에는 네비올로가 심어져 있었다. 1978년 아버지가 휴가를 떠나자 안젤로는 네비올로를 다 뽑아버리고, 까베르네 소비뇽을 심어버렸다. 가야에서 처음 심은 프랑스 품종이었다. 평생을 포도밭에서 살아온 아버지는 휴가에서 돌아오자마자 마을에서 훤히 보이는 브리코 밭을 바라보았다. 자기가 돌보아왔던 포도가 아니었다. 외국에서 온 까베르네 소비뇽이었다. "이런(Darmagi)……!" 그렇게 해서 와인 이름도 달마지가 되었다.

달마지는 전형적인 보르도 블렌딩 와인이다. 까베르네 소비뇽 95퍼센트, 메를로 3퍼센트, 까베르네 프랑 2퍼센트가 들어간다. 가야 와인이 제값을 받기 전까지 이탈리아 와인 가격은 보르도에 비하면 아주 저렴한 편이었다. 안젤로 가야는 자신이 소유한 땅에 대한 믿음이 있었다. 보르도 샤또 와인들과 맛으로 겨뤄보고 싶은 마음이 있었을 것이다. 까베르네 소비뇽은 강한 파워를 가지고 있는 품종이다. 안젤로 가야는 까베르네 소비뇽을 마음껏 써서 와인을 만들었다. 아버지는 기가 막혔지만 와인 애호가들은 "이런……!"을 받아들였다. 이런 일들을 보면 안젤로 가야는 욕심이 많은 인물이라는 사실을 알 수 있다. 부르고뉴 스타일에만 만족하지 않고 보르도 와인다운 와인까지 만들고 싶었던 것이다.

조르조 리베티는 좋은 와인에 대한 관심이 많았다. 생산량에는 연연하지 않았다. 그래서 언제나 남쪽으로 경사진 밭에 관심을 기울였다. 햇살이 가장 잘 든다는 것이 가장 중요한 이유이자, 단 한 가지 이유였다. 조르조는 자신이 와인을 만드는 목적은 하나밖에 없다고 생각한다. 그것은 진짜 이탈리아 와인을 만드는 것이다. 그는 대중적인 스타일의 와인을 원치 않는다. '국제적인 맛'은 대놓고 혐오한다. 그가 사랑하는 건 오로지 토착 품종들이다. 토스카나에는 산조베제가 있고, 피에몬테에는 네비올로가 있다. 프랑스에 심어진 포도는 프랑스에나 심으면 된다. 피에몬테에서 오랫동안 심어왔던 토속미가 넘치는 품종으로 와인을 만드는 것만으로도 충분히 좋은 와인을 향한 길을 걸어갈 수 있는 것이다. 포도에 관한 한 그는 고집스러우며 타협이 없다. 조르조는 토착 품종을 심고 경작한다. 그는 토착 품종을 통해서 땅과 동일한 맛을 내는 와인을 보여줄 수 있다고 믿는다. 나무가 심어져 있던 장구한 시간만큼이나 땅과 포도 사이에는 어울림이 있기 때문이다. 그래서 조르조는 맛의 세계화에서 한걸음 뒤로 물러나 고향으로 되돌아간다. 맥도날드에 대항해서 슬로 푸드 운동을 벌인 본산지 또한 피에몬테가 아니던가. 그는 광고 사진에서만 먹음직스러운 햄버거와 같은 와인이 아니라 푸근한 피에몬테 음식에 어울리는 전형적인 피에몬테 와인을 원하는 것이다. 국제적인 맛에서 멀어져서 자신이 살아온 땅의 역사를 되찾고, 뿌리로 돌아가기 위해서다. 거기에는 고국으로 돌아오고 싶어했던 할아버지의 꿈이 담겨 있으니까.

리베티 가족은 땅에 대한 믿음과 자신들이 만든 와인의 미래에 대한 확신이 있었다. 처음부터 품질 위주로 나갔기 때문에 모스카토 다스티는 즉각적인 반응을 불러일으켰다. 가격은 문제가 아니었다. 도수가 낮은 모스카토에 대해서 조르조는 '아침 와인'이라는 애칭으로 부른다. 아침식사 때 마셔도 취하지 않고 상쾌하게 하루를 시작할 수 있다는 것이다. 와인 생산은 한단계씩 서서히 나아갔다. 모스카토로 돈을 번 후 무난한 가격대의 포도밭을 사들여서 레드 와인을 만들기 시작했다. 처음 만든 레드 와인은 장인이 소유하고 있던 밭에서 실험을 거쳤다. 1985년 처음으로 생산한 레드 와인에는 아버지의 별명인 핀이라는 이름을 붙였다. 레드 와인까지 부각되기 시작하자 바르바레스코 밭을 하나씩 구입했다. 그리고 결국 바롤로에서까지 밭을 사들였고, 꿈에 그리던 바롤로 와인을 만들게 된 것이다.

리베티 집안은 단 한 평의 땅도 물려받은 게 없다. 그래서 돈이 생겨서 밭을 사게 될 때는 남들보다 더 신중하게 땅을 관찰했다. 남향이 기본이고, 남서향이나 남동향이 아니면 거들떠보지도 않았다. 어떤 밭에서 나는 와인이든지 생산량을 최소화했다. 맛의 집중도를 높이기 위해서였다. 생각해보라. 한 포도나무에 포도가 열 송이가 달렸을 때와 다섯 송이가 달렸을 때 어느 포도나무에 열린 포도가 더 강한 맛을 지니게 되겠는가. 당연히 다섯 송이짜리다. 그러나 영양이 과잉되면 안 된다. 너무 근육질의 와인이 나올 수 있기 때문이다. 포도가 알차게 자랄 수 있으려면 적당한 경쟁심을 불러일으켜야 한다. 그런 하베스트를 하더라도 어느 포도의 장래성이 더 좋은가를 파악하면서 순차적으로 따낸다. 여기에 전문성이 필요한 것이다. 영양분을 일찍부터 받다 보니 포도는 다른 와이너리에 비하면 빨리 익는 편이다. 그래서 스피네타의 포도밭은 언제나 수확이 일찍 끝난다. 그런 하베스트가 포도가 빨리 익도록 도와주기 때문이다. 모든 것은 모험이다. 적게 만들고 비싼 값에 팔 것인가, 아니면 많이 만들고 싼 값에 팔 것인가. 양자택일을 해야 한다. 믿지 못할 축복이 내리지 않는 이상 많이 만들면서 최고 품질의 와인이 나올 수는 없다. 한꺼번에 두 마리 토끼를 잡을 수는 없는 법이다. 스피네타는 전자를 택했다. 그리고 그 선택은 성공을 거두었다. 오로지 품질에 집중할 것. 그래서 스피네타의 와인을 마셔보면 포도를 먹고 났을 때 입 안에 포도찌꺼기가 걸리듯이 진하고 걸쭉한 맛을 느낄 수가 있다. 이처럼 강한 맛을 내는 와인을 보면서 평자들은 조르조는 모더니스트가 아닌가 하는 얘기를 한다. 그는 그런 반응에도 거침이 없다. 자신은 모더니스트지만 그렇다고 해서 전통주의자가 아니지는 않다는 것이다. 그는 전통에 기반을 두고 모든 작업을 현대화, 혹은 지금의 느낌에 어울리게 만들어나가고 있다. 단순하게 맛만 보면서 너무 현대적인 면모에만 치중한다는 얘기는 조르조 리베티의 전부를 파악하지 못하고 꺼내는 얘기일 것이다.

안젤로 가야는 피에몬테 지방의 오래된 관습이 마음에 들지 않았다. 그는 현실에 의문을 품었다. 그는 항상 스스로 자신을 깨면서 앞으로 나아가는 스타일이다. 역동적이면서도 저돌적이다. 안젤로가 가진 의문은 왜 바르바레스코는 100퍼센트 네비올로로만 만들어야 하는 것인가 하는 점이었다. 그는 네비올로뿐만 아니라 그보다 한 단계 떨어지는 것으로 알려진 토착 품종 바르베라도 아꼈다. 좋은 바르베라가 있어서 충분히 빼어난 맛을 이끌어낼 수 있는데 왜 바르바레스코에 이 품종은 쓰면 안 되는가. 그는 최상의 바르베라 포도들을 묵히는 게 안타까워 견딜 수가 없었다. 때는

최근 새로 단장한 라 스피네타의 셀라.

1997년이었고 가야는 최강의 바르바레스코를 만들고 있었다. 그러나 바르베라의 작황이 너무나 좋았다. 그래서 바르바레스코라는 명예를 버리기로 결정을 내렸다. 그는 싱글 빈야드 바르바레스코에 바르베라를 섞어서 와인을 만들기 시작했다. 당연히 규정 위반이었다. 와인들은 최고 등급인 DOCG에서 한단계 아래인 랑게 네비올로 DOC 판정을 받았다. 과연 누가 그런 배짱을 보여줄 수 있었을까. 피에몬테에서 와인을 만드는 생산자라면 누구나 바롤로나 바르바레스코에 밭 한 뙈기를 소유하기를 원한다. 바르바레스코란 피에몬테를 대표하는 이름이기 때문이다. 그러나 안젤로 가야는 최고 등급이라는 명칭을 과감하게 걷어차 버렸다. 이 해를 기점으로 가야의 최고급 와인 삼총사 소리 산 로렌초, 소리 틸딘, 코스타 루시에서는 바르바레스코라는 표기가 사라져 버렸다. 최상의 바르베라를 5퍼센트 가량 섞기 때문이다. 각 지방의 등급이란 품질을 지키기 위한 일종의 내부 규정인 것이다. 품질을 더 높이기 위해서는 새로운 시도가 필요하다. 이것이 바로 가야의 도전 정신이다. 등급이 낮아졌다고 해서 전 세계 소비자들이 소리 산 로렌초, 소리 틸딘, 코스타 루시를 거부하지는 않았다. 와인은 피에몬테에만 머무르는 게 아니라 전 세계로 향하는 것이다. 가야는 자신이 생각하는 낡은 규정을 과감하게 타파했다. 오히려 사람들은 맛을 보면서 안젤로가 왜 이런 선택을 했는지 공감할 수 있었다. 여전히 가야의 삼총사는 피에몬테에서 가장 높은 명성을 유지하고 있다. 가장 비싼 랑게 네비올로 와인이 되었지만 바르베라의 장점까지 한껏 담아낸 것이다. 이렇게 해서 소리 산 로렌초, 소리 틸딘, 코스타 루시는 다시 태어난다. 그에게 중요한 것은 허명이 아니었다. 토착 품종에 대한 애정, 맛에 대한 지속적인 탐구, 이런 모든 요소들이 결합되어 새로운 신화가 시작된 것이다. 그것이야말로 자기 땅에, 포도에, 와인에 대해 모든 걸 꿰차고 있는 자만이 지닐 수 있는 진정한 자신감이다.

라 스피네타에도 이른바 바르바레스코 삼총사가 있다. 스타르데리, 갈리나, 발레이라노다. 와인은 대지의 반영이다. 조르조는 땅을 신봉한다. 와인은 토양이 만들어내는 마법이지 인간의 손으로 이루어지는 것이 아니라고 생각하기 때문이다. 조르조는 자신의 와인을 만드는 것이 아니라 포도밭들을 받아들인 와인을 만들고 있는 것이다. 그래서 라벨에는 라 스피네타가 아니라 포도밭 이름들이 쓰여 있다. 셀라에서 이루어지는 작업들은 자신들의 철학을 행동으로 옮기는 것에 불과하다. 리베티 형제들은 스스로를 와인 미치광이들이라고 여긴다. 미치지 않고서는 좋은 와인을 만들 수 없다고 생각하기 때문이다. 그래서 포도밭이라는 현장에서 벌어지는 일들이 중요한 것이다. 셀라에서는 단지 온도를 조절해주고, 프렌치 바리끄를 사용하고, 다른 첨가물을 섞지 않으면서 순수한 와인을 만드는 것뿐이다. 스타르데리는 강하고 남성적이며, 갈리나는 부드럽고 여성적이다. 왜 다른가 물어보았다. 항상 자신만만하던 조르조도 이 질문만큼은 설레설레 고개를 내젓는다. "밭도 가까운데 왜 그런지 몰라. 그게 떼루아르겠지……." 스타르데리와 갈리나 사이는 거리도 가깝고 둘 다 남향에 고도도 비슷하며, 석회질이 풍부한 토양이라는 점 또한 유사하다. 석회질이 많은 토양에서 자란 포도는 떫은맛이 많이 난다. 그래서 바르바레스코 사람들은 석회 성분이 많은 하얀 땅을 중요하게 여긴다. 칼슘이 많은 땅에서 타닌이 풍부한 와인이 나오기 때문이다. 스타르데리는 0.065제곱킬로미터에서 1만 5500병, 갈리나는 0.05제곱킬로미터에서 1만 1500병을 생산한다. 땅이 비슷하고 만드는 방법도 같지만 맛의 결과는 무척 다르다. 스타르데리는 과실향이 폭발적으로 다가오며 여기에 바르바레스코 특유의 매콤한 후추향기, 달콤한 감초와 초콜릿 향이 더해진다. 입안에서 느껴지는 묵직함은 강속구 투수가 던지는 묵직한 공의 궤적을 연상케 한다. 그에 비해 갈리나는 네비올로가 보여줄 수 있는 우아함이 무엇인가를 과시하는 듯하다. 스타르데리에 비하면 훨씬 부드럽고 감미롭다. 화사한 제비꽃 향기가 자리를 메우고 있으며, 블랙커런트와 산딸기 계열의 냄새가 어우러진다. 입 안을 매끄럽게 훑으면서 지나가는 맛이 갈리나의 매력이다.

땅을 바탕으로 해서 거기에 인간이 더하는 것은 행동 이전에 철학이다. 어떤 생각을 갖느냐에 따라 한 병의 와인이라는 결과로 고스란히 드러난다. 그래서 와인과 와인을 만드는 사람은 성격이 닮아 있다. 조르조는 수확할 때가 가까워지면 밭에서 포도 맛을 보면서 밭 전체에서 이끌어낼 수 있는 균형감각을 중요하게 여긴다. 그는 자신이 피에몬테에 있다는 사실을 누구보다도 잘 알고 있다. "내가 여기 있다는 것, 그게 가장 중요하다." 자신이 살고 있는 땅에 대해 명확하게 이해하고 있어서 그런 것일까. 그는 마당발이다. 길을 가다가 사람을 보면 잠시 차창을 내리고 인사를 나눈다. 지나가는 사람만 보면 밥 먹자고 그러는 모습이 우리나라 사람을 보고 있는 것 같다. 사람들 앞에서 그는 두목 기질이 강하다. 모든 것을 주도하고, 앞서 나간다. 라 스피네타가 설립되었을 때 그는 작은 규모의 생산자들과 단결해서 모임을 만들었다. 힘을 합쳐서 자신들이 생산한 와인을 전 세계에 알리기 위해서였다. 합심해서 좋은 와인을 만들자면서 의기투합했다. 그때 뭉친 생산자들은 도메니코 클레리코(Domenico Clerico)와 파올로 스카비노(Paolo Scavino), 콘테르노 판티노(Conterno Fantino) 같은 쟁쟁한 바롤로 생산자들이었다. 그들은 와인 고급화에 앞장섰고, 이제는 생산량은 많지 않으나 피에몬테를 대표하는 이름으로 자리를 잡았다.

가야나 라 스피네타나 라벨은 자신들을 표현하는 하나의 방식이다. 라벨 디자인에는 그들의 생각이 담겨 있다. 가야의 라벨은 단순하다. 가야라는 이름이 가장 크게 적혀 있다. 과거에는 메달과 와인 전시회에서의 수상 경력까지 들어간 요란한 라벨을 사용했으나 할아버지 때부터 가야라는 이름을 크게 키우기 시작했다. 안젤로에게 이름을 부각시킨 것은 아주 중요한 일이라고 한다. 이름을 건 만큼 품질에도 신경을 쓰게 된다는 의미이기 때문이다. 자기 가족들의 이름을 걸고 거짓말을 할 수는 없지 않은가. 가야의 라벨은 명확한 정보

1986년과 1997년 코스타 루시. 1986년 산에는 바르바레스코라고 적혀 있지만, 스스로 규정을 거부한 이후 생산된 1997년 산에는 바르바레스코라는 단어가 빠져 있다.

만을 담고 있다. 상단에는 까만 바탕에 가장 큰 하얀 글씨로 가야, 그 아래에는 하얀 바탕에 와인에 대한 정보들이 쓰여 있다. 밭 이름, 와인 등급, 알코올 도수, 용량 등 기본적인 사항 외에 아무런 미사여구도 없다. 다만 바뀐 게 있다면 1997년 이후 싱글 빈야드 와인에서 바르바레스코라는 표기가 사라지고 랑게라는 지명이 적혀 있다는 것뿐이다. 피에몬테에 대한 애정은 나무로 만든 와인 상자에서도 드러난다. 상자에는 가로줄무늬가 있다. 피에몬테 전통 주택의 문은 나무판을 파낸 것처럼 가로로 길게 요철이 나 있다. 그런 형태를 그리시니투라라고 부른다. 이탈리아 식당에서 흔히 볼수 있는 긴 막대기처럼 생긴 빵이 그리시니(grissini)다. 피에몬테의 전통적인 빵으로 나폴레옹이 좋아해서 '나폴레옹의 작은 지팡이'라는 별명을 갖고 있다. 전통 문짝에 있는 문양도 그리시니라는 말에서 파생되었다고 한다. 가야는 와인 상자에도 피에몬테를 연상시키는 디자인을 사용하고 있는 것이다.

조르조 리베티의 차에 올라탔을 때 안에는 소설《다빈치 코드》가 놓여 있었다. 그 제목을 보니 셀라 안에 있던 알브레히트 뒤러의 화집이 떠올라서 물어보았다. 와인을 만드는 셀라 안에 화집이 있다는 게 흔한 일은 아니기 때문이었다. 조르조는 장난스럽게 웃으면서 말을 이어나갔다. 혹시 라벨에 그려진 코뿔소가 누구 그림인지 아느냐면서 되묻는 것이었다. 잠시 생각을 하는 찰나 조르조의 대답이 더 빨리 튀어나왔다. 그 코뿔소가 바로 뒤러의 판화라는 것이었다. 북유럽 르네상스의 거장 뒤러와 스피네타는 아무런 관련이 없다. 다만 조르조가 뒤러의 그림을 너무나 좋아한다는 것 말고는. 조르조는 스스로 뒤러의 그림을 사랑한다고 말한다. 바르바레스코의 강직한 맛에서 코뿔소의 이미지를 떠올렸던 것일까. 1515년 인도에서 봉직하던 포르투갈 총독이 리스본으로 코뿔소를 보냈다. 흥미를 느낀 왕은 코끼리와 싸움을 붙이기로 했다. 사람들 사이에서 과연 어느 동물이 더 셀까 하는 논란이 일었지만

2000년 산 바르바레스코 스타르데리.

2000년 첫 생산된 바롤로 캄페. 라벨에 조르조 리베티의 사인이 들어 있다.

결과는 의외로 단순하게 끝나고 말았다. 놀란 코끼리가 곧바로 도망을 쳤던 것이다. 그 소문은 독일에까지 알려졌고, 당대 북구 최고의 화가였던 뒤러는 코뿔소를 판화로 제작했다. 조르조가 그 그림을 좋아해서 스피네타의 거의 모든 와인에는 코뿔소가 상징처럼 등장하고 있다. 첫 바롤로인 캄페를 만들 때도 마찬가지였다. 조르조는 뒤러의 연필화인 사자 그림을 라벨에 집어넣었다. 이탈리아 와인의 왕과 백수의 왕이라는 이미지를 서로 결합시킨 것이다. 사자의 위용만으로도 바롤로의 강한 맛이 연상된다. 라벨 하단에는 부르수(vursu)라는 단어가 적혀 있다. '나는 욕망한다.' 라는

뜻이다. 훌륭한 와인을 만들고 싶은 조르조의 욕망이 고스란히 반영되어 있는 것이다.

이탈리아는 무척이나 가족 중심적인 사회다. 그래서인지 두 와이너리에서는 다 가족들의 이름을 붙인 와인들을 만든다. 가야의 삼총사 중 소리 틸딘은 안젤로의 할머니 애칭이다. 화이트 와인들은 여성적인 느낌이 강하다. 샤르도네로 만든 로시 바스(Rossj Bass)는 작은 딸 로산나(Rossana)의 이름에서 따왔고, 가이아 앤드 레이(Gaia & Rey)는 큰 딸 가이아와 할머니의 성 레이를 붙였다. 조르조 리베티도 샤르도네 화이트 와인에는 어머니 이름인 리디아를 붙였고, 아버지의 별명인 핀은 레드 와인 이름으로 남아 있다.

바르바레스코 마을 한복판에 있는 와이너리에서 안젤로를 만났다. 오전에 테이스팅을 하는데 직원들이 열심히 준비를 마치자마자 안젤로가 잰 걸음으로 나타났다. 급한 성격 탓인지, 넘치는 에너지를 주체하지 못해서인지 무척이나 빠른 목소리로 설명을 해가면서 와인을 글라스에 따랐다. 과히 넓지 않은 테이스팅 룸은 금새 와인 향기로 가득 찼다. 1997년 산 삼총사가 나왔

← 바르바레스코 마을 전경.

고, 1989년 바르바레스코, 1990년 바롤로 스페르스 (Sperss)가 나왔다. 삼총사가 드러내는 맛의 파워는 강렬하기 그지없었다. 입 안에 부딪치는 탄력이 아주 좋았다. 우아하면서 복합적인 맛이 나는 소리 산 로렌초는 화려한 과실향이 두드러지면서 가죽 냄새가 묻어났다. 남성적인 소리 틸딘은 땅 냄새와 체리, 달콤한 감초향이 퍼졌고, 코스타 루시는 농익은 체리와 에스프레소처럼 강한 향기를 지니고 있었다. 아직 마시기에는 너무나 어렸다. 오히려 테이스팅을 하는 그 순간만큼은 1989년 바르바레스코와 1990년 바롤로 스페르스에 점수를 더 주고 싶었다. 너무나 잘 익어 있었기 때문이다. 특히 1990년 스페르스는 강하고 묵직하면서 바롤로다운 면모를 잘 드러내고 있었다. 바롤로 특유의 강렬한 장미 향기, 까만 과실들이 잘 익은 느낌, 담배에서 나는 타르의 느낌들은 안개가 자욱하게 긴 포도밭 사이를 걷는 것 같았다. 힘은 아직도 넘치고 있었고, 강함과 동시에 우아함을 지니고 있었다. 테이스팅이 끝나자 안젤로가 질문을 던졌다. 어느 와인이 가장 마음에 들었냐고. 잠시 고민을 했으나 그 안에서 같이 마실 때의 느낌은 누구에게나 비슷했으리라고 생각한다. 1990년 바롤로 스페르스라고 답했다. 안젤로는 싱

굿 웃으며 스페르스는 자기의 마음이라고 말했다. 스페르스는 '향수(鄕愁)'라는 뜻이다. 그 말을 마치고 급히 뛰어나가더니 와인 한 병을 들고 돌아왔다. 1990년산 스페르스였다. 지금까지 가야의 바롤로 중 최고로 꼽히는 1990년 산은 세 번 마셨다. 스페르스를 생각하면 가을 아침 내내 안개가 끼는 바롤로 근처의 험한 언덕길들이 떠오른다. 향수라는 이미지가 고스란히 남아 있는 것이다.

안젤로는 자기 인생은 항상 흥분의 연속이었다고 한다. 그가 와인을 만들면서 처음 시작한 일은 고급 레스토랑에 와인을 파는 것이었다. 지금은 전 세계의 최고급 이탈리아 식당에는 어딜 가나 가야 와인이 비치되어 있다. 가야는 이탈리아 와인의 대사(大使)라고 해도 과언이 아니다. 가야 와인과 가장 어울리는 것은 피에몬테 토속 음식이라는 말도 잊지 않고 있다. 어린 시절 할머니가 만들어주던 음식과 와인들이 그의 인생에 중요한 추억으로 남아 있다. 좋은 와인숍들과 수집가들이 자기가 만든 와인들을 보유하고 있어서 자부심을 갖게 된다고 한다. 그들도 가야 와인을 갖고 있으면서 자랑스러워할 때 서로 상승효과가 일어난다는 것이다. 이렇게 와인 한 병은 만드는 사람과 마시는 사람 사이를 이어주는 가교 역할을 한다.

가야 와인은 비싼 편이다. 비싼 값을 치르고 살 수 있는 와인을 만들기 위해 70여 명의 인원들이 와이너리에 상주하면서 일한다. 와이너리에는 자기들이 만든 와인 외에 외국 와인들도 수두룩하다. 오랫동안 사업을 하면서 이탈리아 수입권을 갖고 있는 와인들이 많다. DRC, 로버트 몬다비, 샤또 마고 등과 더불어 리델 글라스도 가야가 배급하는 품목이다. 가야는 와인으로 둘러싸인 피에몬테의 강력한 와인 제국이다. 와이너리 바로 앞에는 바르바레스코 성이 있다. 가야에서는 이곳을 사들여 호텔로 개조하고 있다. 지금도 전진은 계속되고 있다. 바르바레스코를 찾아오는 모든 이들에게 가야 와인을 더 잘 이해시킬 수 있는 방법을 찾아나가고 있는 것이다.

조르조를 만나면 끌려 다니는 느낌이 든다. 어찌나 빨리 움직이는지 따라가기가 힘들 정도다. 그에게 이 끌려서 라 모라 마을에 있는 레스토랑 벨베데레(Belvedere)에 갔다. 그의 주장은 언제나 같다. 피에몬테에 오면 피에몬테 음식을 먹어야 한다는 것이다. 조르조와는 서울에서 만난 적도 있다. 그의 주장대로 그는 한국 음식만 먹었다. 김치는 매운 기색도 보이지 않고 아주 잘 먹었다. 포도를 숙성시켜서 와인을 만드는 사람답게 김치의 숙성미에 대해 공감하면서 먹었다. 하루는 점심을 굶었는지 간단하게 먹을 게 없냐고 해서 옛날 한국식으로 먹는 건 어떻겠냐고 권유를 했다. 좋다고 하기에 맨밥에 된장, 청양고추를 내주었다. 매운맛 때문에 얼굴이 발개지면서 먹는 모습이 우스웠다. 하지만 그는 진지했다. 한국 고추 특유의 매운맛 뒤에 오는 단맛에 대해 얘기해주었더니 매운 걸 참아가면서 끝맛까지 느끼고는 고개를 끄덕거린다. 당연히 조르조와 피에몬테에서 밥을 먹을 때는 피에몬테 토속 음식들을 먹었다. 처음 나온 것은 카르네크루다(Carnecruda)였다. 말 그대로 날고기라는 뜻으로 쇠고기를 잘게 썰어서 후추와 소금으로만 살짝 간을 해서 먹는 음식이다. 우리나라에서 생고기 먹듯이 가볍게 해치웠더니 다들 놀란다. 서로 그 동네 음식을 잘 먹으면 말도 잘 통하는 법이다. 주요리와 함께 1997년 산 스타르데리를 마셨다. 1996년에 첫 빈티지가 나왔으니 1997년 산은 조르조가 두번째로 만든 스타르데리였다. 여전히 맛이 힘차서 강한 여운이 남았다. 과일 향기와 숙성되면서 더욱 부드럽게 느껴지는 가죽 냄새, 강렬한 맛 뒤에 오는 여운이 오래 맴돌았다.

밥을 먹고 다시 어디론가 끌려갔다. 목적지는 명 재상 카부르가 시장 직을 수행했던 그린차네 카부르 마을이었다. 여기에 조르조는 새 셀라를 지었다. 그는 수확한 포도가 많이 이동하는 걸 원치 않는다. 2000년 바롤로 밭을 구입한 그는 밭에서 딴 포도를 옮기지 않고 밭 앞에서 곧바로 와인으로 만들기 위해 셀라를 새로 지은 것이다. 1층에는 양조 시설이 있고 오크통들이 있어서 와인 향내가 짙게 풍긴다. 그 냄새를 맡으면서 나무 계단을 밟고 2층으로 올라가면 널찍한 탁자에서 테이스팅을 할 수 있게 해놓았다. 북쪽으로 난 창으로 바깥을 보면 초록빛 포도 잎이 손에 잡힐 듯 가까이, 경사가 심한 언덕에 캄페 밭이 있다. 포도밭은 다른 밭들과 마찬가지로 남향이고, 자신들의 개성을 부여하기 위해 캄페(Campe)라고 이름을 붙였다. 그는 가을이 오면 밭에서 열매들을 관찰하면서 수확할 시기를 민감하게 정한다. 캄페에 심어진 포도들은 소구획에 따라서 약간씩 따는 시기가 달라진다. 밭을 네 부분으로 나누어서 네 번에 걸쳐서 수확을 한다. 완전히 익는 시점이 약간씩 다르기 때문이다.

가을날 낙엽이 떨어져 있는 캄페의 셀라 건물 전경. →

조르조는 벨베데레에서 식사를 같이 한 사람들도 다 데리고 왔다. 테이스팅을 하는 건지 낮술을 마시는 건지 애매하다 싶을 정도로 모두가 유쾌하고 떠들썩하게 대화를 나누면서 캄페를 따랐다. 강했다. 입을 조인다 싶을 정도로 떫은맛이 거칠게 혀에 깔리면서 입 안을 가득 채웠다. 조르조가 밭을 사들이기 전에는 생산량이 많아서 제 맛을 못 내던 와인이 조르조의 손을 거치면서 마법에 걸린 것 같았다. 『와인 스펙테이터』는 2000년 첫 빈티지 캄페에 98점을 주었다. 무척이나 이례적인 일이었다. 첫 빈티지가 98점을 받은 건 안젤로 가야가 만든 스프레스의 첫 빈티지인 1988년 산이었다. 안젤로와 조르조, 둘 다 바르바레스코를 만들다가 처음으로 바롤로를 만들었지만 어떻게 하면 강렬한 맛을 낼 수 있는지를 터득한 사람들 같다. 조르조는 두 형과 함께 와인을 만든다. 이제 조카들도 와인 양조를 현장에서 배우고 있다. 피에몬테 와인의 역사는 다음 세대로 계속해서 이어지는 것이다.

안젤로 가야와 조르조 리베티는 와인 생산자이자 와인 애호가이다. 그들은 자신이 사랑할 수 있는 와인을 만들고 있다는 생각이 든다. 거칠고 활력이 넘치는 만큼 와인에서도 그런 느낌들이 풍겨난다. 그러면서도 항상 와인을 앞에 두면 진지해진다. 섬세하게 다듬고 만져야 할 때가 있기 때문이다. 그들이 만드는 와인은 이렇게 태어나서 만든 이의 성격도 보여준다. 와인을 마시면서 상상해보라. 과연 이 와인은 어떤 사람이 만들었을까. 그 맛들은 땅과 포도를 반영하지만, 만드는 사람의 성격도 반영한다. 포도밭에 가보고, 사람들을 만나보면 와인은 한걸음 더 가까이 우리 앞에 다가온다.

참 고 문 헌

_ 개관

David Cobbold, Philippe Hurlin, 《The Great Wines & Vintages》, Chartwell Books, 1996.

Philippe Faure-Brac, 《Les Grands Vins du Siècle》, E/P/A, 1999.

Clive Coates, 《An Encyclopedia of the Wines and Domaines of France》, Cassell & Co, 2000.

Michel Dovaz, 《Fine Wines》, Assouline, 2000.

Don Kladstrup, Petie Kladstrup, 《Wine & War》, Doubleday, 2001.

James Turnbull, 《Fine French Wines》, Flammarion, 2002.

Joseph Bastianich, David Lyncy, 《Vino Italiano》, Clarkson Potter, 2002.

Hugh Johnson, 《Story of Wine》, Mitchell Beazley, 2002.

Robert Parker, 《The World's Greatest Wine Estates》, Simon & Schuster, 2005.

Ian Kelly, 《Cooking for Kings: The Life of Antonin Careme, the First Celebrity Chef》, Short Books, 2003.

Christopher Hibbert, 《The House of Medici: Its Rise and Fall》, Harper Perennial, 1999.

Jancis Robinson, 《The Oxford Companion to Wine》, Oxford University Press, 1999.

Renate Ulmer, 《Alfons Mucha》, Taschen, 2000.

_ Bordeaux

Hubrecht Duijker, 《The Bordeaux Atlas & Encyclopedia of Châteaux》, Ebury Press, 1997.

Ken Kincaid, Peter Knaup, 《Châteaux of the Medoc》, Tauris Parke, 1998.

Frederique Crestin Billet, Eugene Mercier, 《Les Vins de Bordeaux de A a Z》, Du May, 2001.

Sandirine Herman, Julien Pascal, 《Mouton Rothschild, The Museum of Wine in Art》, Imprimerie Nationale, 2003.

_ Bourgogne

Hubrecht Duijker, 《The Great Wines of Burgundy》, Crescent, 1977.

Pierre Poupon, Pierre Forgeot, 《The Wines of Burgundy》, Presses Universitaires de France, 1979.

Eunice Fried, 《Burgundy, the Country, the Wines, the People》, Harper & Low, 1986.

Clive Coates, 《Côte d'Or》, California, 1997.

Christian Pessey, 《L'ABC daire des Vins de Bourgogne》, Flammarion, 2001.

Gert Crum, 《Le Domaine de la Romanée Conti》, Lannoo, 2005.

− Champagne

Tom Stevenson, 《World Encyclopedia of Champagne Sparkling Wine》, The Wine Appreciation Ltd., 1998.

Jacques Hambret, 《Champagne!》, Fradet, 2002.

− Toscana

Hugh Johnson, 《Tuscany and Its Wines》, Mitchell Beazley, 2000.

Ager Clantius, 《Badia a Passignano》, Gli Arcipressi, 2001.

Guelfo Magrini, 《Brunello di Montalcino》, Morganti, 2003.

Raffaello Barbaresi, 《Chianti e》, Idea Libri, 2003.

Guide Persichino, 《Chianti Classico Guida Completa》, Giunti, 2003.

Andrea Znafi, 《Super Tuscans》, Carlo Gambi, 2005(Second Edition).

Maria Salemi, 《Chianti Classico》, Nardini Editore, 2005.

− Piemonte

Felice Campanello, Gianni Fabrizio, Armando Gambera etc. 《A Wine Atlas of the Langhe》, Slow Food Editore, 2002.

Fabiano Guatteri, Vincenzo Gerbi etc, 《Terre di Grandi Vini Barbaresco》, De Agostini, 2003.

− 와이너리에서 출간한 자료

Mouton Rothschild, 《L'Art et l'Etiquette》, 1995.

Lafite Rothschild, 《Grand Vin de Lafite Rothschild》, 1990.

Louis Latour, 《200 Ans Maison Louis Latour》, 1997.

Antinori, 《Diary of a Trip》, 2003.

Antinori, 《Palazzo Antinori》, 2003.

Louis Roederer, 《L'Officiel》, 1998.

Louis Roederer, 《L'Officiel》, 2001.

Louis Roederer, 《L'Officiel》, 2004.